내 마음을 읽는
28가지
심리실험

내 마음을 읽는
28가지
심리 실험

로버트 에이벌슨 외 지음 · 김은영 옮김

북로드

내 마음을 읽는 28가지 심리 실험

초판 1쇄 인쇄 2013년 5월 24일
초판 1쇄 발행 2013년 5월 31일

지은이 로버트 에이벌슨 · 커트 프레이 · 에이든 그레그 | **옮긴이** 김은영 | **펴낸이** 신경렬 | **펴낸곳** (주)더난콘텐츠그룹

상무 강용구 | **기획편집부** 차재호 · 민기범 · 성효영 · 윤현주 · 서유미 | **디자인** 서은영 · 박현정
마케팅 김대두 · 견진수 · 홍영기 · 서영호 | **교육기획** 함승현 · 양인종 · 지승희 · 이선미 · 이소정
디지털콘텐츠 최정원 · 박진혜 | **관리** 김태희 · 양은지 | **제작** 유수경 | **물류** 김양천 · 박진철
책임편집 민기범

출판등록 2011년 6월 2일 제25100-2011-158호 | **주소** 121-840 서울시 마포구 서교동 395-137
전화 (02)325-2525 | **팩스** (02)325-9007
이메일 book@ibookroad.com | **홈페이지** http://www.ibookroad.com
ISBN 979-11-85051-05-5 03180

볼 수 있는 눈과 들을 수 있는 귀를 가진 사람 앞에서는
누구도 비밀을 지킬 수 없다.
입술이 침묵한다 해도 손끝이 떠들고
모든 구멍으로 비밀이 새기 때문이다.

−지크문트 프로이트, 1856~1939년

또 다른 나를 발견하는 28가지 실험

이 책은 흥미롭지만 조금은 생소한, 그래서 오해 받기 쉬운 '사회심리학'의 여러 주제를 다루고 있다. 생각 없는 행동이나 고집스런 신념, 소속집단으로부터 받는 영향 등 인간의 생각과 행동에 관한 28가지의 실험과 그 결과를 실었다. 실험의 결과들은 우리가 평소에 궁금해 하는 많은 사회현상, 예를 들어 무의식적 편견과 텔레파시에 대한 믿음, 집단에 대한 과잉충성, 평범한 사람들이 보이는 잔인함과 무관심, 알 수 없는 연애심리 등을 이해하는 데 도움이 될 것이다.

실험이 절대적인 지식을 알려준다고 말할 수는 없다. 하지만 이 실험을 통해 우리는 자신의 생각과 행동에 대한 이론 중에서 무엇이 옳고 그른 것인지를 알 수 있다. 그 결과, 종종 일반적인 상식에서도 충격적인 오류가 드러난다.

어떤 방식으로 이루어지든 이 실험에는 언제나 두 가지 논쟁, 즉 '윤리'와 '인위성'의 문제가 뒤따른다. 먼저 윤리 문제에 대해서 생각해보자. 사회심리학자는 종종 순진한 실험 참가자를 이용하면서도 양심의 가책을 느끼지 않는, 실험가운을 입은 괴물로 묘사되곤 한다. 솔직히 말하면, 이 책에서도 어떤 부분은 독자의 등골을 서늘하게 만들지도 모른다! 그러나 이러한 묘사는 사실이 아니다. 사회심리학자는 자신의 실험 과정이 참가자에게 미치는 영향에 대해서 매우 조심스러워 한다. 이를테면, 모든 참가자에게 실험 중에 일어날 일에 대해 미리 설명하고 정보를 충분히 제공한 뒤에 그들의 동의를 얻는 것이 일반적이다. 더욱이 어떤 실험이든 진행에 앞서 해당 연구와는 이해관계가 없는 윤리위원회가 먼저 그 연구의 진행을 승인해야만 한다.

실험 전에 이루어지는 이러한 활동도 객관적으로 평가되어야 하겠지만, 사회심리학 연구의 대부분은 설령 속임수가 동원되더라도 윤리 논쟁을 일으키는 경우는 거의 없다. 대다수 참가자들은 실험이 흥미로웠다고 말하며, 짧은 시간에 많은 것을 배웠다고 회상한다. 실험이 끝나고 나서 실험자와 친근하게 대화를 나누는 경우도 종종 있다. 이런 대화를 통해 실험자는 참가자에게 실험 목적을 이해할 수 있도록 자세하게 설명하기도 하고, 참가자로부터 의견을 듣기도 한다.

두 번째로, 인위성의 문제다. 실험방식에 대한 비판은 주로 실험실이 현실세상과 다르다는 것이다. 즉, 실험실에서의 실험은 현실세상에 대해 아무것도 말해주지 못한다는 주장이다. 그러나 현상의 인과관계를 파악하려면 인위적으로 조작되어야 한다. 해석을 복잡하게 할 수 있는 불필요한 요소를 제거하기 위한 유일한 방법은 현상을 더 이상 쪼갤 수 없는 가장 근본적인 고갱이까지 갈라내는 것이다. 이를 위해 실험대상이 되는 현상에서 불필요한 부분을 제거해야 한다. 여러 가지 일상적인 일들 가운데 그 현상의 본질이 모호해지거나 실제 모습이 왜곡될 가능성도 있기 때문이다.

실험자가 자신이 발견한 사실을 특정 상황이나 사람들에게 성급하게 일반화시키려고 한다면, 인위성은 결점이 될 뿐이다. 그러나 실험자는 오랜 시간을 들여 일반적인 이론을 실험하거나 서로 다른 여러 가지 효과들을 논증하고자 한다. 일반적으로 무엇이 어떤 것을 야기하는가에 대한 지식이 특정한 문제에 대한 우리의 이해를 살찌우고 그 문제에 대한 좀 더 효율적인 해법을 제시한다는 점에서 이러한 과정은 충분히 가치가 있는 모험이다. 어떤 경우든, 사회심리학 실험이 언제나 인위적이기만 한 것은 아니며, 일상생활도 언제나 현실이기만 한 것은 아니다.

사회심리학자가 일상적인 경험만을 연구한다면 어떻게 될까? 몇 년 전, 바커(Barker)는 스스로가 '인간 행동에 대한 생태학적 접근'이라고 이름 붙인 방식을 개척하기 위해 동료들과 함께 캔자스 주 어느 작은 마을의 다양한 장소에 관찰자 여러 명을 배치하고 마을사람들의 행동을 기록했다. 식료품 가게, 공원 벤치, 탄산음료 판매대 등과 같은 곳에서 방대한 데이터가 수집되었다. 그러나 이러한 관찰이 이 작은 마을에서 실제로 벌어지고 있는 일에 대해 더 큰 호기심을 갖게 할 수 있었는지는 몰라도, 그것들 중 어떤 것도 인간 본성에 대한 우리의 일반적인 지식에 의미심장한 영향을 끼치지는 못했다.

　우리는 이 책에 소개된 실험들이 공정하다고 자신 있게 말할 수 있다. 이 책에서 불공평하게 제외되었다고 느끼는 연구자가 있다면 미리 사과 드린다. 그럼에도, 우리는 여기에 포함된 실험들이 최상의 조합이라고 자부한다. 이 멋진 조합을 마음껏 즐기시길!

차례

나도 내가 낯설다

— 통념의 노예 법칙

> "자신의 믿음이나 감정, 또는 욕구를 자각한다고 해서
> 자신이 그것들이 어디서 생겨났는가에 대해 잘 안다고 말할 수는 없다."

자신도 모르게 굳어버린 고정관념

———————————————————— 어항을 통해 친구의 얼굴을 본 적이 있는가? 아마 얼굴 위아래가 뒤집어져 보였을 것이다. 그런데 우리 눈도 어항 못지않게 빛을 굴절시킨다. 다시 말해, 안구 표면의 각막에 닿는 물체의 상은 위아래가 똑바로 서 있지만, 안구 내부에서 상하가 바뀌어 망막에는 뒤집어진 상이 도달한다. 그럼에도 우리는 친구의 발이 공중에 뜬 채 대롱대롱 매달려 있는 모습으로 지각하지는 않는다. 우리의 시각 시스템이 거꾸로 선 친구의 모습을 다시 거꾸로 돌려놓기 때문이다.

매우 이상하게 들릴 수도 있는 이야기지만 뒷받침할 증거는 많이 있

다. 예를 들어, 후두피질(뒤통수쪽 뇌의 바깥층)이 손상되었을 때 특정 증상들이 나타나는데, 그 성격들이 매우 특이하다. 일부 뇌손상 환자들은 어떤 물체를 직접 그릴 수는 있는데 그것의 이름은 맞추지 못한다. 어떤 환자는 물체의 이름은 알면서도 그 물체를 그림으로 그리지는 못한다. 또 다른 환자는 이름도 알고 있고 그래서 표현할 수도 있는 물체인데 그 물체의 움직임은 인식하지 못한다. 그러므로 어떤 대상을 정상적으로 지각하기 위해서는 자신을 둘러싼 세상을 해석하는 두뇌 회로와 그 해석을 일관성 있는 직물로 짜내는 별개의 두뇌 회로가 필요한 것처럼 보인다.

그런데 지각에 있어 뇌가 미리 처리하는 작업은 느끼지 못하면서 다만 마지막 결과물만을 인식한다면 우리가 보는 세상은 원래 그대로의 모습이 아니라 우리가 보고 싶은 모습일 수도 있지 않을까?

우리의 정신도 시각 시스템과 마찬가지다. 이마누엘 칸트도 말했듯이, 세상과 세상의 모든 것들(사물, 사람, 집단)에 대해 우리가 이해하고 있는 것은 우리의 정신구조에 의해 결정되는 심리적 구조물이다. 우리가 가지고 있는 지식은 사물의 원래 그대로를 반영해놓은 것이 아니다. 그럼에도 우리는 대개 그렇다고 생각하며 살아간다.

우리는 현실이 어쩌면 겉으로 보이는 것과는 다를 수도 있다는 가능성에 대해 깊게 의식하지 못한다. 예를 들어, 실제로는 그렇지 않은데도 다른 사람들이 자신과 비슷한 생각을 갖고 있다고 짐작한다. 그리고 그 과정에서 벌어지고 있는 것은 간접적인 증거 또는 과학적 증거에 의존해 다만 추론할 수 있을 뿐이다.

새러는 어떤 사람인가?

———————————————————————————— 1977년, 니스벳(Nisbett)
과 벨로우스(Bellows)는 복잡한 실험을 했다. 여대생 162명이 이 실험에
참여했는데 그들 중 128명만이 피실험자로 참여했다. 피실험자에게 새
러라는 여성에 대한 몇 가지 정보를 제공하고, 그 정보를 근거로 그녀에
대한 인상을 판단하는 실험이었다. 나머지 34명의 참가자는 관찰하는
역할을 맡았다. 관찰자에게는 실험의 시나리오에 대해 간략히 설명하
고, 만약 새러에 대한 정보가 자신에게 주어졌다면 어떤 인상을 받게 될
지에 대해 질문했다.

피실험자 128명에게 새러가 재난관리센터 직원으로서 필요한 인성
적 자질을 가지고 있는지를 물었다. 각 피실험자에게는 그녀에 대한 정
보가 담긴 세 쪽 분량의 구직지원서가 배부되었는데, 면접, 설문지, 추천
서에서 나온 것으로 꾸며진 새러의 모습은 적응력이 뛰어나고 능력도
있지만, 약간 냉정하고 냉담한 사람이었다.

이 기초 데이터를 배경으로, 그녀의 다섯 가지 특징에 대해서는 피실
험자에게 조금씩 다른 데이터를 제공해주었다. 매력적인 외모, 우수한
학점, 최근 몇 년 사이의 교통사고 경험, 가까운 미래에 피실험자를 만날
가능성, 면접관의 책상에 커피를 쏟은 실수 등의 특징을 갖고 있거나 혹
은 갖고 있지 않은 것으로 묘사된 것이다.

이 다섯 가지 특징에 대한 데이터는 피실험자 절반에게만 주어졌으
며, 또한 어느 한 가지 특징의 존재 여부는 다른 특징의 존재 여부와는
전혀 상관이 없이 주어졌다. 왜 그렇게 했을까? 만약 연구진이 단순하게

피실험자의 절반에게는 새러가 다섯 가지 특징을 모두 가지고 있다고 믿도록 하고 나머지 절반에게는 새러가 어떤 특징도 가지고 있지 않다고 믿도록 했다면, 다섯 가지 특징의 각각에 대한 결과가 그 한 가지 특징을 제외한 나머지 네 가지 특징의 조합의 존재 또는 부재에 입각해 얻어질 수도 있다는 가능성을 배제할 수 없었기 때문이다. 이렇게 해서 새러가 다섯 가지의 특징 중 어떤 것을 갖고 있고 어떤 것을 갖고 있지 않은지 모든 가능한 조합(모두 32가지 조합이 만들어진다)이 만들어졌고, 최종적으로 피실험자는 새러에 대한 32가지의 가능한 설명 중 한 가지를 받아보게 되었다.

피실험자는 일단 새러에 관한 설명 내용을 읽고 난 뒤, 그녀가 재난관리센터 직원으로 일하기에 얼마나 적합한가에 대해 자신의 의견을 내놓았다. 특히, 피실험자는 새러가 감응성, 융통성, 호감도, 지능과 같은 네 가지의 관련 자질을 얼마나 잘 보여주고 있는가를 등급으로 매겼다. 그런 다음, 새러에 대한 각각의 특징이 자신이 새러의 자질을 평가하는 데 얼마나 영향을 미쳤다고 생각하는지를 7점 만점으로 점수를 매겼다. 결과적으로 연구진은 새러의 다섯 가지 특징이 피실험자에게 형성된 그녀의 인상에 실제로 준 영향과 그 영향에 대한 피실험자 본인의 판단을 비교할 수 있게 되었다.

이에 반해 관찰자 34명은 실험의 시나리오만 전달받았다. 그들에게 젊은 여성 구직자에 대한 정보 접근 가능성만을 상상하도록 하고, 이 실험에서 체계적으로 조작된 다섯 가지 특징 중 각각 하나씩을 그녀가 갖고 있다고 했을 때 그녀에 대한 자신의 의견이 바뀌었을지 판단해보라

고 요구했다. 이렇게 해서 두 집단으로부터 나온 점수를 직접 비교할 수
있었다.

너 자신을 믿지 말라

──────────────────────────── 실험 결과, 피실험자들
은 새러에 대한 다섯 가지 특징이 그녀에 대한 자신의 인상에 미친 영향
에 대해 대부분 잘못 인식하고 있었다. 예를 들어, 새러가 심각한 자동차
사고에 연루된 경험이 있었다는 정보를 읽은 피실험자들은 그 사건으로
인해 그녀를 더욱 인정 있는 사람으로 보게 되었다고 주장했다. 그러나
그들의 점수에 따르면, 이 사건은 어떠한 영향도 행사하지 않았다. 반대
로, 피실험자들이 새러를 만날 가능성이 있다는 정보는 그녀가 얼마나

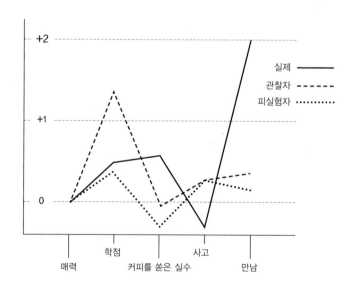

새러에 대한 다섯 가지 특징이 그녀의 융통성에 대한 피실험자의 판단에 미친 실질
적 영향, 그리고 그 효과에 대한 피실험자와 관찰자의 판단.

인정 있는 사람인가에 대한 자신의 판단에 거의 영향을 미치지 못했다고 응답했다. 그러나 나중에 그들이 매긴 점수를 보면, 이 영향은 상당히 컸다.

융통성과 호감도에 대한 평가에서도 이와 똑같은 결과가 나타났다. 20개 중 6개에서 피실험자들의 평가는 그들이 믿은 것과는 정반대로 바뀌어 있었다. 새러에 대한 자신의 판단이 어떻게 변했는가에 대한 그들의 인식과 실제로 일어난 판단 변화 사이에는 서로 거의 관련이 없었다.

그런데 지능 평가는 이와 달랐다. 여기서는 피실험자의 판단이 실제로 변한 정도와 그들이 변했다고 스스로 믿는 정도 사이에 거의 완벽한 상호관계가 성립되었다. 어째서일까?

어떤 문화권에서든 지능과 사람의 관계에서 널리 알려진 통념이 있기 때문이다. 피실험자들은 주어진 요소가 지능과 관련이 있는지 없는지를 쉽게 알 수 있었기 때문에 그것을 고려 대상에 포함시켰는지 포함시키지 않았는지에 대해서, 그리고 자신의 판단에 영향을 주었는지 주지 않았는지에 대해서 추측을 할 수 있었을 것이다.

반대로, 융통성 같이 모호한 기질이 어디서 비롯되는지를 설명하는 데 있어서는 통념이 애매하거나 아예 존재하지 않는다. 그러므로 피실험자들은 주어진 요소가 자신의 판단에 영향을 끼쳤는지 끼치지 않았는지를 판단할 분명한 근거가 없다.

피실험자들이 자신의 판단이 어떻게 형성되었는지에 대해 파악할 수 없었다면, 관찰자들은 어땠을까? 결론적으로, 관찰자들도 피실험자들보다 더하지도 덜하지도 않았다. 피실험자들과 관찰자들의 결정은 거의 정확하게 일치했다. 피실험자에게는 구체적인 판단의 과제가 주어졌고 관찰자에게는 추상적인 시나리오만 읽을 수 있도록 했다는 점을 감안하면 이러한 결과는 주목할 만하다. 정신이 어떻게 작용하는가에 대한 사람들의 생각은 관찰에서 나오는 것이 아니라 대중이 널리 공유하고 있는 지식으로부터 나온다는 점을 강력하게 뒷받침하기 때문이다.

그런데 문제는 이러한 대중의 지식이 종종 부정확하다는 것이다. 이러한 지식은 사회 전체에 걸쳐서 폭넓게 공유된 '직관적인 이론'에 기반을 두고 있는데, 그 이론은 종종 옳지 않다.

행동의 원인을 외부에서 찾다

지식에는 익숙함으로부터 오는 지식과 전문성으로부터 생기는 지식이 있다. 환자와 의사를 생각해보자. 환자는 그 병에 익숙하다. 그 병 때문에 고통 받는 장본인이기 때문이다. 이런 의미에서 그는 그 병에 대해 의사보다 자신이 더 많이 안다고 말할 수 있다. 그럼에도, 그 익숙함은 병이 어떻게 발생했으며 어떻게 진전될 것인지, 어떻게 하면 치료될 수 있는지에 대해서 환자에게 깊은 지식을 알려주지 못한다.

반면에 의사는 그 병으로 고통 받아본 적은 없을지 몰라도, 그 병을 이해하고 치료하는 데에는 전문가다. 달리 말해, 우리 몸에 관해 익숙하다고 해서 반드시 전문적인 지식을 갖게 되는 것은 아니며 그 반대도 마찬가지이다.

정신도 이와 같다. 어떤 것을 판단하는 단순한 경험을 두고 그 사람이 그렇게 판단하게 한 요인들에 대해 전문가라고 말할 수는 없다. 반면에 그러한 판단을 내린 적은 없었음에도 그러한 판단에 이르기까지의 요인들에 대해서는 전문가라고 할 수 있을 만한 사람이 있을 수 있다.

예를 들어, 이 실험에서 피실험자들은 새러의 특징들이 자신의 평가에 어떤 영향을 미쳤는지는 판단할 수 없었다. 반대로, 연구진은 새러의 특징들이 피실험자의 평가에 어떤 영향을 미쳤는지를 판단할 수 있었다.

결론은 사람은 스스로 인식하는 것보다 더 신비로운 존재라는 것이다. 생각과 행위의 진짜 이유가 평소에 이해하고 있는 것과는 맞아떨어지지 않는다는 주장은 새삼스러울 게 없다. 정신분석학자들은 우리의 생각과 행동 대부분이 무의식적인 원인으로부터 비롯된다는 점을 오래전부터 주장해왔다. 사회심리학자들도 행동의 진짜 원인은 종종 무의식에 있다는 데 동의한다. 그러나 정신분석학자와 사회심리학자의 의견이 서로 일치하지 않는 부분은 행동의 원인이 어디에 있느냐는 것이다.

사회심리학자는 행동의 원인을 오로지 그 사람의 내면에서만 찾는 것이 아니라 외부에서도 찾곤 한다. 정신분석학자는 전쟁을 죽음의 본능이라는 포괄적인 개념으로 설명하지만, 사회심리학자는 순응이나 복종의 압력이라는 개념으로 설명하거나 경쟁하는 사회그룹과 동일시하려는 인간의 경향으로 설명한다. 물론 사회심리학자도 인간을 기반으로 한 설명을 통째로 부정하지는 않는다. 그럼에도 사회심리학자는 놀라울 정도로 강력한 영향력을 행사하는 상황의 미묘한 측면들을 강조하는 경향이 있다.

한 연구에서 남성 피실험자들에게 성인비디오(이건 모두 과학을 위한 것이었으니 다른 의심은 거두시길 바란다!)를 보게 했다. 그 비디오를 보기 전에, 어떤 참가자는 아무것도 하지 않았지만 어떤 참가자는 격렬하게 운동을 했고, 또 어떤 참가자들은 격렬하게 운동을 한 후 잠시 휴식을 취했다. 실험 결과, 마지막 세 번째 그룹의 참가자들이 비디오테이프로부터 받은 자극을 가장 크게 의식한 것으로 나타났다. 그 이유는 뭘까?

운동은 각성을 고조시킨다. 그러나 몇 분의 휴식시간이 있었기 때문에 그들은 각성의 원인을 운동으로 돌리지 않고, 우연히 자신의 주변에서 가장 두드러지는 자극물이 된 비디오테이프에 그 원인을 돌렸다. 그러므로 만약 당신이 이러한 결과를 개인적으로 이용할 생각이라면 이렇게 하면 된다. 데이트 상대와 함께 공포영화를 보러 가거나 롤러코스터를 탄다. 그리고 나서(여기가 핵심이다!) 몇 분 정도 기다린다. 그런 다음 당신의 의도대로 진도를 나간다. 약간의 행운만 따라준다면, 의심 없이 당신을 믿는 데이트 상대는 자신의 한껏 고조된 기분이 당신 덕분이라고 믿을 것이다!

과거를 재구성하는 뇌

― 기억의 왜곡 법칙

"우리는 과거를 있는 그대로 기억하지 않고
자신도 모르는 사이에 현재의 관점에서 재구성한다."

제멋대로 짜깁고 수정하는 마음

─────────────────────────── 먼 과거의 어떤 일을 떠올려보자. 시각적으로 최대한 자세히 떠올려보라. 정확히 무엇이 보이는가? 희미한 이미지들, 아귀가 딱딱 맞지 않는 장면들일지라도 어설프나마 그 당시에 무슨 일이 있었는지를 떠올릴 수 있을 것이다. 기억은 완벽하지 않거나 심지어는 머릿속 카메라가 기록한 시각적 이미지와 거의 맞지 않을지도 모른다. 기억된 사건들 속에서 자신이 그 장면의 일부가 되는 3인칭 시점에서 서술되기도 한다.

이런 식으로 기억은 불러낼 수 있을 뿐만 아니라 재구성될 수도 있다. 어쩌면 컴퓨터 파일을 다운로드하듯이 인간의 기억도 제대로 저장하기만 하면 마음대로 불러낼 수 있지 않을까 하고 생각할 수도 있다. 그러나 우리의 기억은 종종 그 당시 자신의 심리 상태에 따라 달라진다.

재구성된 인간의 기억이 믿을 만하지 못한 데에는 몇 가지 이유가 있다. 예를 들어, 기분이라는 것을 생각해보자. 사람들은 어떤 기억이 현재의 기분과 맞아떨어질 때, 또는 그 사건이 현재와 비슷한 기분 상태에서 일어났을 때 그 정보를 더 잘 기억해낸다. 다시 말해, 우리의 마음은 자신의 현재 감정 상태에 입각해서 어떤 기억은 선택하고 어떤 기억은 무시해버린다.

1973년, 고설스(Goethals)와 렉먼(Reckman)은 고등학생들을 동원한 실험에서 빈곤한 흑인 아동을 더 좋은 학교로 강제 통학시키는 정책(당시 교실에서 인종차별을 없애기 위해 펼쳐진 정책이었다)에 대한 설문지를 기반으로 찬성과 반대의 두 그룹으로 나누었다. 그리고 며칠 후, 약간 다른 상황에서 이 학생들을 각자의 강제 통학 정책 찬성론과 반대론에 기초해 토론 그룹을 만들었다. 각 그룹의 토의는 똑똑한 고학년 학생으로 위장한 공모자가 이끌었다. 공모자는 그 그룹의 학생들이 주장한 내용에 반대하는 내용을 주장했다. 그 효과는 당연히 학생들로 하여금 그들 자신의 주장을 수정하도록 유도하는 것이었다.

그들 실험의 가장 결정적인 부분은 4일에서 14일 후였다. 모든 학생들이 처음 작성했던 설문지에 다시 한 번 응답하게 했다. 학생들이 자신의 원래 주장을 정확하게 기억해야 할 동기를 부여하기 위해, 연구진은 처음 응답과 나중 응답을 상세히 비교하겠노라고 미리 공지했다. 그럼에도 처음에 가졌던 주장에 대한 학생들의 생각은 크게 왜곡되어 있었다. 학생들은 자신의 처음 주장이 새롭게 형성된 주장과 일치한다고 잘 못 기억하고 있었던 것이다.

학생들은 자신의 현재 주장을 기준점으로 두고, 자신의 주장이 얼마나 변했는지에 대한 잘못된 판단을 근거로 과거의 주장을 재구성했을 수 있다. 이렇듯 사람이 자신의 주장을 과거로 거슬러 올라가 편집하는 것은 어쩌다 한 번 벌어지는 현상이 아니다. 우리는 대개 우리의 마음이 우리의 개인적인 역사들을 마음대로 짜깁고 수정한다는 것을 느끼지 못 하는 듯하다.

맥팔란드(McFarland), 로스(Ross), 드커빌(DeCouville)은 사람들의 직관적 인 이론이 기억을 편향되게 할 수도 있다는 것을 보여주기 위해 언뜻 보 기에는 다소 생뚱맞은 현상을 주제로 실험을 했다. 그 주제는 바로 여성 의 '월경'이었다.

서구 문화에서 월경은 오랜 세월 동안 부정적으로 인식되어왔다. 월 경 증후군은 호르몬 프로게스테론의 수치 저하 때문에 일어나는 것으 로 추측되는 일련의 증상들에 대한 통칭이다. 그 예로 초콜릿을 탐닉한 다든가 살인 충동을 느낀다든가 하는 증상이 나타난다. 이 증후군은 의 사와 임상의들에 의해 끊임없이 논의되어온 주제인 동시에 문학의 주제 이기도 하다. 그러므로 많은 독자들은 이 증후군에 대한 구체적인 증거 가 매우 빈약하다는 것을 알면 아마 놀랄 것이다. 수많은 학자들이 월경 주기 동안 여성의 심리에서 일어나는 체계적인 변화를 구체적으로 규명 하려고 연구하였으나 실패하고 말았다. 사실 월경전 증후군은 여성들이 겪는 스트레스를 정서적, 생물학적 연약함이라는 원인으로 설명하려는 문화적인 신화일 뿐, 실체가 있는 의학적 질병이라고 하기에는 논란의 여지가 있다. (독자들이 이러한 주장을 남성우월적 편견이라고 볼 소지가 있어 미리 밝히건대, 이와 관련된 연구는 대부분 여성들에 의해 진행된 것이었다.)

치밀하게 계획된 실험

──────────────────────────── 10대 후반에서 20대 초반까지의 캐나다 여대생 65명이 이 실험에 참가했다. 연구진은 참가자에게 월경 스트레스 설문지(Menstrual Distress Questionnaire, MDQ) 또는 그 설문지의 일부 문항에 매일 응답하게 했다. 이 일일설문지의 문항은 참가자가 월경주기 동안 세 가지 유형의 월경전 증후군(통증, 수분저류, 불쾌감)을 얼마나 경험하고 있는지, 그 정도를 알아보기 위한 것이었다. 참가자는 각 유형마다 6가지씩, 18가지의 구체적인 증상에 대해 그 정도를 1(증상 없음)부터 6(매우 심해 참기 어려움)까지의 점수로 등급을 매겼다.

그런데 연구진은 이 일일설문지의 목적을 위장했다. 앞선 연구의 결과, 참가자들이 월경에 대한 연구에 자신이 참가하고 있다고 의식하게 되면 그 외의 다른 증상까지 보고한다는 것이 드러났기 때문이다. 따라서 일일설문지는 합법적인 약물의 이용, 일상에서 일어나는 사건, 심리 상태와 생리학적 상태를 조사하기 위한 것이라는 연구자의 주장을 뒷받침하는 가짜 문항으로 대부분 채워졌다. 딱 하나의 문항만이 연구의 진짜 목적에 부합되는 노골적인 질문이었는데, 참가자에게 현재 월경 중인지를 묻는 질문이었다.

참가자는 4~6주 동안 매일 잠자리에 들 때 이 설문지를 작성한 뒤 다음 날 우체통에 넣어야 했다. 만약 참가자가 설문지를 제출하지 않으면, 실험자는 즉시 참가자에게 연락을 해 설문지 제출을 상기시켰다.

이 연구에서 일일설문지 단계가 종료되고 며칠 뒤, 연구진은 월경 증후군에 대한 참가자의 기억을 평가했다. 참가자들에게는 최대한 정확하게 2주 전에 본인이 제출한 설문지의 응답 내용을 기억하도록 요구했다. 이 기억 측정을 위해 연구진은 이미 첫 설문지에 응답할 때 참가자의 절반은 월경주기 중에서 월경 단계에 있고 나머지 절반은 월경후 단계에 있도록 조정해 놓았었다. (월경 단계는 월경 시작 후 첫 3일, 월경후 단계는 월경 시작 후 5일이 지난 날부터 3일간의 기간으로 정의되었다.) 연구진은 이전에 월경을 하고 있던 참가자만이 월경 스트레스에 대한 자신의 직관적인 이론을 이용해 기억을 재구성했을 것이라고 추측했다.

연구진은 참가자들이 월경에 대한 이전의 진술을 제대로 기억하도록 돕기 위해, 설문지 문항 중 일상적인 사건 부분에 있는 처음 세 개의 질문에 대한 참가자들의 응답을 보여주었는데(그 설문지의 나머지 문항에 대한 자신의 진술을 기억하는 데 도움을 주기 위해서), 여기서 세 번째 질문은 그들이 월경 중이었나 아니었나를 암시하는 문항이었다. 마지막으로, 참가자들이 오로지 월경 증후군에 대한 기억에만 의존하도록 하기 위해, 연구진은 일일설문지의 응답에 대한 기억 단계에서 어떤 참가자도 월경 중에 있지 않도록 일정을 조절했다.

왜곡된 기억

———————————————————— 월경 스트레스에 대한

실험 참가자의 직관적인 이론(MDQ 설문으로 점수화한)은 문화적 고정관념
이 실제로 존재한다는 사실을 증명했다. 특히, 참가자는 자신이 월경주
기 중 월경 단계(그리고 월경전 단계)에 있을 때 통증과 수분저류를 더 심하
게 경험하거나 느꼈다고 믿었다. 6점을 최고로 한 분류에서, 이때가 다
른 때보다 1점 더 높았다. 그러나 월경 스트레스에 대한 참가자들의 직
관적인 이론은 그들의 실제 경험과 맞지 않았다. 참가자들의 일일보고
를 토대로 하면 그들의 통증과 수분저류의 정도가 월경 단계(또는 월경전
단계)보다 0.25점 더 높을 뿐이었다. 이보다 더 충격적인 것은, 참가자들
이 느끼는 불쾌감은 그들의 주기를 통틀어 전혀 변동이 없었다는 것이
다. 따라서 본 연구에 참가한 학생들은 다행히도 월경전 우울증에 대해
서는 면역이 되어 있는 듯했다. 통계 분석으로 보아도 서로 다른 단계를
통틀어 전체 사이클에서 참가자들의 일일보고는 그들이 각 단계에서 전

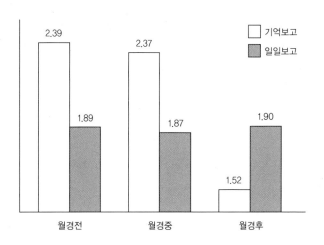

참가자가 월경주기의 여러 단계에 걸쳐서 기억보고와 일일보고의 형태로 보고한 불
쾌감의 수준.

형적으로 느끼는 것에 대한 직관적인 이론과 맞지 않았다. 실험 결과의 전반적인 패턴은 참가자가 월경(월경전) 증후군의 강도를 과대평가하고 있을 뿐만 아니라 주기 중 다른 단계에서 경험하는 증후군의 강도를 과소평가하고 있다는 것이다.

　그렇다면 참가자들의 직관적인 이론이 월경 스트레스에 대한 그들의 구체적인 기억을 왜곡시킨 것은 아닐까? 이 의문에 대해 알아볼 수 있는 방법은, 각 유형의 증상에 대해 일일보고와 그 후의 기억 사이의 편차가 MDQ에서 낮은 점수를 매겼던 참가자에 비해 높은 점수를 매겼던 참가자에게서 더 크게 나왔는지를 보는 것일 수 있겠지만, 일일보고와 기억이 월경후 단계(샘플의 절반에 해당)에 속해 있을 때에만 가능하지, 참가자의 주기에서 월경 단계에 속해 있을 때(샘플의 나머지 절반에 해당)에는 가능하지 않았다. 참가자가 자신의 월경 증후군이 심할 것이라고 예측할수록(월경 증후군에 관한 직관적인 이론에 기초하여), 자신이 겪은 증후군의 경중에 대한 기억이 과장되어 있었다. 그러나 이것은 월경에 대한 기억이 그때 그 참가자의 월경 단계와 관련이 있을 경우에만 일어났다. 그 기억이 월경후 단계와 관련이 있을 때에는 기억된 증상의 경중은 월경 스트레스 이론에 따른 예측과 맞지 않았다. 이러한 효과는 통증과 불쾌감에 대해서 가장 두드러지게 나타났다.

　이러한 발견들은 월경 스트레스에 대한 직관적인 이론이 월경 증후군 증상에 대한 참가자의 기억을 왜곡시켰다는 점을 증명한다. 사실 여기서 얻어진 결과는 왜곡의 크기를 편의상 과소평가했다고 볼 수도 있다. 증상에 대한 참가자의 일일보고는 객관적인 현실과 같다고 간주되었는데,

이 보고는 그 성격상 몇 시간이라도 전에 있었던 일을 기억하는 것이기 때문에, 월경 스트레스에 대한 참가자의 직관적인 이론으로부터 어느 정도 영향을 받았을 확률이 높다.

직관적인 이론을 고집하는 이유

───────────────────────────── 우리는 자신이 어떤 사건을 발생한 그대로 정확하게 기억하고 있다고 믿는다. 그러나 실은 무의식적으로 그 기억을 잘못된 믿음의 기초 위에서 구성하고 있을 수도 있다. 그것은 착시와도 같다. 예를 들어, 달은 우리 머리 바로 위에 있을 때보다는 멀리 지평선 위에 있을 때 더 크게 보인다. 그러나 달은 하늘의 어디에 떠 있든 상관없이 사람의 눈과 0.5도의 대각을 이룬다. 달과 눈의 대각은 달이 머리 위의 어느 지점에 있든 똑같기 때문에 우리의 눈은 존재하지 않는 달의 수축을 보정하도록 속임수를 쓰고, 그에 따라 착시가 일어난다. 핵심은 이렇다. 우리는 의식의 밑바닥에서 우리로 하여금 달을 잘못 자각하게 하는 추론을 의식하지 못한 채 그 자각 자체의 최종판만을 의식할 뿐이다.

이와 비슷하게, 우리는 잘못된 기억을 형성하는 무의식적 믿음을 의식하지 못한 채 기억 그 자체만을 의식할 뿐이다.

우리의 정신 작용에 대한 통찰력 부족의 이유는 설명될 수 있다. 그러나 계속되는 경험은 반복해서 그 부당성을 증명하는데도 불구하고, 우리가 직관적인 이론을 고집하는 이유는 어떻게 설명할 수 있을까? 특히, 이 실험의 참가자들, 여러 번 월경을 경험한 여성들이 왜 월경은 심리적인 스트레스와 관련이 없다는 사실을 느끼지 못하는 걸까?

어쩌면 그 주된 이유는, 직관적인 이론에 의해 형성된 기억에 주관적으로 강하게 끌린 나머지, 이 직관적인 이론들이 사실이라는 증거로 받아들여지면서 일종의 자기이행적 예언을 만들어내기 때문일 것이다. 월경 스트레스에 대한 외견상의 기억을 액면 가치 그대로 받아들인다면 월경은 스트레스를 유발한다는 것을 확인하는 셈이다.

잘못된 직관적인 이론이 사라지지 않는 또 다른 이유는 그 이론을 지지함으로써 바람직한 결론에 도달할 수 있기 때문이다. 예를 들어보자. 한 연구에서, 효과가 없다고 알려진 학습 기술 프로그램에 등록한 학생들이 나중에 기억하기를, 이 프로그램을 이수하기 전 자신의 학습 기술은 대조군의 학생들에 비해 열등했다고 주장했다. 자신이 투자한 모든 노력이 정당화되기를 바랐기 때문에, 그들은 그 프로그램이 효과적이었다는 이론을 지지했고, 자신의 기억을 거기에 맞게 변경했다.

잘못된 직관적인 이론을 떨쳐버리지 못하는 마지막 이유는, 이 이론에 맞춰진 증거들이 편향된 방법으로 처리되기 때문이다. 여기서 단면적인 사건과 양면적인 사건 사이에 유용한 구분을 지을 수 있다. 양면적인 사건은 그 결과가 어떻게 나타나든, 즉 우리의 기대에 호응하든 아니면 기대를 저버리든 상관없이 우리의 관심을 끌어당긴다. 예를 들어, 라스베가스로 떠난 신혼여행은 그 여행이 정말 신나고 즐거웠든 애초의 기대가 과장된 것이었든 상관없이 기억에 남을 만한 여행이었다고 판단할 확률이 높다. 반대로, 단면적 사건은 그것이 어떤 특정한 결론을 맺었을 때에만 우리의 관심을 끈다. 만약 내가 전화를 받기 전에 누구에게서

온 전화인지 정확하게 예측했다고 하자. 아마 나 자신도 나의 천리안에 놀랐을 것이다. 하지만 만약 내 예측이 틀렸다면, 나는 금방 다른 관심거리로 내 관심을 돌려버렸을 것이다. 결과적으로 옳았던 예측은 기억에 남기고, 틀렸던 예측은 기억에서 지워버리는 것이다. 어떤 일에 대한 확률을 추론하자면 기억으로부터 꺼내기 쉬운 자료에 의존하는 것이 일반적이므로, 나는 내가 심령술사로서의 능력을 지녔다는 잘못된 결론에 기울지도 모른다.

마찬가지로, 이 실험의 참가자들도 월경 단계와 우연히 맞아 떨어진 심리적 스트레스를 그렇지 않은 단계의 심리적 스트레스보다 더 잘 기억하고 더 큰 인상을 받았던 것인지도 모른다. 고정관념과 맞지 않는 경우는 별로 드라마틱하지 않았겠지만(평범한 일상으로부터 크게 벗어나는 기억을 남기지 않았으므로), 고정관념을 확인해주는 경우에는 (그 사건들이 감정적인 동요를 일으켰을 것이므로) 훨씬 드라마틱했을 것이다.

03

불행을 잠재우다

— 마음의 면역체계 법칙

"우리는 자신의 감정이 얼마나 오래갈지에 대해서 늘 과대평가한다.
특히 불쾌한 감정의 경우에는 실제보다 더 오래갈 것이라고 생각한다."

마음에도 면역체계가 있을까?

알라딘 이야기를 잘 알고 있을 것이다. 알라딘이 어느 날 우연히 이상하게 생긴 램프를 손에 넣는다. 호기심이 발동한 알라딘은 램프를 자세히 살펴본다. 그런데 갑자기 펑, 하고 연기가 치솟더니 요정이 눈앞에 나타난다. 요정은 자신을 자유롭게 해준 은혜를 갚겠다면서 알라딘에게 세 가지 소원을 들어주겠다고 한다. 알라딘은 이런 기막힌 행운이 믿어지지 않는다. 평생 동안 놀고먹는 인생! 그저 한낱 꿈인 줄만 알았던 일이 이제 바로 코앞에 와 있는 것이다.

자, 당신이 만약 지금 알라딘과 같은 상황에 놓였다면 무슨 소원을 말하겠는가?(주의: "셀 수 없이 많은 소원을 들어준다" 따위의 소원은 금지되어 있다!) 당신이 말하려는 세 가지는 분명 당신을 행복하게 만들어줄 것이라고 생각되는 소원일 것이다.

당신은, 비록 알라딘처럼 한순간에 인생이 바뀌는 일은 없겠지만, 매일 자신을 기쁘게 하거나 슬프게 하는 결정을 내리며 산다. 더욱이, 그런 결정을 내릴 때면 자신의 감정 변화에 영향을 미칠 행동과 사건에 대한 스스로의 직관에 필연적으로 의존하게 된다. 예를 들어, 당신은 재미있을 것으로 생각되는 친구의 생일파티에는 참석하면서 지루할 것으로 짐작되는 심리학 강의는 빼먹을 수도 있다.

그런데 불행하게도 우리의 순진한 기대는 종종 실수로 판명이 나버리고, 즉흥적인 결정은 나중에 후회를 부르기도 한다. 어쩌면 친구의 생일파티는 처음부터 끝까지 지루한 반면, 심리학 강의가 너무나 재미있었다는 것을 나중에야 알게 될지도 모른다.

최근 들어 여러 가지 심리 실험을 통해 무엇이 행복을 불러오는가에 대한 우리의 생각 중 많은 부분이 틀렸다는 사실이 발견되었다. 예를 들어, 금전적인 수입은 행복과 그다지 관계가 없다. 충분히 돈을 벌고 나면, 은행계좌의 잔고는 더 이상 우리가 얼마나 영리하고 활력적인지를 말해주지 못한다. 사실 우리는 누구나 '돈으로 행복을 살 수는 없다'라는 말을 들은 적이 있다. 그러나 그 말을 믿는 사람이 몇이나 될까?

우리의 정서에 미치는 사건들의 영향에 대한 직관적인 이론들 중 다수가 잘못된 것이다. 그런데 때로는 그 과정이 매우 특이하다. 우리는 종종 어떤 사건이 우리에게 미칠 영향과 그 영향의 강도에 대해 정말 족집

게처럼 알아맞히는 경우가 있다. 예를 들어, 오래전에 잃어버렸던 양말 한 짝을 찾았을 때보다 복권에 당첨되었을 때 훨씬 더 짜릿하다는 것은 정확하게 예측할 수 있다. 또는 사지 하나를 잃는 것은 양말에 구멍이 나는 것보다 훨씬 더 무서울 것이다.

그러나 여기서 우리가 실수를 저지르는 부분은 어떤 사건으로 인해 일어난 긍정적인 감정이나 부정적인 감정이 지속되는 시간(duration)에 대한 예측이다. 예를 들어 몇몇 연구 결과를 보면, 복권에 당첨되었을 때의 전율이나 신체적인 장애를 입었을 때의 공포는 예상보다 빨리 잦아든다. 사실 몇 달만 지나면 전자를 겪은 사람이든 후자를 겪은 사람이든 전반적인 행복이라는 측면에 있어서는 거의 구별되지 않는다.

우리는 어째서 어떤 사건이 얼마나 오래 우리를 행복하게 하거나 슬프게 하는가에 대해 과대평가하는 걸까? 여기에는 몇 가지의 정신적인 메커니즘이 작용한다. 첫째, 사람들은 다가올 사건을 오직 한 가지 관점으로만 잘못 해석한다. 예를 들어, 페라리 자동차를 새로 사려고 하는 사람이 있다고 하자. 이 사람은 그 차를 유지하느라 겪게 될 크고 작은 일들과 비싼 비용은 미처 생각하지 못하고 그 차가 정말 멋진 차라는 것만 생각할 수도 있다. 둘째, 사람의 예측은 동기의 왜곡으로부터 영향을 받는다. 게으름뱅이는 일하지 않고 빈둥거리는 것을 합리화하기 위해 일하면서 받을지도 모르는 스트레스를 부풀릴 수 있다. 셋째, 다른 사건은 모두 배제하고 특정한 오직 한 가지 사건에만 집중할 수도 있다. 예를 들어, 연인과 헤어지려는 생각을 하고 있는 사람은, 친구에서부터 프렌치프라이에 이르기까지, 그 연인과 함께한 앞으로의 삶에서 경험할 수 있는 모든 즐거움은 생각하지 않고 그 연인과의 관계 때문에 일어날 수도 있는 상처만을 생각할 수도 있다.

이 같은 메커니즘들은 긍정적인 감정이나 부정적인 감정의 예측에 있어서 지속성의 편견을 일으킬 수 있다. 이 문제에 대해 길버트(Gilbert)와 피넬(Pinel), 윌슨(Wilson), 블룸버그(Blumberg), 그리고 휘틀리(Wheatley)는 특별히 부정적인 감정의 예측에 있어서만 지속성의 편견을 일으키는 메커니즘을 찾아보았다. 그들은 사람의 신체적 면역체계가 위험한 병균을 저지하듯이, 사람의 정신에는 심리적 면역체계가 있어서 부정적인 감정을 저지한다고 생각했다.

지속성의 편견

──────────────────────────── 연구진은 정치적으로 뚜렷한 성향을 가진 대중의 감정에 영향을 미칠 만한 사건을 다루었다. 다름 아닌 1994년의 텍사스 주지사 선거였다. 참가자는 모두 조지 W. 부시(공화당) 후보나 앤 리처즈(민주당) 후보 중 한 후보에게 표를 던진 사람들이었다.

투표가 끝난 뒤, 연구진은 참가자들에게 10문항의 설문지에 답을 채우도록 요청했다. 5개의 문항은 나머지 5개의 진짜 문항으로부터 관심을 분산시키기 위한 가짜 질문이었다. 진짜 문항이 요구한 것은, (a) 현재 당신은 얼마나 행복을 느끼고 있는가, (b) 어떤 후보를 지지했는가, (c) 지지했던 후보가 승리하거나 실패했을 경우, 지금으로부터 1개월 후에는 얼마나 행복할 것 같은가, (d) 두 후보는 각각 어떤 주지사가 될 것 같은가, (e) 두 후보 중 당선된 후보는 1개월 후 어떤 주지사가 될 것으로 생각하는가. 참가자들은 각 문항에 7점 만점으로 점수를 주었다(1=최악의 주지사, 7=탁월한 주지사).

이 설문의 주요 목적은 선거 결과가 자신의 행복에 끼치는 영향에 대한 유권자의 예상을 측정하는 것이었다. 지지하는 후보의 승리나 패배는 해당 유권자에게 어느 정도 영향을 끼칠 것으로 예상되었다. 그러나 연구진은 그 영향의 지속 기간을 유권자들이 과대평가할 것으로 예측했다. 이들은 또한 지지하는 후보가 패배한 유권자의 경우 그 과대평가의 정도가 더 심할 것으로 보았다.

참가자들이 받는 영향에 대한 예측의 정확성을 체크하기 위해, 연구진은 1개월 후 전혀 관련이 없는 다른 설문조사인 것처럼 하면서 처음 실험에 참가했던 참가자들에게 전화를 걸었다. 원래 참가자 57명 중 25명에게 연락이 닿았다. 연구진은 그들에게 현재 얼마나 행복한지, 두 후보에 대한 현재의 생각은 어떤지를 물었다. 참가자들은 7점 만점 기준으로 응답했다.

두 설문조사의 결과를 서로 비교함으로써, 연구진은 심리적 면역체계의 작용에 대한 정황증거를 더 수집할 수 있었다. 사람이 부정적인 결과(자신이 지지하는 후보가 선거에서 패배한 것과 같은)에 대처하는 방법 중 하나는 그 일을 돌이켜보면서 그렇게 나쁘기만 한 것은 아니었다고 합리화하는 것이다. 이러한 심경 변화는 무의식적으로 찾아올 경우 미리 예측할 수 없다. 따라서 낙선한 후보자를 지지했던 유권자들이 당선된 후보자에 대한 좋지 않은 인식이 오래갈 것이라고 선거 이전에 예측했던 것은 부정확한 예측이었다. 이러한 결과의 패턴은 합리화(심리적 면역체계의 작용)가 지속성의 편견을 불러온다는 것을 암시한다.

그러나 이 실험의 주요 목표는 단지 부정적인 감정을 예측하는 데 있어서 지속성의 편견이 존재한다는 점을 보여주는 것뿐이었다. 지속성의 편견이 심리적 면역체계로부터 기인함을 보여주는 것과 심리적 면역체계의 작용이 무의식적이라는 것은 두 번째 실험의 범위였다.

두 번째 실험은 모든 참가자들에게 매우 당황스러운 경험을 하게 하는 것으로 시작되었다. 이 경험에는 여러 가지 측면이 있었는데, 각각 그 경험 직후 심리적 면역체계가 연달아 작용하기 쉽게 하거나 어렵게 하기 위해 조금씩 다르게 기획되어 있었다.

이 실험에서 참가자(심리학과 학부생 91명)들은 설문지에 응답을 해야 했다. 여러 문항이 있지만 그 중 오직 한 문항만이 연구 주제를 위한 진짜 문항이었다. 이 문항의 내용은 참가자에게 현재 행복의 정도를 평가하라는 것이었다. 이 문항은 그 후 이어질 행복 수준의 자기 평가에서 기준선으로 활용하기 위한 것이었다.

그 후, 참가자들에게는 정교한 커버스토리가 제시되었다. 연구진은 해당 지역의 어떤 기업에서 심리학과 학생들에게 그 회사의 광고와 제품에 대한 평가를 요청한다고 설명했다. 그 대가로 학생들은 정규 학과 학점 외에도 25달러의 꽤 괜찮은 보너스를 받게 되어 있었다. 그러나 이를 위해 학생들은 먼저 이들이 그 작업에 적합한지 테스트를 거쳐야만 했다.

참가자들에게는 15개의 질문 리스트와 그 질문에 대한 대답을 준비할 몇 분의 시간이 주어졌다. 이윽고 참가자들은 실험자가 바로 옆방에 앉아 있다고 얘기한 한 명 또는 복수의 심사원을 향해 마이크로폰을 통해서 질문에 대한 답을 이야기했다. 연구진은 심사원이 참가자들의 외모나 인종, 태도에 의해 편향된 의견을 갖지 않도록 하기 위한 조치라고 이야기했다.

그러나 사실, 옆방에는 참가자들의 답변을 듣고 있는 심사위원은 없었다. 이러한 과정은 참가자들의 심리적 면역체계가 얼마나 잘 기능하는지를 연구진이 조작할 수 있게 하기 위한 것이었다. 그렇게 하기 위해, 참가자 절반에게는 경영대학원생 한 명이 그들의 답변을 평가할 것이며 오로지 그 학생 한 명이 그들을 고용할지 말지를 결정할 것이라고 알려주었다. 나머지 절반의 참가자들에게는 세 명의 경영대학원생이 그들의 답변을 평가할 것이며 세 명이 만장일치로 반대의사를 표명하지 않는 한, 답변한 참가자를 고용하게 될 것이라고 말했다.

연구진은 한 명의 심사위원에 의해 탈락한 참가자는 세 명의 심사위원에 의해 탈락한 참가자에 비해 합리화하기가 쉬울 거라고 생각했다. 따라서 심리적 면역체계는 전자의 조건일 경우 마음의 상처를 다독이는 데 더 효과적일 것이라고 보았다.

답변을 제시한 참가자들은 만약 해당 작업에 고용되거나 탈락한다면 그 직후와 10분쯤 후에는 어떤 기분일지 생각해보라는 질문을 받았다. 드디어 심사위원의 결정이 통지되었다. 참가자들은 모두 탈락했다. 참가자들의 자존심은 구겨졌고, 주머니는 텅 비었다. 참가자들에게는 다시 두 번째 설문지가 배부되었다. 처음의 설문지와 마찬가지로, 이들의 감정 상태를 평가하기 위한 진짜 문항은 단 하나만 포함되어 있었다. 이 시점에서 실험자는 세 번째 설문지를 복사하러 간다는 핑계로 참가자들을 약 10분간 혼자 있게 했다. 참가자의 심리적 면역체계가 작동할 경우 참가자들의 처진 기분을 편안하게 해줄 시간을 벌어주기 위해서였다. 실험자가 가지고 돌아온 마지막 설문지에는 참가자에게 현재 기분이 어떤지를 넌지시 묻는 질문이 들어 있었다.

정교하게 기획된 커버스토리와 반복적인 행복 수준 측정을 감안한다면, 91명의 참가자들 중 12명만이 실험 과정에 대한 설명을 들으면서 의심을 표명했던 것도 이해할 수 있는 일이다. 연구진은 의심을 표명한 참가자들의 데이터를 삭제하고, 전혀 의심하지 않은 다수의 참가자들에 대해서만 데이터 분석을 실시했다.

승자도 패자도 모두 행복하다

─────────────────────── 1994년, 조지 W. 부시는 앤 리처즈를 누르고 텍사스 주지사로 당선되었다. 결과적으로, 실험 참가자들은 어떤 후보에게 투표했느냐에 따라 승자의 집단과 패자의 집단으로 나뉘게 되었다. 여기서 세 가지 의문이 떠오른다.

첫째, 선거 결과는 1개월 후 유권자의 정서에 실제로 어떤 영향을 끼쳤는가? 나타난 결과로 보면, 지지 후보의 당락은 참가자들의 행복 수준에 영향을 미치지 않았다. 참가자들의 원래 행복 수준을 기준으로 했을 때, 선거로부터 1개월 후 지지후보가 당선된 유권자나 낙선한 유권자나 행복 수준에 있어서는 차이가 없었다. 선거 직후에는 아마도 기쁨과 실망이 있었겠지만, 다시 설문조사를 했을 즈음에는 그러한 감정이 이미 사라진 것이다.

둘째, 유권자들은 선거 결과가 1개월 후 자신의 정서에 어떤 영향을 끼치리라고 예상했을까? 승자들(선거에서 승리한 후보의 지지자들)은 지지하는 후보의 승리가 자신을 더 행복하게 만들 거라고 예상했고, 패배자들(선거에서 패배한 후보의 지지자들)은 지지하는 후보의 패배가 자신을 더 슬프게 만들 거라고 예상했다. 덧붙여, 패배자들이 예상하는 슬픔의 정도는 승자들이 예상하는 행복의 정도보다 훨씬 더 컸다.

셋째, 그 이후 이어진 실제 경험에 비추어볼 때, 유권자들의 예상은 얼마나 정확했는가? 승자들의 예상은 거의 정확했다. 실제 행복 수준은 예상치보다 근소한 차이로 낮았을 뿐이었다. 그러나 패배자들의 예상은 매우 부정확했다. 그들은 스스로 예상했던 것보다 훨씬 덜 불행했다. 다시 말해, 연구진이 예상했듯이, 결과는 지속성의 편견이 부정적인 감정의 예측에 주로 존재한다는 것이었다.

더욱이, 선거 전후 부시 후보에 대한 유권자들의 의견 변화에 대한 분석을 보면, 그들에게서 관찰되는 지속성의 편견은 일정부분 심리적 면역체계로부터 생겨난 것임을 알 수 있다. 부시에 대한 승자들의 의견은 일관적이었다. 그들은 선거 전이나 후나 부시에 대해 좋은 인상을 가지고 있었다. 반면에 부시에 대한 패자들의 의견은 바뀌었다. (선거 전에 그들이 예측했던 것과는 달리) 그들은 선거 전에 비해 선거 후 부시에 대해 좋은 인상을 갖고 있었다. 이는 패자들이 부시에 대한 인식에 변화를 가져오면서 그의 승리를 합리화했음을 암시하는 것이다. 그들에게 새로 주어진 주지사는 그다지 나쁘지 않았던 것이다. 그러나 자신들이 이러한 합리화에 빠져들 줄은 몰랐기 때문에 자신의 감정 변화에 대한 선거 전의 예측이 비관적이었던 것은 당연했을 것이다.

두 번째 실험은 심리적 면역체계의 작용을 더욱 확실하게 파악하는 것이 목적이었다. 참가자들이 스스로 충분히 자격이 있다고 판단했던 수지맞는 일자리에서 탈락했던 것을 상기해보자. 참가자들의 일부는 탈락한 일을 합리화하기 쉬운 조건하에 있었고, 나머지 일부는 합리화하기 어려운 조건하에 있었다. 연구진은 처음에는 모든 참가자들이 당혹스러워하겠지만, 시간이 지나면서, 합리화하기 쉬운 조건하에 있었던 참가자들은 곧 평상시의 감정 상태로 되돌아갈 것이라고 예상했다. 또한 합리화하기 쉬운 조건이든 어려운 조건이든, 참가자들 스스로는 계속

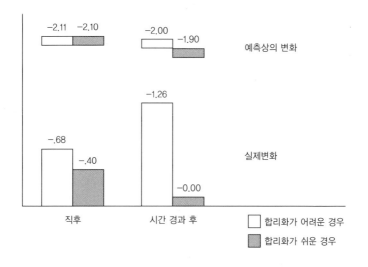

합리화하기 쉽거나 또는 어려운 비난을 받은 직후와 시간이 어느 정도 경과한 후의 행복 수준에 대한 참가자들의 예측상의 변화와 실제 변화.

그 당혹스러운 기분이 유지되리라고 예측할 것이라고 보았다.

연구진은 참가자들의 행복 수준이 기준선에서 얼마나 변화했는지를 분석했다. 합리화가 쉬운 조건의 참가자나 합리화가 어려운 조건의 참가자나 모두 일자리 면접에서 탈락한 직후에는 똑같이 감정이 상해 있었다. 그러나 시간이 지나자 합리화가 쉬운 조건의 참가자들은 쉽게 기분이 나아졌다(면접에서 탈락하기 전과 거의 비슷한 수준이었다). 반면에 합리화가 어려운 조건이었던 참가자들은 심지어 감정 상태가 더 악화되기도 했다.

참가자들은 면접에서 탈락한 직후와 그로부터 10분이 지난 뒤 자신의 기분이 어떠할지를 어떻게 예측했을까? 참가자들은 일반적으로 두 경우 모두에 대해 실망의 정도를 과대평가했다. 여기서 중요한 것은, 합리화가 쉬운 조건의 참가자나 합리화가 어려운 조건의 참가자나 모두 예측 내용에 차이가 없었다는 것이다. 참가자들은 필요할 때면 나타나서 그들의 기분을 치유하고 있는 심리적 면역체계가 자신의 내면에서 작동하고 있다는 것을 전혀 모르고 있었다.

행복도 불행도 생각만큼 오래가지 않는다

———————————————— 사람들은 불쾌한 사건이 얼마나 오래 자신을 괴롭힐까에 대해 늘 과대평가를 한다. 이것은 그 나름대로 장점이 있다. 즉, 사람의 정신적인 평형상태를 교란시키기는 것은 생각보다 어렵다는 것이다. 실제로, 3개월 이상이 지난 어떤 부정적인 사건이 그 사람의 현재 행복 수준에 미치는 영향은 미미하다. 어떤 연구진은 인생 전반에 걸친 행복 수준은 환경적인 요인 못지않게 유전

적인 요인에 의해서도 영향을 받는다고 주장한다. 즉, 행복은 우리에게
일어난 일에 의해서만 결정되는 것이 아니라 내면에 있는 우리가 누구
냐에 의해서도 영향을 받는 것이다.

우리는 또한 즐거운 일로 인해 찾아온 행복이 얼마나 지속될 것인지
에 대해서도 과대평가하는 경향이 있다. 예를 들어, 프로스포츠 홈팀이
승리했을 때의 기쁨은 놀라우리만치 빨리 사라지고 중간고사 시험에 매
달려야 하는 다음 날이면 무덤덤해지고 만다.

이러한 일이 발생하는 한 가지 이유는, 한 가지 사건에 지나치게 집중
한 나머지 다른 사건들은 무시하는 경향이 있기 때문이다. 한 연구에서,
축구 팬들은 경기 결과가 자신의 기분에 얼마나 오랫동안 영향을 미치
느냐에 대해 대부분 과대평가한다는 사실이 발견되었다. 즉, 이러한 오
해는 편협한 시야 때문이다.

긍정적인 기분의 지속기간을 과대평가하는 또 하나의 이유는 기분
좋은 자극에 대해 우리가 얼마나 빨리 습관화되는가를 인식하지 못하기
때문이다. 반복해서 어떤 자극에 노출되면, 그 자극이 가져다주는 즐거
움은 점점 감소할 뿐만 아니라 생각했던 것보다 빨리 사라진다.

인간의 이러한 경향은 탐욕에 대해서도 설명해준다. 새로운 어떤 것
(번쩍거리는 새 차, 매력적인 연인, 우월한 직업)을 손에 넣으면 그 만족감은 아주
오래갈 것처럼 느껴진다. 그러나 획득의 즐거움은 기대했던 것보다 그
수명이 매우 짧다. 자신이 탐내던 것에 얼마나 빨리 익숙해지는지 우리
는 잘 알지 못한다.

게다가 우리의 행복 수준은 여러 가지 요소들이 함께 협력해서 결정

된다. 그 결과, 우리는 종종 쾌락의 쳇바퀴라는 함정에 걸려들고 만다. 아무 소득도 없이 끊임없이 쳇바퀴를 돌리는 햄스터처럼, 우리는 더 많은 물질, 더 높은 지위를 얻어 행복해지려고 애쓰지만 결국은 만족도는 늘 처음 그 자리로 돌아오기를 반복한다. 어쩌면 행복의 열쇠는 원하는 것을 얻는 데 있는 것이 아니라 이미 가진 것을 충분히 누리는 데 있는 것인지도 모른다.

04

믿는 대로 보인다

── 편향된 인식의 법칙

"집단에 대한 충성과 선입견으로 인해
우리는 어떤 사건이나 자극을 편향된 방식으로 인식한다."

편향된 미디어의 일방적 인식

──────────────────────── 1951년 11월이 끝나갈

무렵의 어느 화창한 토요일 오후였다. 바싹 마른 낙엽이 땅바닥을 포근

하게 덮고 있었다. 햇살은 밝았지만, 가끔씩 불어오는 바람이 다가오는

겨울을 암시하고 있었다. 활기찬 대학생들과 그들 못지않게 열광적인

학부모, 애교심이 끓어 넘치는 동창들이 프린스턴 대학교 캠퍼스의 파

머 스타디움을 꽉 채우고 있었다. 타이거스(홈팀)와 다트머스 인디언스가

미식축구 경기장에서 시즌 마지막 경기를 치열하게 펼치고 있었다. 타

이거스는 국가대표 쿼터백 딕 카즈마이어 덕분에 무패행진을 펼치고 있

었다. 카즈마이어는 〈타임〉지의 표지를 장식하기도 했던 선수다.

경기는 처음부터 인정사정없었다. 페널티 휘슬은 쉬지 않고 울렸다. 2쿼터에 카즈마이어는 코뼈가 부러져 경기장 밖으로 실려 나갔다. 3쿼터에서는 다트머스 선수가 다리가 부러져 실려 나갔다. 목청이 터져라 응원하던 양쪽 팬들 사이에서 싸움도 일어났다. 영영 불명예스러운 경기로 남고 말 상황이었다.

결국 프린스턴이 이겼지만 경기가 끝난 뒤 양쪽에서 서로 상대방을 비난하는 논쟁이 벌어졌다. 〈데일리 프린스턴〉은 상대팀이 스포츠맨십은 없이 악의적인 플레이를 일삼았다고 비난했다.

이른바 '스포츠'라는 이름을 걸고 그토록 구역질나는 경기를 펼치는 경우는 처음 보았다. …… 그 책임은 온전히 다트머스의 몫임에 틀림이 없다. 누가 보아도 월등했던 프린스턴 팀은 다트머스 팀을 자극할 이유가 없었다. 합리적인 눈으로 상황을 본다면, 다트머스 인디언스가 딕 카즈마이어를 비롯해 프린스턴의 다른 선수들에게 교묘하게 부상을 입혀야 할 이유를 찾을 수가 없다.

다트머스의 반응도 신랄하기는 마찬가지였다. 다트머스는 프린스턴의 코치 찰리 콜드웰이 하프 타임 때 인디언스의 플레이가 지저분하다고 헐뜯으며 자기 팀 선수들의 사기를 북돋웠다고 비난했다. 다음 날, 〈다트머스〉는 자기 팀 선수들이 과거에 당했던 부상에 비하면 카즈마이어의 부상은 가벼운 편이라고 말했다.

몸싸움이 잦은 스포츠에서 보호 조치가 다른 선수들에 비해 상대적으로 부족한 상태에서 패스와 러닝을 하는 선수이다 보니 카즈마이어는 부상당하기가 매우 쉬운 편이다. 그가 당한 부상(코뼈 골절과 가벼운 뇌진탕)은 미식축구에서는 연습 중에도 일상다반사로 일어난다. …… 프린스턴과의 경기에서 다트머스 선수들 중에는 가벼운 뇌진탕은 말할 것도 없고 코뼈와 안면 부상을 당한 선수만 해도 열 명에 이른다.

양쪽을 응원하는 관중, 팬들 그리고 신참 기자들까지도 서로 다른 경기를 본 것 같은 반응이었다.

프린스턴과 다트머스의 빅게임이 있은 지 일주일 후, 사회심리학자인 하스토프(Hastorf)와 캔트릴(Cantril)은 양쪽의 인식과 주장을 알아보기 위해 두 대학의 학부생들을 대상으로 설문조사를 실시했다. 설문지를 배부한 뒤, 양쪽 학교의 학생들에게 그날의 경기를 찍은 동영상을 보여주고, 그 동영상 안에서 반칙적인 플레이를 볼 수 있었는지 표시하도록 했다.

연구 결과는 두 그룹의 학생들이 한 경기를 전혀 다르게 관전했다는 것을 보여주었다. 프린스턴 학생들을 예로 들어보자. 프린스턴 학생 중 90퍼센트는 다트머스 선수들의 플레이가 선동적이고 거칠며 추악했다고 대답했다. 게다가 다트머스 선수들이 프린스턴 선수들에 비해 두 배나 많은 위반행위를 저질렀다고 진술했다. 마지막으로, 이 학생들은 다트머스 선수들은 심각한 위반행위가 경미한 위반행위보다 두 배나 많았던 반면, 프린스턴 선수들은 심각한 위반행위가 경미한 위반행위의 3분의 1에 불과했다고 주장했다.

다트머스 학생들도 반칙행위의 횟수에 대해서는 프린스턴 학생들과 비슷하게 주장했다. 그러나 이들 역시 자기 팀 선수들의 편에 서서 게임을 보았다. 같은 경기였지만, 서로 다른 두 그룹의 팬들이 전혀 다른 인식을 갖고 있었다. 하스토프와 캔트릴은 이 기사들과 설문조사에서 드러난 증거들을 이렇게 설명했다.

미식축구 경기장에서 시작된 '동일한' 감각기관의 충돌은 뇌의 시각기관을 통해 전달되며 …… 서로 다른 사람들 사이에서는 서로 다른 경험으로 인식되는 것이 분명하다. …… 사람은 '저기 저곳에' 존재하는 '것들'을 같은 방식으로 보지 않는다. 그 '것'이 미식축구 경기든, 대통령 후보든, 공산주의든, 시금치든 서로 다른 사람들에게 그 '것'은 똑같은 것을 의미하지 않기 때문이다.

핵심은 이렇다. 사람이 어떤 것을 믿으면 그것은 그 사람의 경험에 영향을 미친다. 우리는 각자 자신의 현실을 구성한다. 믿는 대로 보이는 것이다.

일방적 인식은 어디서나 볼 수 있다. 눈물에 코피까지 흘리는 두 아이가 서로 싸워놓고는 그 싸움에 대해 서로 다른 이야기를 한다. 주말에 열린 맥주파티에 함께 다녀왔지만, 부모와 아이는 서로 다른 파티를 이야기한다. 각자가 분담한 가사노동에 대해 아내와 남편은 각자 다르게 계산한다. 줄기세포 연구에 대해 찬성론자와 반대론자는 줄기세포를 주제로 한 연설에 대해 서로 다르게 인식하고 다르게 반응한다. 사실, 특정한 사회적 명분이나 정치적 명분을 철저하게 옹호하는 사람들은 자신의 의견에 동조하지 않는 사람들을 편향된 시각을 가진 사람으로 몰아가는 경우가 많다.

객관적으로 사건을 보도해야 할 언론도 종종 편향적인 시각을 가졌다는 지적을 받는다. 프린스턴 대 다트머스 경기에 대한 모순된 보도는 그러한 편향적인 언론의 일례로 볼 수도 있다. 이 기사들이 학교 신문에 실렸던 기사임을 감안하면 그럴 수도 있다고 할 것이다. 그러나 전국적인 기사 배급망을 가진 언론사에서 이런 보도를 했다면, 그것은 훨씬 더 심각한 문제가 된다. 이런 수준으로 편향된 언론은 상대편을 희생시킨 대가로 특정 정치 문제에 관심을 집중시키거나 특정 논쟁을 강조함으로써 선거의 결과 자체를 뒤바꾸어 놓을 수도 있는 것이다. 심지어는 국제 관계에까지 영향을 줄 수도 있다. 예를 들자면, 중동에서 일어난 사건을 보도할 때 자칫하면 모든 이스라엘 사람들을 압제자로, 모든 아랍 사람들을 테러리스트로 편향되게 그릴 수도 있다.

베이루트 대학살의 책임은?

로버트 발로니(Robert Vallone)와 그의 동료들은 편향되고 일방적인 인식과 그러한 인식의 밑바탕에 깔린 메커니즘을 조사하기로 결정했다.

그들은 1982년에 중동에서 일어났던 일련의 비극적인 사건들을 이용했다. 그해 9월, 이스라엘이 요르단 강 서안 지구를 침공하여 레바논 사브라와 차틸라에 있던 난민수용소의 팔레스타인 난민들을 학살하기에 이르렀다. 이 사건과 그 진전 상황이 심야에 미국 텔레비전에 보도되었다. 이스라엘의 명분 또는 팔레스타인의 명분에 편파적인 실험 참가자들이라면 이 뉴스 보도에 어떤 반응을 보였을까? 그들도 같은 보도를 다르게 보았을까? 언론의 편파성을 감지했을까? 그 두 가지 모두였을까?

간단하게 레바논의 갈등 사태에 대한 언론보도 연구라고만 설명된 실험에 스탠포드 대학생 44명이 참가했다. 참가자 중에는 심리학 개론 과목을 듣는 학생도 있었고, 친이스라엘 학생 동아리에 소속된 학생, 친아랍 학생 동아리에 소속된 학생도 있었다. 먼저, 참가자들은 베이루트 대학살에 대해 자신이 가지고 있는, 사실에 입각한 정보를 평가하고, 중동 정책에 대해 얼마나 공감하는지를 표시했다.

참가자들은 베이루트 학살에 대해 이스라엘이 어느 정도의 책임이 있다고 생각했을까? 참가자는 자신을 친이스라엘이라고 밝힌 참가자, 친아랍이라고 밝힌 참가자, 친이스라엘과 친아랍 양쪽 성향을 모두 갖고 있거나 중립적인 참가자 등 세 그룹으로 나뉘어졌다. 이 그룹들은 각각 이스라엘, 레바논 관료들, 난민수용소를 공격한 병사들에게 각각 다른 정도의 책임을 지웠다. 예를 들어, 친아랍 성향의 참가자들은 이스라엘에 57퍼센트의 책임이 있다고 지적한 반면, 친이스라엘 성향의 참가자들은 이스라엘에 22퍼센트의 책임이 있을 뿐이라고 지적했다.

그다음, 참가자들은 중동의 유혈사태를 다룬 보도물로 미국 전역에 방송된, 6편의 단편들로 짜여진 36분짜리 동영상을 감상했다. 동영상 감상은 참가자들을 소그룹으로 나누어 진행했는데, 각각의 그룹에는 친이스라엘, 친아랍, 중립 성향의 참가자들이 골고루 섞여 있었다(이들은 다른 참가자의 정치적 성향에 대해서는 알지 못했다). 그 후, 이 뉴스 프로그램의 공정성과 객관성, 이스라엘과 그 상대에게 적용되어야 할 기준, 이 학살사건에서 이스라엘의 역할에 집중된 관심의 정도, 이스라엘에 불리하게 적용된 사례, 겉으로 드러난 뉴스 편집진들의 개인적 관점 등을 묻는 문항으로 구성된 설문지에 응답하게 했다. 또한 동영상 속에서 이스라엘에 대한 우호적인 언급, 비우호적인 언급, 중립적인 언급의 비율을 어림잡아 계산하라는 질문도 있었고, 중립적인 관점을 가지고 있던 시청자 중 이 뉴스를 보고 긍정적으로 변하거나 부정적으로 변했을 것 같은 시청자는 얼마나 될 것 같은지를 묻는 질문도 있었다.

한 사건에 대한 두 개의 시선

───────────────────── 발로니를 비롯한 연구진은 두 그룹 모두가 언론의 편향성을 인식하고 있다는 분명한 증거를 발견했다. 친아랍 성향의 참가자들은 이 뉴스 프로그램에서 친이스라엘 편향성을 인식했고, 친이스라엘 성향의 참가자들은 반이스라엘 편향성을 인식했다.

이와는 대조적으로, 중립적인 참가자들은 이 뉴스 프로그램에서 눈에 띄는 어떠한 편향성도 발견하지 못했다. 더욱이, 친아랍 성향의 참가자들은 이 뉴스 프로그램이 이 학살사건에서 이스라엘의 역할에 대해 적절히 초점을 맞추는 데 소홀했다고 생각한 반면, 친이스라엘 성향의 참가자들은 이스라엘의 개입에 지나치게 집중하고 있다고 보았다. 양쪽 그룹이 모두 이 프로그램 제작진의 개인적 관점이 자신의 관점과 적대적이라고 결론지었다.

이 두 그룹의 참가자들은 뉴스보도에서 똑같은 콘텐츠를 인식했음에
도 그 공정성에 대해서는 서로 다르게 평가했던 것일까, 아니면 그들은
실제로 내용을 다르게 인식했던 걸까? 결과에 따르면 후자라는 결론이
내려졌다. 친아랍 성향 참가자들은 이스라엘에 대한 언급의 42퍼센트가
이스라엘에 우호적이었고, 26퍼센트가 비우호적이었다고 응답했다. 반
면에 친이스라엘 성향 참가자들은 이스라엘에 대한 언급의 16퍼센트만
이 우호적이고 57퍼센트는 비우호적이라고 응답했다. 또한 친아랍 성향
의 참가자들은 중립 성향의 시청자 중 32퍼센트가 이 뉴스 프로그램을
본 후 이스라엘의 역할에 대해 보다 더 부정적인 의견을 갖게 되었을 것
이라고 보았다.

반면에 친이스라엘 성향 참가자들은 시청자의 68퍼센트가 이 프로그

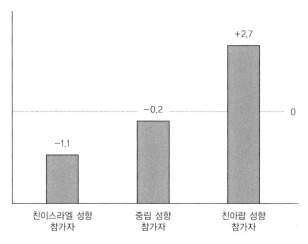

친이스라엘, 친아랍, 중립 성향의 참가자들이 1982년 베이루트 학살사건 보도물에
대해 느낀 친이스라엘 편향성.

램에 설득당했을 것이라고 보았다. 인식된 내용에 있어서의 차이는 통계적으로 일정하게 유지되었음에도, 편향성의 인식에 있어서 친이스라엘 성향 대 친아랍 성향의 차이는 상당한 수준에 이르고 있음이 추가적인 분석을 통해 밝혀졌다. 따라서 언론은 적대적이라는 인식의 바탕에 깔린 두 가지 메커니즘은 실제로 작동하고 있는 것이었다. 즉, 어느 한쪽에 일방적인 지지자들은 서로 다른 내용을 본다. 또한 똑같은 내용을 서로 다르게 평가한다.

더 나아가, 친이스라엘 그룹과 친아랍 그룹 양쪽 내부에서 이스라엘-팔레스타인 관계와 베이루트 학살사건에 대해 더 많이 안다고 믿는 참가자일수록 더욱더 언론이 자신에게 적대적이라고 믿는 경향을 보였다. 이는 아마 그들이 실제 보도 내용과 보도되었어야 할 내용의 불일치를 감지해낼 만큼 다른 사람들보다 더 많은 근거를 가지고 있다고 스스로 믿고 있기 때문임이 틀림없었을 것이다. 그러나 이 사건 전반에 대해 더 감정적으로 영향을 받았다고 믿는 참가자들일수록 또한 언론의 편향성을 더 깊이 인식했다.

완벽하지 않은 인간의 인식

──────────────────────────────── 이 실험은 인식의 편향을 밝히고자 하는 수많은 연구 중 하나일 뿐이다. 예를 들어, 인종에 대한 고정관념에 따라 사람의 인식이 얼마나 쉽게 오락가락할 수 있는지를 보여주는 연구는 무수히 많다.

올포트(Allport)와 포스트먼(Postman)의 연구를 보자. 그들은 실험에 참가한 백인들에게 뉴욕의 복잡한 지하철 그림을 보여주었다. 그림 속에는 두 남자가 서로를 마주보고 서 있는데, 흑인 남자는 빈손을 허공에 쳐들고 있다. 백인 남자는 위협적인 태도로 면도칼을 휘두르고 있다. 연구진은 참가자들에게 이 그림을 다른 참가자에게 말로 설명하게 했고, 그 이야기를 들은 참가자는 다음 참가자에게 그 설명을 전달했다. 각 참가자에게 연속적으로 전달된 설명이 마지막 참가자에게 이르자 면도칼은 백인 남자의 손이 아닌 흑인 남자의 손에 들려 있었다!

인식된 것과 기억되는 것 역시 미묘하게 조작될 수 있다. 코헨(Cohen)은 남편과 함께 집에 있는 한 여인의 동영상을 참가자들에게 보여주었다. 참가자들 중 일부에게는 동영상 속의 여성이 웨이트리스라고 암시되었고, 또 다른 참가자들에게는 도서관 사서라고 언급되었다. 일주일 후, 참가자들에게 동영상의 내용을 되새겨볼 것을 주문했다. 안경을 끼고, 샐러드를 먹고, 와인을 마시고, 책꽂이를 배경으로 피아노를 치는 여성의 모습을 더 잘 기억한 쪽은 어느 쪽 참가자였을까? 방구석에서 볼링공을 끌어안고 초콜릿 생일 케이크를 먹고 있는 여성의 모습을 더 잘 기억한 쪽은 어느 쪽 참가자였을까? 여성의 직업을 은연중에 암시함으로써 참가자들은 그들이 들은 직업과 일맥상통하는 세부 사항을 더 잘 기억하게 되었으며 그 직업과 관련이 없는 다른 세부 사항들은 지나쳐버리게 되었다.

이 모든 실험에서 인간의 인식이란 것이 얼마나 자주 잘못 이해될 수 있는 것인지를 알 수 있다. 이러한 연구들은 우리의 인식이 정확한지 정확하지 않은지, 정확하다면 얼마나 정확한지에 대한 의문을 갖게 한다.

동일한 객관적인 현실에 대한 인식이 그토록 변화무쌍할 수 있을까? 모든 인식이 그렇게 편파적이고 이기적일 필요가 있을까? 우리의 인식이 그렇게 편파적이라면, 우리는 어떻게 일상생활을 무리 없이 해나갈 수 있는 걸까? 사회심리학자들은 이러한 의문에 대해 우리가 대상을 정확하게 보기를 원할 때는 그 대상을 정확하게 인식할 수 있다고 대답한다. 사람은 자기 방식대로 추가적인 정보를 입수할 수도 있으며, 특히 상황이 자신의 기대에서 벗어나거나 정확한 판단이 결정적으로 중요할 때에는 더욱 더 그러하다.

05

위험 감수냐 안전한 길이냐

— 이해득실의 기대 법칙

"우리는 이득이 기대될 때에는 위험을 회피하지만,
손실이 예상될 때에는 위험을 감수하려 한다."

기대이론

혹시 심심하거나 지루하거든, 집에서 다음과 같은 간단한 실험을 해보자. 컵 세 개를 꺼낸다. 첫 번째 컵에는 얼음물을 채우고, 두 번째 컵에는 뜨거운 물을 채우고, 마지막 세 번째 컵에는 미지근한 물을 채운다. 이제, 왼손은 첫 번째 컵에, 오른손은 두 번째 컵에 담근다. 그리고 1분 정도 기다리자. 마지막으로 두 손을 한꺼번에 세 번째 컵에 넣어보자. 그러면 똑같은 물이지만 왼손에는 그 물이 따뜻하게 느껴지고 오른손에는 그 물이 차갑게 느껴질 것이다. 이 야릇한 느낌은 무엇을 의미할까? 이러한 현상은 어떤 자극의 강도에 대한 지각은 그 자극의 절대적인 강도에 의존하는 것이 아니라 상대적인 강도에 의존한다는 것을 의미한다. 다시 말하면, 지각 경험은 그 배경에 의해 영향을 받는다.

누군가가 당신에게 한 가지 제안을 했다고 해보자. 이 제안을 X라고 하자. (a) 100퍼센트 확실하게 1만 5,000달러를 받는다. (b) 5:5의 확률로 1만 달러를 받거나 2만 달러를 받는다. 둘 중 한 가지를 선택하라면, 당신은 어떤 것을 선택하겠는가? 이런 경우 사람들 대부분은 확실하게 받을 수 있는 1만 5,000달러를 선택하는 경향이 있다. 그러나 합리적인 관점에서 보면, 둘 중 어느 쪽을 선택해도 차이가 없다. 각 선택에 대한 기댓값이 똑같기 때문이다.

좀 더 쉽게 설명해보자. 어떤 선택의 기댓값이란 선택한 사건이 일어날 확률에 그 사건이 일어남으로써 얻게 될 이득을 곱한 값이다. 확률은 숫자 0(불가능)과 1(반드시 일어남) 사이의 값으로 표현되고, 얻게 될 이득은 숫자 단위(전형적으로 금전적인 액수)로 표시되는 일정한 양으로 나타낸다.

앞의 예에서, 첫 번째 선택의 확률은 1이고, 그 이득은 1만 5,000달러다. 이 둘을 곱하면 기댓값은 1만 5,000달러가 된다. 두 번째 선택의 확률은 두 가지 가능한 결과의 합이다. 0.5의 확률에 각각 이득 1만 달러를 곱한 값과 2만 달러를 곱한 값의 합, 즉 $(0.5 \times 10,000) + (0.5 \times 20,000) = 1$만 5,000달러가 기댓값이 된다.

이번에는 다른 제안이 나왔다. 이 제안을 Y라고 하자. 2만 달러라는 두둑한 공돈을 받아 챙긴 다음, (a) 그냥 다시 5,000달러를 돌려주거나, (b) 5:5의 확률로 1만 달러를 돌려주거나 한 푼도 돌려주지 않는다. 이 번에는 어떤 선택을 하겠는가? 사람들 대부분은 일단 운에 맡겨보겠다는 선택을 하는 것으로 나타났다.

조금만 침착하게 잘 살펴보면, X나 Y나 사실 똑같은 값을 기대할 수 있는데 다만 표현을 달리했을 뿐이라는 것을 알 수 있다. 2만 달러를 받고(제안 Y) 다시 5,000달러를 돌려주는 것은 그냥 1만 5,000달러를 직접 받는 것(제안 X)과 똑같고, 2만 달러를 받았다가 1만 달러를 도로 잃거나 한 푼도 잃지 않는 것(제안 Y)은 5:5의 확률로 그냥 1만 달러를 받거나 2만 달러를 받는 것과 똑같다. 그러나 이 등가의 제안을 어떤 프레임으로 내놓느냐에 따라서 사람들의 선택은 이리저리 왔다갔다하게 된다. 왜 그럴까?

기대이론(Prospect theory)에서 그 답을 찾을 수 있다. 기대이론은 사람이 이득이나 손실을 각각 현재의 상태에서 더 유리해지는 변화 또는 더 불리해지는 변화로 바라본다고 가정한다. 이렇게 지각되는 이탈의 크기와 방향은 사람의 심리가 기댓값을 주관적으로 어떻게 변환시키느냐에 따라 달라진다. 기대이론은 이러한 변환이 합법적이라고 가정하고, 그것을 네 가지의 기본적인 가정으로 규정하려고 시도한다.

기대이론의 첫 번째 가정은 이렇다. 이득이 증가할수록, 연이어지는 단위 이득의 크기는 점점 작게 지각된다. 예를 들어보자. 1년에 1만 달러를 버는 사람의 연봉이 1,000달러 올랐다면, 그 사람은 무척 기뻐할 것이다. 반면에 1년에 100만 달러를 버는 사람이 있다면 이 사람에게 연봉이 1,000달러 오르는 건 하찮은 일일 것이다.

두 번째 가정은 첫 번째 가정의 거울상 이미지이다. 손실이 증가하면, 연이어지는 단위 손실도 점점 작게 지각된다. 예를 들어보자. 룰렛 게임에서 똑같이 1,000달러를 잃었다 하더라도 그 직전 게임에서 100만 달러를 잃은 사람에 비해 1만 달러를 잃었던 사람은 1,000달러의 손실이 훨씬 크게 느껴질 것이다.

기대이론의 세 번째 가정은 이 장의 실험과 가장 관련이 깊은데, 사람은 손실의 가능성을 보느냐 이득의 가능성을 보느냐에 따라 전혀 다른 선택을 할 수 있다는 것이다. 구체적으로, 이득의 가능성이 점쳐질 때면 위험을 회피하려는 경향이 커지지만, 손실의 가능성이 보일 때면 과감히 위험을 감수하는 경향이 커진다.

따라서 기대이론은 사람들이 왜 5:5의 확률로 1만 달러냐 2만 달러냐를 선택하기보다 눈앞에 놓인 1만 5,000달러를 더 선호하는지 그 이유를 밝혀준다. 이 경우에는 이득의 프레임을 통해 결말을 바라보기 때문에 확실한 결과가 선호되는 것이다. 또한 처음에 2만 달러의 이익을 얻은 사람은 그냥 5,000달러를 내놓는 것보다는 5:5의 확률로 1만 달러를 잃거나 한 푼도 잃지 않을 기회를 선택하려 하는 이유도 알려준다. 여기서는 손실의 프레임으로 결말을 예측하기 때문에 불확실한 결과가 더 선호되는 것이다.

선택의 결과를 손실의 프레임에서 보느냐 이득의 프레임에서 보느냐는 그 선택이 그 사람에게 가지는 의미에 영향을 주며, 무엇보다도 그 선택에 깃든 메시지가 얼마나 설득적이냐에 영향을 준다.

금전적인 선택도 이득의 프레임과 손실의 프레임으로 나눌 수 있었듯이, 건강을 위한 행동도 그렇게 나눌 수 있다. 건강을 위한 행동은 어떤 행동을 실천함으로써 그 결과로 얻을 수 있는 이득이라는 관점의 프레임에서 선택하거나 그 행동을 실천하지 않음으로써 발생할 수 있는 손실이라는 관점의 프레임에서 선택할 수 있다. 예를 들어, "담배를 끊으면 건강에 이로울 것이다"라는 권고문은 이득의 프레임이다. 이 권고문은 담배를 끊음으로써 얻게 되는 이득을 긍정적으로 말하고 있다. 반면에, "담배를 끊지 않으면 건강에 해로울 것이다"라는 경고문은 담배를 계속 피움으로써 입을 수 있는 손실을 부정적으로 말하고 있으므로 손실의 프레임이다.

이런 논리를 바탕으로, 로스먼(Rothman), 마르티노(Martino), 베델(Bedell), 디트와일러(Detweiler), 샐로비(Salovey) 등은 다음과 같은 가설을 이끌어냈다. 안전하고 확실한 결과와 연계된 질병 예방 행동은 이득 프레임의 메시지로 전달될 때 더 효과적인 반면, 위험하고 불확실한 결과와 연계된 질병 감지 행동은 손실 프레임의 메시지로 전달될 때 더 효과가 크다. 다시 말해, 효율성을 높이기 위해 어떤 프레임의 전략을 선택하느냐는 어떤 타입의 건강 행동을 홍보하는 것인가에 따라 달라져야 한다.

연구진은 질병 예방 또는 질병 감지의 관점에서 분명하게 설명할 수 있는 하나의 행동을 추적할 필요가 있었다. 그래서 가장 확실한 후보인 (그다지 품위 있는 것은 아니지만) 구강세정제를 선택했다.

구강세정제에는 두 가지 종류가 있다. 그 중 하나인 항박테리아 세정제는 플라크의 침착을 막아주고, 다른 하나인 치태염색 세정제는 플라크의 존재를 드러내준다. 두 종류 모두 비슷하게 사용된다. 항박테리아 세정제를 사용하는 것은 질병 예방 행동이 분명하고, 치태염색 세정제를 사용하는 것은 질병 감지 행동에 속한다.

이득 프레임과 손실 프레임

──────────────────────── 미네소타 대학교 학생 120명(대부분이 여학생)이 실험에 참가했다. 실험실에 도착한 참가자들은 치아위생을 홍보할 목적으로 제작한 팸플릿의 효율성을 평가하는 것이 연구의 목표라는 설명을 들은 후 전문적인 느낌이 나는 4쪽짜리 팸플릿을 받았다. 팸플릿에는 실험 조건이 달라지더라도 똑같이 적용되는 치아 건강에 대한 일반적인 정보가 들어 있었다. 그러나 두 가지 결정적인 측면에 있어서는 차이가 있었다. 어떤 치아위생 수단이 권장되느냐 하는 것과 권장하는 내용의 프레임이 어떻게 구성되어 있느냐였다.

구체적으로, 참가자 120명 중 절반은 항박테리아 구강세정제를 사용하도록 권장하는 내용의 메시지를 읽었고, 나머지 절반은 치태염색 세정제를 권장하는 내용의 메시지를 읽었다. 이에 덧붙여, 각 그룹을 다시 절반으로 나누어, 한쪽에는 이득 프레임을, 나머지 한쪽에는 손실 프레임을 적용했다. 따라서 전체적인 실험조건은 네 가지가 되었고, 각 조건마다 30명의 참가자가 2×2의 집단 내 설계로 나뉘어졌다.

항박테리아 구강세정제를 사용하도록 권장 받은 참가자들에게 배부된 이득 프레임의 내용은 다음과 같다. "항박테리아 구강세정제를 사용하는 사람들은 플라크의 침착을 감소시키는 안전하고도 효과적인 방법의 이점을 누릴 수 있다."

반면에 손실 프레임의 내용은 이러했다. "항박테리아 구강세정제를 사용하지 않는 사람들은 플라크 침착을 감소시키는 안전하고도 효과적인 방법의 이점을 누릴 수 없다."

치태염색 구강세정제를 사용하도록 권장 받은 참가자들에게 배부된 이득 프레임의 내용은 이러했다. "이를 닦기 전에 치태염색 구강세정제를 사용하면 플라크가 침착된 부분을 확인할 수 있다."

그리고 손실 프레임의 내용은 이러했다. "이를 닦기 전에 치태염색 구강세정제를 사용하지 않으면 플라크의 침착을 알아보기가 어렵다."

연구진은 먼저 팸플릿이 참가자들의 행동에 미치는 영향에 관심을 두었다. 연구가 끝날 때, 참가자들에게 각자가 배정되었던 조건에 따라 항박테리아 구강세정제나 치태염색 구강세정제 중 한 가지를 선택해서 샘플을 신청할 수 있는 엽서를 나눠주었다.

완벽을 기하기 위해, (샘플을 신청하는 엽서를 나눠주기 전에) 팸플릿의 설득력에 대한 참가자들의 자기보고도 실시했다. 참가자들은 다음의 사항들에 대해 응답해야 했다. (a) 구강세정제 사용에 대한 자신의 생각(구강세정제의 효과, 이득, 중요성, 바람직함 등의 평가를 통해) (b) 구강세정제를 구매해서 사용할 의사 (c) 구강세정제를 사기 위해 지불할 용의가 있는 액수.

또한 참가자들은 몇 가지의 부수적인 자기보고서를 작성했다. 팸플릿을 읽기 전에, 그들은 자신에 대한 자세한 경력사항과 치과 진료 기록 등을 설명함으로써, 연구진은 그러한 자세한 사항들이 프레임을 조작하는 데 어떤 영향도 끼치지 않으리라는 것을 확인할 수 있었다. 그러고 나서 팸플릿을 읽은 후, 참가자들이 팸플릿에 기재된 정보에 어떻게 반응하고 그 정보를 어떻게 이용했는지를 보여줄 수 있도록 설계된 두 장의 또 다른 자기보고 형식이 참가자들에게 배부되었다. 그 목적은 메시지 프레이밍에 대한 영향을 중간에서 약화시켰을지도 모르는 심리적 메커니즘을 통제하려는 것이었다. 참가자들은 팸플릿을 읽으면서 느꼈던 감정과 그때 떠올랐던 생각을 적어달라는 요구를 받았다.

또한 참가자들은 팸플릿을 읽기 전과 후에 각각, 그때까지 해오던 치위생 습관을 생각해보면 자신에게 잇몸질환이 생길 가능성은 얼마나 되는지, 만약 잇몸질환이 생긴다면 얼마나 심각한 문제가 될 것으로 느껴지는지에 대한 생각을 적었다. 팸플릿을 읽기 전과 후에 각각 이러한 평가를 적게 함으로써 연구진은 각 참가자들이 지각하는 잇몸질환의 위험성과 심각성에 대한 인식이 팸플릿을 읽기 전과 후에 어떻게 바뀌었는지를 알아볼 수 있었다.

기대이론의 연장선상에서, 연구진은 질병 예방 행동을 권장하는 메시지는 잠재적인 이득 프레임으로 짜일 때, 그리고 질병 감지 행동을 권장하는 메시지는 잠재적인 손실 프레임으로 짜일 때 훨씬 더 설득적일 것이라고 예측했다.

참가자들이 구강세정제를 받기 위해 보낸 우편엽서의 패턴은 이러한 가정을 분명하게 뒷받침한다. 항박테리아 구강세정제(플라크의 침착과 잇몸 질환을 예방하는)를 사용할 것을 권장하는 팸플릿을 읽은 참가자들은 이득 프레임이 적용되었을 때 훨씬 더 많은 숫자의 엽서를 보냈다. 반면에 치태염색 구강세정제(플라크의 침착과 잇몸 질환을 감지하는)를 사용할 것을 권장하는 팸플릿을 읽은 참가자들은 손실 프레임이 적용되었을 때 훨씬 더 많은 엽서를 보냈다. 구강세정제를 구매하고 사용하고자 하는 참가자의 의도에 관하여 비교 가능한 교차 패턴이 나타났다.

어떤 사건에 대한 그림이 머릿속에 쉽게 그려지면 그려질수록 사람

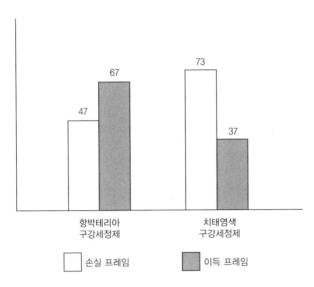

항박테리아   치태염색
구강세정제   구강세정제

☐ 손실 프레임   ■ 이득 프레임

손실 프레임 또는 이득 프레임의 건강 메시지를 읽은 후 항박테리아 구강세정제나 치태염색 구강세정제를 사용한 참가자의 백분율.

들은 그 사건에 대해 섣부른 판단을 내리는 경향이 있다. 대개 여객기 납치 등과 같은 시각적으로 주목성이 강하거나 관심을 가질 만한 죽음의 원인에 대해서는 과대평가하고, 혈전과 같이 겉으로 요란하게 드러나지 않는 평범한 죽음의 원인은 과소평가한다. 이러한 편견도 본 연구에서 어떤 역할을 했을지도 모른다. 특히, 치태염색 구강세정제를 사용할 것을 권장하는 메시지는 주로 구강세정제를 사용하지 않았을 때의 불이익(잇몸질환)에 대한 생각을 떠올리게 했고, 그렇게 해서 그러한 불이익이 현실화될 가능성을 더 높이 인식하게 했다. 만약 그렇다면, 손실 프레임의 메시지는 그러한 불이익에 대한 참가자의 반감에 편승하여 이득 프레임 메시지보다 설득력에 있어서 더 우위를 점할 수 있었던 것인지도 모른다. 반대로, 항박테리아 구강세정제를 사용할 것을 권장했던 메시지는 구강세정제를 사용함으로써 얻어지는 이익(건강한 잇몸)에 대한 생각을 떠올리게 함으로써 그러한 이익이 현실화될 가능성을 더 높이 인식하게 했을 수도 있다. 만약 그렇다면, 이득 프레임의 메시지는 그러한 이득의 매력에 편승하여 손실 프레임의 메시지보다 더 큰 설득력을 갖게 되었을 수도 있다.

도박을 하는 이유

─────────── 만약 합리적으로 행동하기를 원하는 사람이라면, 어떤 결정을 내렸을 때 그 결정으로부터 파생될 다양한 결과의 가능성과 바람직한 정도를 저울질해서 결정을 해야 할 것이다. 그 결정으로 인한 결과가 어떻게 그려지느냐는 차이가 없다. 컵에 물이 반이나 남았다고 보든 반밖에 안 남았다고 보든, 그 컵의 물을 마셨을 때 우리가 느낄 갈증의 해소 정도는 동일하다.

그러나 인간의 마음은 잠재적인 결과가 어떻게 그려지느냐에 따라 크게 요동친다. 논리적으로 말해서, 어떤 사람에게 행동 X가 결과 Y를 가져온다고 말하는 것이나, 행동 X를 취하지 못하면 결과 Y가 나타날 수 없다고 말하는 것이나 객관적으로는 똑같은 정보를 주는 것이다. 즉, Y는 (부분적으로) X에 의존한다는 것이다. 그러나 그 정보가 어떻게 제시되느냐, 특히 그 강조점이 손실에 있느냐 이득에 있느냐에 따라 의사결정 과정이 달라진다. 그러므로 우리는 어떤 대상에 대해 판단할 때 그 자체에 대해서 판단하는 것이 아니라 다른 것들과의 상관관계 속에서 그 대상을 판단하는 것으로 보인다.

여러 가지 대안의 프레임을 어떻게 짜느냐가 우리의 결정에 영향을 미치는 예는 그 외에도 많다. 그 중 하나가 정신적 예산(psychic budget)이다. 비용을 지출해야 할 때, 얼마나 기꺼이 그 비용을 지출하느냐는 그 비용을 어떤 범주에 넣느냐에 따라 달라진다. 예를 들어, 새 집을 산다고 하자. 이때에는 이미 집을 가지고 있을 때에 비해 정원용품 같은 잡다한 물건에도 더 많은 돈을 쓰게 된다.

그 이유는 이렇다. 집을 사는 마당에 잡다한 물건을 구입하는 데 드는 비용은 집값에 비하면 훨씬 더 적기 때문에 상대적으로 사소하게 여겨지는 것이다. 그러나 일단 집을 사고 나면, 잡다한 용품에 드는 비용은 빠듯한 일상의 비용 안에서 지출해야 하고, 이렇게 되면 그 비용도 상대적으로 크게 느껴진다. 더 말할 필요도 없이, 영업사원들은 이러한 예산의 편견을 교묘히 이용해서 중대한 구매에 따르는 소소한 액세서리의 가격을 눈에 띄지 않게 부풀려 받는다.

프레임의 효과에 대한 또 하나의 예는 현상을 유지할 것이냐 아니면 현상을 바꿀 것이냐의 선택에 대한 것이다. 당신이 치명적인 어떤 질병에 걸릴 확률이 0이라고 가정하자. 당신은 천 분의 일의 확률로 그 병에 걸릴지도 모른다면, 그 확률마저 제거하는 데 얼마나 많은 비용을 지불할 용의가 있는가?

대부분의 사람들은 몇천 달러 정도는 지불할 용의가 있다고 대답한다. 그러나 이번에는 가정을 바꿔서, 당신이 이미 그 병에 걸려 있을 확률이 천 분의 일이라면, 당신은 그 확률을 0으로 줄이기 위해 얼마나 지불할 용의가 있는가? 대부분의 사람들은 이 경우 겨우 몇백 달러밖에 지불하려 하지 않는다. 왜 그럴까?

그 이유는 이득을 잃을 때의 불이익은 그 이득을 얻었을 때의 이익보다 훨씬 더 크게 느껴지기 때문이다. 다시 말해, 도박으로 돈을 따거나 잃을 확률을 동일하게 만들기 위해서는 딸 때의 보상을 잃을 때의 손해보다 더 크게 해주어야 한다는 것이다. 예를 들어, 똑같은 확률로 200달러를 따거나 100달러를 잃는 도박을 제안한다고 가정해보자. 이 도박의 기댓값은 $(0.5 \times 200) - (0.5 \times 100) = 50$달러인데도 참가자의 3분의 1만이 이 도박에 응한다. 이러한 발견은 기대되는 이득마저 포기하면서까지 사람들이 현상유지의 편견을 가지고 있음을 분명히 보여준다.

심리적으로 비용이 이득보다 더 크게 느껴지는 것은 왜일까? 고통의 경험이 가지고 있는 보이지 않는 힘은 기쁨의 경험이 가지고 있는 힘보다 크다는 무정한 현실 때문이다. 나쁜 경험은 좋은 경험보다 우리에게 더 강력한 영향력을 갖고 있는 것으로 보인다. 또 다른 가능성은, 이득보다 손실에 더 무게를 두는 경향이 우리의 조상들에게 생존의 기회를 더 많이 부여함으로써 시간이 흐를수록 점점 더 그러한 경향이 지배하게 되었으리라는 것이다. 우리 조상들이 맞닥뜨려야 했던 위험한 환경은 모험추구형 원시인보다는 위험회피형 원시인에게 더 호의적이었을지도 모른다.

이 시점에서, 눈치 빠른 독자라면 의구심을 가질지도 모른다. 기대이론이 사실이라면, 왜 도박은 그토록 높은 인기를 누리는 걸까? 왜 사람들은 객관적인 확률은 무시하고 대담한 행동을 취하는 걸까? 그 답은, 대부분의 도박에 걸리는 판돈이 심리적으로 큰 부담이 없는 소액이라는 데 있다. 만약 모든 도박에 처음부터 큰돈(본인의 수입에 비해서)을 걸어야만 한다면, 도박은 하룻밤 사이에도 사라질지 모른다.

06

행동이 유발하는 태도

— 광신도의 마음 법칙

> "누군가의 주장을 바꾸고 싶다면 그 사람이 자유의지에 따라서 행동한다고
> 믿게 만든 뒤 스스로 그 주장과는 다른 행동을 하도록 교묘하게 유도해야 한다."

이해하기 어려운 광신도의 마음

———————————————————————— 우리는 어떤 행동이 안

좋은 결말을 불러왔을 때, 스스로의 기분을 더 낮게 하기 위해 그 부정

적인 결과를 축소시키려는 경향이 있다. 그러한 경향의 생생한 예를 사

이비 종말론에 대한 연구에서 볼 수 있다.

미네소타의 카리스마 넘치는 전업주부 매리언 키치가 이끄는 이 교

파의 몇몇 신도들은 이 세상이 1954년 12월 21일에 멸망할 것이라고

주장했다. 신의 뜻에 의해, 모든 마른 땅은 대홍수로 물에 잠기고, 지상

의 모든 살아 있는 생물들은 결단코 익사할 것이라고 예언했다. 그러나

지구 최후의 날을 하루 앞두고, 가장 신앙심이 깊은 극소수의 사람들은

비행접시에 태워져 다른 행성으로 이동할 것이며 그 사람들은 지구의 홍수가 가라앉을 때까지 그곳에 머무르게 될 것이라고 믿었다.

물론 이 교파의 종말론의 예측은 빗나가고 말았다. 연구진(연구를 위해 해당 교파에 잠입해 있었던)의 흥미를 끌었던 문제는 이 교파의 신도들이 예측이 빗나갔을 때 어떻게 대응하느냐였다. 신도들은 이성을 되찾고 이 교파의 교의에 의심을 품기 시작했을까? 많은 사람들은 그간의 허상에서 깨어나 조잡한 구세주에 대한 영원한 냉소를 품은 채 떠났다. 그러나 그보다 훨씬 더 많은 신도들이 더욱 고집스럽게 신앙에 매달렸다. 이미 여러 달 동안 스스로를 종교적 대의에 헌신하고 모든 세속적 소유물을 포기한 그들은 예상치 못한 비난으로부터 고개를 돌리는 길을 택했다.

그들은, 신께서 그들(해당 교파의 신도들)이 보여준 신앙심과 경건함에 감복하여 이 타락한 세상을 구하기로 마지막 순간에 마음을 바꾸었다고 설명했다. 이러한 교묘한(자화자찬임은 말할 것도 없고) 합리화에 한껏 고양된 신도들은 그들을 믿지 않는 사람들을 향해 더욱 적극적으로 전도활동을 펼쳐나갔다. 새롭게 정비된 그들의 열의는 사회적인 인정을 받아야 한다는 필요에 의해 더욱 동기화된 듯했다.

물론 사람들이 억지스러운 예언이 빗나갔을 때만 합리화에 나서는 것은 아니다. 그보다 훨씬 덜 극적인 상황에서도 합리화를 한다. 예를 들어, 사람들은 두 가지의 서로 다른 선택안 중에서 한 가지를 선택한 후에는 수행하지 못한 일이 별로 가치 없는 것이었다고 의미를 축소하기 위해 자신의 선택에 대해 더 우호적으로 평가하고, 자신이 잘 수행하지 못한 활동에 대해서는 그 의미를 축소하며, 희생자들이 겪는 고통은 그들의 잘못 때문이라고 탓함으로써 그들을 돕지 않는 것을 정당화한다.

합리화란, 어떤 측면에서 보면, 먼저 했던 행동과 나중의 생각을 일치시키기 위한 과정이라는 사실에 초점을 맞출 수도 있다. 예를 들어, 예측이 빗나간 종말론 교파를 대신해 전도활동을 계속하는 행위는, 비록 논리적으로는 이해가 되지 않지만 그 사람이 이미 그 교파를 대신해 수개월에 걸쳐 전도활동을 해왔던 경우, 심리적으로 아주 잘 이해할 수 있다. 무엇보다도, 현재의 입장을 고수하는 것이 자신이 얼마나 틀렸는지를 인정하는 당혹스러움을 피할 수 있는 길이다.

심리적 일관성에 대한 몇 가지 이론 중에서 레온 페스팅거(Leon Festinger)가 발표한 인지부조화(cognitive dissonance) 이론은 그 영역이나 영향력에 있어서 타의 추종을 불허하는 이론으로 자리 잡고 있다. 페스팅거는 여러 쌍의 인지(여기서는 생각과 감정을 아우르는 포괄적인 용어로 간주한다)가 서로 조화를 이룰 수도, 부조화를 이룰 수도 있으며 서로 관련성이 없는 것일 수도 있다고 주장했다. 특히 조화로운 인지는 심리적으로 서로를 수반하는 것들이다. 예를 들어, "나는 한 할머니가 길을 건너도록 도와드렸다"와 "나는 다른 사람들을 잘 돕는다"는 서로 조화를 이루는 믿음이다. 그러나 부조화스러운 인지는 하나의 믿음이 다른 하나와 심리적으로 역관계를 이루는 경우를 말한다. 예를 들어, "나는 한 할머니가 길을 건너도록 도와드리고 싶었는데 참았다"와 "나는 다른 사람들을 잘 돕는다"와 같은 두 개의 믿음이 그러한 관계를 이룬다. 마지막으로 부적절한 인지란, 서로 심리학적인 의미가 연관되지 않는 경우를 말한다. 이를 테면, "나는 한 할머니가 길을 건너도록 도와드렸다"와 "나는 수학을 잘 한다"의 두 가지 인지는 서로 부적절한 인지이다.

페스팅거에 따르면, 인지의 부조화가 있을 경우, 불편한 심리적 긴장 상태가 일어난다. 게다가 그 부조화를 이루는 인지의 수가 많으면 많을수록, 또 그 인지 부조화가 개인에게 갖는 중요성이 크면 클수록 그 긴장은 더욱 커진다. 일단 긴장이 발생하면, 그 긴장을 완화시키려는 각 개인의 동기도 유발된다. 특히, 그 사람은 긴장의 원인이 되는 근원적인 인지 부조화의 정도를 완화시키기 위한 방법을 찾으려고 노력하게 된다.

페스팅거는 상황이 서로 달라도 똑같이 부조화를 감소시킬 수 있는 방법을 규정하는 데까지 가지는 않았다. 그는 다만 이런저런 방법으로 부조화를 감소시키는 것이 가능하다는 주장을 했을 뿐이다. 그럼에도 그는 인지부조화를 유발하기 위한 전제조건에 대해 매우 구체적인 예측은 할 수 있었다. 그 예측이란 어떤 사람이 자신이 가지고 있는 중요한 태도와 모순되는 방식으로 행동하도록, 즉 태도와 상반되는(counter-attitudinal) 행동을 하도록 유도하는 상황에서 적용된다.

미겔이라는 사람이 어떤 영화를 좋아한다고 가정하자. 그런데 바로 그 영화를 보러 가고 싶어 하는 마리아에게 미겔은 그 영화가 보잘 것 없는 영화라고 말했다. 이런 거짓말은 미겔의 진짜 태도와는 상반되는 행동이다. 이러한 행동과 관련된 생각, "나는 마리아에게 그 영화가 보잘 것 없다고 말했어"는 미겔이 원래 가지고 있던 생각, "난 그 영화가 좋아"와 충돌을 일으키게 된다.

페스팅거는 기존의 태도와 상반되는 행동에 대한 대가가 그러한 행동을 일으키기에 부족하지 않다고만 느껴질 정도로 작을 경우에만 그러한 행동으로 인한 인지부조화가 일어난다고 예측했다. 예를 들어, 만약 미겔이 자신이 아직 보지 않았던 새로운 영화를 마리아와 함께 보고 싶은 마음에, 자신이 이미 본 그 영화에 대해서는 마리아에게 보잘 것 없는 영화라고 이기적인 거짓말을 했다면, 미겔은 인지부조화를 경험했을 것이다. 그러나 만약 마피아 두목이 나타나서 미겔을 자동차 뒷좌석으로 끌고 들어가 만약 마리아에게 그 영화가 보잘 것 없는 영화라고 거짓말을 하지 않으면 그대로 죽여버리겠다고 협박을 했다면(우디 앨런의 영화와 비슷해지기 시작한다), 그 때는 미겔에게 인지부조화가 나타나지 않을 것이다.

인지부조화를 줄이는 한 가지 방법은, 자신의 태도가 행동과 더 잘 일치하도록 태도를 수정하는 것이다. 예를 들여, 미겔은 마리아에게 그 영화가 보잘 것 없다고 거짓말을 한 후에 사실 그 영화는 정말로 재미가 없었다고 결론을 내릴 수도 있다. 이렇게 주장을 수정함으로써 그는 양심의 가책을 덜 느낄 수 있다. 페스팅거는 사람들이 자신의 태도를 수정함으로써 인지부조화를 줄이려고 할 경우, 태도에 반하는 행위에 대한 대가가 클 때보다 작을 때 태도를 더 잘 수정할 것이라고 예측했다.

이 문제를 시험하기 위해, 페스팅거는 학부생인 메릴 칼스미스와 함께 참가자들로 하여금 대가를 크게 또는 작게 주는 조건하에 그들의 태도와 일치하지 않는 어떤 행동을 하도록 부추기는 독창적인 실험을 진행했다.

지루한 임무와 은밀한 실험

───────────── 페스팅거와 칼스미스는
실험 참가자인 스탠포드 대학교 심리학과 학부생 71명에게 정신이 멍
해질 정도로 단순하고 지루한 임무를 지시했다. 참가자들은 30분 동안
한 손만 사용해서 쟁반에 실패를 가득 담았다가 비우고, 다시 가득 담았
다가 비우는 임무를 부지런히 수행했다.

그다음의 30분도 지루하기는 마찬가지였다. 이번에는 커다란 판에
박힌 사각형의 말뚝 48개를 시계 방향으로 90도씩, 하나하나 차례로 돌
리는 일을 반복했다. 지루하기 짝이 없는 작업을 더욱 짜증나게 만든 것
은, 어떠한 작업 목표도 주어지지 않고 그저 각자의 페이스대로 작업하
면 된다는 지시뿐이라는 것이었다. 참가자들이 하품을 하면서 두 가지
의 임무를 수행하는 동안, 실험자는 부산스럽게 뭔가 메모를 하면서 스
톱워치를 들고 뒤에 앉아 있었다.

마지막으로 말뚝을 돌린 후, 참가자들은 너나할 것 없이 안도의 한숨
을 내쉬었다. 그러나 사실 연구진의 실험은 이제 시작일 뿐이었다. 연구
진은 실패나 말뚝을 다루는 참가자들의 능력에는 전혀 관심이 없었다.
참가자들이 이 연구를 부정적인 시각으로 보게 만드는 것이 연구진의 목
표였다. 그들이 실제로 관심을 가지고 있는 부분은 이 '연구'에 대한 참
가자들의 태도가 실험상의 조작에 대한 반응으로 어떻게 변하느냐였다.

연구가 끝났다는 인상을 더욱 강하게 주기 위해, 실험자는 스톱워치
를 재설정하고 참가자들에게 이 연구의 목적에 대해 보고했다. 정교하게
꾸며진 커버스토리의 일부로, 연구진은 이 실험이 긍정적인 기대의 존재

또는 부재가 미세 근육 조응에 어떠한 영향을 미치느냐에 대한 것이라고 설명했다. 그리고 지금까지 참가자들은 아무런 기대도 주어지지 않은 상태에서 실험을 한 것이라고 부연했다. 실험자는 그 외에도 긍정적인 기대 조건 역시 존재했으며, 이 조건에서는 참가자들이 임무에 들어가기 전에 이 임무가 흥미롭고 재미있는 것이라는 (가짜의) 정보를 주었다고 말했다. 그리고 그 정보는 실험의 공모자에 의해서 전달된 것으로, 이 공모자는 본인도 방금 전에 그 실험을 마친 학생처럼 행동한 것이었다고 설명했다. 연구를 주도하는 교수의 말보다도 실험에 참가했던 동료 학생의 말을 참가자들이 더 잘 받아들일 것이라는 판단에 따라 그 공모자는 실험에 참가했던 학생인 척할 필요가 있었다고 실험자는 주장했다.

자, 우리는 이 설명이 처음부터 끝까지 거짓이었다는 것을 명심하자. 진짜 연구는 기대치와는 상관이 없을 뿐만 아니라 공모자 같은 것도 존재하지 않았다. 이런 정교한 기만 전략은 그 뒤에 이어질 실험적 조작이 현실적인 것처럼 보이도록 하기 위한 것이었을 뿐이다.

이때까지 자신감 있고 달변이었던 실험자가 이 시점에서 뭔가 걱정이 있는 듯 머뭇거리는 모습을 보였다. 그는 대단히 당황스러운 표정으로, 자신의 실험에 등장하기로 했던 공모자가 나타나지 않았다고 고백했다. 긍정적인 기대의 조건에서 실험을 하게 될 다음 참가자가 기다리고 있는데 공모자가 나타나지 않으니 입장이 난처해졌다는 것이었다. 그는 참가자에게 공손하게 부탁했다. 혹시 나타나지 않은 공모자를 대신해 그 역할을 해줄 사람이 있는지, 앞으로 이와 똑같은 상황이 발생할 경우 도와줄 의사가 있는지 물었다.

참가자들이 주저하는 모습을 보이면, 실험자는 공모자의 역할을 하는 데 오랜 시간이 걸리지 않을 것이며 똑같은 상황이 발생하는 경우는 극히 드물 것이라고 참가자들을 안심시켰다. 실험자의 말에 참가자들은 모두가 실험을 돕겠다고 자발적으로 나섰다. 그러자 실험자는 공모자가 할 일은 다른 참가자와 자연스럽게 대화를 나누면서 이 연구가 흥미롭고 재미있다는 인상을 전달하는 것뿐이라고 설명했다. 그러고는 그렇게 하기 위해 공모자가 해야 할 말을 자세하게 적어놓은 종이를 나누어주었다. 그러고 나서 실험자는 참가자를 다른 참가자가(여학생) 기다리고 있는 다음 방으로 안내했다.

그 방에서 기다리고 있던 참가자는 사실 실험의 공모자였다. 공모자로 자원한 참가자와 대화가 시작되자, 이 여학생은 사전에 짜인 각본대로 반응을 보였다. 여학생은 우선 참가자가 대화의 대부분을 이끌어가도록 두었다. 연구 주제에 대한 이야기가 나오고, 참가자가 칭찬을 늘어놓자 여학생은 화가 난 표정으로 놀라움을 표시했다. 그러면서 자기 친구도 이 연구에 참가했었는데, 실험이 너무나 지루했으니 가능하면 하지 말라는 충고를 받았다는 이야기를 했다. 만약 이런 반응이 나오면, 웃음이 끊이지 않는 분위기 속에서 연구가 진행되었다고 다시 한 번 주장을 반복하라고 사전에 지시를 받은 참가자는 그 여학생에게 틀림없이 이 연구가 재미있을 것이라고 말했다.

이 연구에 커다란 반전보다는 자잘한 속임수가 동원되었음을 감안하여, 잠시 중간 평가를 해보자. 참가자들은 매우 지루한 연구에 참여했다. 따라서 그들은 이 연구에 대해 매우 부정적인 인상을 갖게 되었다. 그러나 그 참가자들이 이번에는 자청해서 이성(異性) 참가자로 하여금 이 연구가 흥미롭고 재미있다고 믿게끔 만드는 데 나서고 있었다. 참가자들이 개인적으로 갖고 있던 믿음("난 이 연구가 싫어")과 그들의 공식적인 행동("이 실험은 꽤 즐겁답니다")은 서로 배치되는 것이었다. 간단히 말해서, 인지부조화가 일어났고 결과적으로 이 참가자들은 불편한 내적 긴장을 경험하게 되었을 것이다.

실험자는 여성 공모자에게 이 연구가 흥미롭고 재미있다고 설득하는 데 대한 대가로 한 그룹의 참가자들에게는 후한 금액인 20달러를 제공하기로 약속하고, 또 다른 그룹의 참가자들에게는 소액인 1달러를 제공하기로 약속하였다. (이 실험은 1950년대에 진행되었다는 점을 감안하면, 20달러는 형편이 괜찮은 스탠퍼드 대학생들일지라도 꽤 큰돈이었다!) 세 번째 그룹의 참가자들에게는 지루한 임무가 끝난 뒤 여성 공모자를 속이는 임무는 주어지지 않았다. 이 그룹의 실험 결과는 나머지 두 그룹의 실험결과와 비교할 수 있는 기저선이 되었다.

실험 조작이 끝나자, 연구진은 이 연구에 대한 참가자들의 최종적인 태도를 측정할 필요가 있었다. 그러나 여기에는 어려움이 있었다. 당신이 아주 지루한 어떤 실험에 참가한 후, 다음 참가자에게는 이 실험이 아주 재미있었다고 말해야 했다고 가정하자. 당신은 당혹스러운 상황을 피하기 위해 당신도 그 실험이 재미있었다고 실험자에게 보고할 수도 있고, 아니면 그 실험자를 도와준 데 대한 대가로 받은 돈 때문에 고마워서라도 그렇게 보고할 수 있다. 이러한 가능성으로부터 안전을 기하기 위해, 실험자는 참가자의 태도를 직접 측정하지 않았다. 대신 그는 이 일을 두 번째 공모자, 앞서 진행된 실험에는 관련이 없어 보이는 사람에게 대신 맡겼다. 실험자는 지나가는 말처럼, 복도 끝에서 어떤 심리학과 학생들이 설문조사를 하고 있다고 이야기했다. 그 설문조사의 목적은 심리학과에서 진행되는 연구의 수준을 향상시킬 수 있는 방법을 평가하는 것이라고 귀띔했다. 그러므로 만약 참가자들이 참여한 이번 연구에 대한 불만이 있다면 그 불만을 털어놓을 절호의 기회라고 조언했다.

실험자는 참가자들을 설문이 진행되고 있는 방으로 안내하면서 덕분에 자신들의 연구는 잘 진행되었다고 말했다. 이 말은, 비록 참가자들의 인지부조화가 이미 같은 역할을 했겠지만, 참가자들로 하여금 그 연구가 정말 즐거운 것이었다고 스스로를 설득하는 데 도움을 주려는 것이었다. 실험자가 인사를 하고 나간 후, 즉 학생 설문조사원으로 가장한 두 번째 공모자는 참가자들에게 그 연구가 얼마나 흥미로웠는지, 그 연구에서 무엇을 얼마나 배웠는지, 과학적으로 얼마나 의미가 있다고 생각하는지, 비슷한 연구가 있다면 다시 참가할 마음이 얼마나 있는지를 물었다. 이 공모자는 참가자들이 설문에 대한 답을 설문지에 적기 전에 큰 소리로 대답하게 했다. 참가자들은 구두 응답과 필기 응답 양쪽 모두에서 각 문항의 답을 -5(전혀 ○○하지 않음)에서 +5(매우 ○○함)으로 등급을 매겨서 자신의 태도를 표현했다.

중국 공산당의 심리 고문

———————————————————— 1달러를 받은 참가자들은 이 연구에 대해 기저선 그룹보다 훨씬 더 긍정적인 태도를 보이면서

실험을 끝냈다. 1달러 참가자들은 자신들이 공개적으로 이야기한 내용과 보다 일관성을 지키기 위해 자신의 태도에 변화를 보였다. 그러나 똑같은 임무를 수행하는 데 20달러를 받은 참가자들은 이와 비슷한 태도의 변화를 보이지 않았다. 커다란 유인이 주어지면 인지부조화가 그 과정에서 사라지는 것이 분명하다. 결국, 연구진의 핵심적인 두 가지 예측은 모두 맞아 떨어졌다.

무엇보다도 이 실험은 합리화가 인지의 일관성이라는 관점에서 유익하게 이해될 수 있음을 보여준다. 페스팅거와 칼스미스는 인지부조화가 유발된 불편한 상황을 조작한 후, 서로 조화되지 않는 인지를 조화시킬 수 있는 수단을 이용하는, 즉 태도를 변화시킴으로써 인지의 조화를 이끌어내는 참가자들의 반응을 보여주었다. 이러한 발견은 인지조화를 유지하려는 것은 인간의 일차적인 욕구이며 인간의 믿음과 감정에 강력한

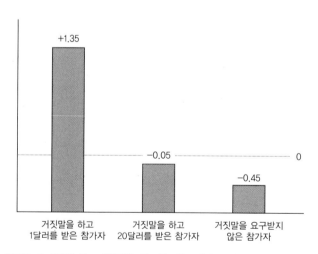

해당 연구가 흥미로웠다는 거짓말을 하도록 하는 대가로 1달러를 받은 참가자와 20달러를 받은 참가자, 그리고 거짓말을 하도록 요구받지 않은 참가자가 보여준 해당 연구에 대한 호감도 평가.

영향력을 발휘한다는 가설을 뒷받침해준다.

사실, 인지조화를 유지하는 것은 다른 욕구를 충족시키는 것보다 더 중요할지도 모른다. 2차 세계대전 때 프랑스를 이끌었던 지도자 샤를 드골은 공개적으로 금연을 선언하고 지체 없이 행동으로 옮겼다. 니코틴에 대한 갈망에 어떻게 저항할 수 있었는지 묻자 그가 대답하기를, "드골은 자기 말을 어길 수 없다!"라고 말했다. 이러한 식의 공개적인 약속은 사람들로 하여금 정직함을 잃지 않게 만든다. 만약 그 약속과 다른 행동을 한다면, 대중이 겪을 부조화는 더욱 신랄할 것이기 때문이다.

이 연구는 또한 태도가 행동을 일으키는 것만이 아니라 행동 역시 태도를 유발한다는 것을 보여주었다. 많은 경우에 있어서, 사람들이 태도에 반하는 행동을 하도록 유도하기 위해서는 신중하고 사려 깊게 설득적인 논쟁을 벌이는 것보다 마음을 바꾸게 하는 것이 더 쉬울 수가 있다. 이번 실험의 참가자들에게 그들이 수행했던 지루한 임무를 즐거운 것이었다고 설득하려 했다면, 그들이 그 말을 수긍하며 들었을까? 아마 그렇지 않았을 것이다. 우리의 태도는 객관적인 사실에 의해서만이 아니라 주관적인 동기에 의해서도 변화될 수 있는 것이다.

사실, 인지부조화는 교묘하고 계획적인 사상 주입의 수단으로 이용되어왔다. 예를 들어, 한국전쟁 당시 중국 공산당은 여러 곳에 포로수용소를 설치했다. 그곳에서 그들은 포로가 된 미국 병사들에게 아주 사소한 변절행위라고 볼 수 있는 행동을 하도록 유도했다. 예를 들면, 아주 희미하게 친공산주의적인 표현, 즉 "미국은 완벽하지 않다"라는 발언을 공개적으로 하도록 만들었다. 충분히 예측할 수 있지만, 이러한 행동은 애초에는 그다지 큰 인지부조화 또는 행동의 변화를 유발하지 않는다. 그러나 그것은 시작에 불과했다. 그들은 친공산주의적인 발언의 수위를 거의 느껴지지 않을 만큼 미세하게 높여 나갔다. 결국 전쟁 포로들은 아주 조금씩, 모택동주의 선전책자에 설명되어 있듯이, 최소한도의 자극만으로 점점 더 친공산주의적인 행동을 하고 있는 자신을 발견했다. 최종적인 결과는 상당히 큰 폭의 친공산주의적인 사상 변화로 나타났다.

마지막으로, 페스팅거와 칼스미스의 연구는, 다른 사람의 마음을 바꾸고자 할 때에는 대담하고 단도직입적으로 접근하기보다는 섬세한 접근이 훨씬 더 효과적이라는 것을 보여준다. 유인이 크면 클수록, 부조화는 더 작아진다. 이러한 발견은 다른 무엇보다도 아동의 행동을 효과적으로 관리하는 방법으로서 실용적인 의미를 지닌다. 예를 들어, 꼬마 램프리니가 시금치 맛을 싫어해서 절대로 먹지 않으려 한다고 가정하자. 이럴 때 부모는 어떻게 해야 할까? 부모가 할 수 있는 최선은 아이가 아주 조금만 먹어보도록 유도하는 것(즉, 아주 순하게 태도에 반하는 행동을 하도록 만드는 것)일 것이다. 그렇게 함으로써 시금치가 좋다는 태도에 더욱 가까이 갈 수 있는 인지부조화가 일어나는 것이다. 하지만 어떻게 하면 램프리니가 그 첫 한 입을 먹게 만들 수 있을까? 램프리니에게 초콜릿 케익을 사주겠다고 약속하는 것도 좋은 전략이다. 하지만, 본 연구는 이러한 노골적인 뇌물은 인지부조화가 만들어낼 수도 있는 유용한 회로를 단락시켜버릴 뿐이라고 주장한다. 초콜릿 케익이라는 뇌물을 받음으로써 램프리니는 시금치는 여전히 역겨운 식품이며 맛좋은 디저트가 약속되어 있을 때에만 먹을 만한 것이라는 것을 배우게 된다.

그보다 훌륭한 전략은, 램프리니로 하여금 시금치를 살짝 맛만 보게 할 수 있을 정도(부드럽게 격려하는 정도)의 유인을 주는 것이다. 그렇게 되면 램프리니는 자신이 시금치를 좋아하기 때문에 먹는 것이라는 결론을 내릴 가능성이 높다. 당근과 채찍의 전략에도 비슷한 교훈을 적용할 수 있다. 벌이 온건하면 온건할수록 설득력은 더 커진다. 만약 아이에게 금지된 장난감은 가지고 놀지 말라고 부드럽게 타이르는 대신 심하게 경고를 한다면, 나중에 가서는 그 장난감을 더 자주 가지고 놀게 될 확률이 높고, 특히 어른이 없을 때에는 더욱더 그렇게 될 것이다. 이러한 효과는 구속적인 권위에 대한 저항의 의미로 자신의 자율성을 표현하고자 하는 아이들의 경향 때문일 수도 있고, 어른들이 금지하는 것이 대개 더 재미있는 것이라는 아이들 나름의 생각 때문일 수도 있다. 어떤 경우든, 인지 부조화와 그 결과의 정도 사이에 나타나는 역관계는 인간의 행동과 태도를 단순한 학습논리로 설명할 때 빠질 수 있는 함정을 강조한다.

고난을 통해 우의를 다지다

— 신고식과 충성도의 법칙

"어떤 목적을 달성하기 위하여 유쾌하지 않은 경험을 자청해야 할 경우,
사람들은 그 목적을 실제보다 더 가치 있는 것으로 여기게 된다."

쌍둥이의 영화 감상

일란성 쌍둥이 제스와 테스가 있다. 평소 같으면 꼭 붙어 다니는데, 어쩌다 보니 같은 영화를 서로 다른 시기에 다른 장소에서 보게 되었다. 제스는 개봉 전 시사회에서 20달러라는 거금을 주고 그 영화를 보았고, 테스는 나중에 관람료를 할인하는 이벤트에서 5달러라는 싼 값으로 보았다. 그런데 안타깝게도 이 쌍둥이들이 본 영화는 관객과 평론가들로부터 형편없는 작품이라는 혹평을 들었다. 얼마 후, 제스와 테스는 그 영화에 대해 각자의 관점에서 이야기를 나누게 되었다. 보통의 경우에는 거의 모든 일에서 서로 같은 의견을 보이지만, 이 영화에 대해서만은 서로 의견이 다르다는 것이 드

러났다. 테스는 이 영화에 대해 주로 부정적인 의견을 말한 반면, 제스는 억지로 이 영화를 칭찬한 것이었다.

같은 영화에 대한 두 쌍둥이의 의견 차이는 그들이 지불한 관람료의 차이로 설명할 수 있다. 제스는 스스로 합리적인 소비자라고 자부하고 있었다. 그러므로 형편없는 영화를 보느라 거금을 들였다는 사실을 참을 수 없었다. 가장 편리한 방법은 그 영화가 그만한 입장료를 투자할 만한 괜찮은 영화였다고 회상하는 것이었다. 테스 역시 자신은 현명한 소비자라고 자부하고 있었다. 그러나 같은 영화를 제스보다 훨씬 싼값에 보았으므로, 그녀는 영화를 본 후에도 그 영화에 대한 의견을 크게 바꿀 필요가 없었다.

인지부조화 이론은 제스가 왜 테스보다 그 영화를 더 좋게 평가하게 되었는지를 설명해준다. 그러나 부조화를 만들어낸 반태도적 행동(20달러라는 거금을 쓴)은 태도(영화에 대한 인상)가 형성된 다음이 아니라 그전에 일어났다는 점에 주목하자. 이 사례는 이렇게 요약할 수 있다. 우리는 상당한 비용을 지불하고 손에 넣은 것에 대해서는 나중에도 후한 평가를 내리는 편향성을 가지게 된다는 것이다.

이러한 결론에 대해서는 독자들도 충분히 수긍할 것이다. 어떤 사람이 어떤 일에 기울인 노력과 그 결과 사이에는 모종의 관계가 존재한다는 것을 이미 체험해본 바 있을 것이기 때문이다.

엘리엇 애런슨(Eliot Aronson)과 저슨 밀스(Judson Mills)는 이와 관련된 실험을 하기로 했다. 그들은 일상적으로 볼 수 있지만 때로는 상당히 의미가 있는 사교 행사에 초점을 두었다. 바로 기존의 어떤 모임에 입회하는 행사였다. 어떤 조직이나 모임의 신입회원이 된다는 것은 새로운 경험이 되기도 한다는 점에 착안한 연구진은 신입신고식이 고되면 고될수록 그 조직을 더 좋아하게 되며 자신이 그 조직의 회원이라는 사실을 더 높이 평가하게 될 것이라고 예상했다.

가혹할수록 높아지는 충성도

연구진은 두 가지 조건을 만족시키는 사교 집단을 인위적으로 만들어야 했다. 첫째, 가혹함의 정도가 각기 다른 몇 가지의 신고식을 치르기에 적당한 집단이어야 했다. 둘째, 그러한 신고식을 치러야 한다는 사실을 알고도 참가자가 입회하기를 원할 만큼 기대되는 집단이어야 했다.

이러한 조건에 맞추기 위해, 연구진은 성심리학이라는 매우 흥미로운 주제를 가지고 주1회 토론을 하는 것을 가장한 집단을 만들었다. 여학생 63명이 회원이 되기를 자청했다.

신고식은 참가자가 성에 대해 공개적으로 발언해도 불편함을 느끼지 않는지의 여부를 판단하기 위한 다소 당혹스러운 테스트로 구성되었다. 연구를 진행하기 위해 각 참가자의 테스트 조건을 세 가지로 나누고 각 테스트는 참가자가 느낄 당혹감이나 수치심의 정도가 각기 다르도록 조작했다. 가장 호된 신고식에서는 참가자들이 매우 외설스러운 단어 13개(성적인 욕설을 포함한)를 큰 소리로 말한 뒤, 성행위를 노골적으로 묘사한 문장 두 단락을 소리 내어 읽게 했다. 참가자들의 수치심을 더욱 심하게 하기 위해, 이러한 신고식을 남성 실험자 앞에서 치르게 했다. 이 남성

실험자는 참가자가 머뭇거리거나 얼굴을 붉히지 않는지 세심하게 모니 터하는 역할을 했다.

중간 수준의 신고식에서는 그다지 심하지 않게 성을 의식하게 하는 단어(예를 들어, virgin, petting 등) 다섯 개를 소리 내어 읽게 했다. 마지막 그룹은 신고식 자체를 완전히 면제해주었다. 중간 그룹과 심한 그룹의 경우, 실험자는 모든 회원들이 그룹 토의에서 똑같은 기여를 할 수 있도록 하기 위해 이 수치심 테스트가 반드시 필요하다고 설명했다. 토의 과정이 얼마나 활발한가를 세심히 관찰하는데, 누군가가 발언을 주저하고 수치스러워하면 토론을 활발하게 진행되지 못하고 왜곡될 수 있기 때문이라는 것이었다. 실험자는 각 참가자들에게 이 테스트를 거치지 않으면 새로운 회원이 될 수 없기는 하지만, 이 테스트가 의무나 강제 사항은 아니라고 분명하게 고지했다. 이로써 참가자는 자신의 자유의지에 따라 테스트의 참가 여부를 확실히 했다(이는 인지부조화의 발생에 필수조건이다). 참가자들에게 신고식을 치러야 한다는 어떠한 압력도 없었다는 사실이 이 연구에 대한 독자들의 마음을 좀 더 편하게 해줄지도 모른다. 한 참가자는 실제로 이 수치심 테스트를 받지 않을 권리를 행사했다.

실험자는 참가자들에게 서로 얼굴을 마주 본 상태에서 성에 대해 이야기함으로써 생길 수도 있는 수치심을 덜어주기 위해, 모든 참가자들을 별도의 방으로 안내한 후 인터콤 시스템을 통해 마이크와 헤드폰을 쓰고 대화하도록 하겠다고 설명했다. 하지만 이러한 시도는 중요한 사실을 감추기 위한 교묘한 속임수였다. 토론 그룹은 실제로 존재하지 않았기 때문이다!

참가자들을 확실하게 속이기 위해 연구진은 그들이 토론에 참여하는 것을 막아야 했다. 그러기 위해서 그들은 먼저 참가자들에게 《동물의 성행위(Sexual Behavior in Animals)》라는 책을 읽어본 적이 있는지 물었다. 모두가 읽어본 적이 없다고 대답했다. 그러자 실험자는, 이번 토론에 참여하는 기존의 회원들은 모두 그 책을 읽었기 때문에 읽지 않은 사람이 끼어들면 자칫 토론의 흐름을 끊을 수도 있으니 신입회원들은 토론에 참가할 수 없다고 설명했다.

참가자들은 이 그룹이 이미 모임을 시작해서 이어오고 있다는 연구진의 말을 믿을 수밖에 없었다. 실험자는 마이크를 통해 토론 그룹이 토론하는 도중에 끼어들어 신입회원(실험자가 이름을 소개했다)이 토론을 듣고 있을 거라고 말했다. 참가자가 헤드폰을 쓰는 순간에 맞추어 미리 녹음해둔 세 명의 목소리가 자신을 소개하고는 다시 토론으로 돌아갔다.

이 가상의 회원들이 나눈 흥미로운 대화는 어떤 것이었을까? 성문제에 대해 더 잘 이해하고자 했던 참가자에게는 실망스러운 대화였다. 그 이유는 연구진이 직접 설명한 녹음 내용으로부터 알 수 있다.

녹음 내용은 …… 최대한 지루하고 외설적으로 만들어졌다. …… 토론자들은 하등동물의 2차 성행위에 대해 건조하게, 더듬거리며 말했을 뿐만 아니라 이따금씩 자신이 이미 했던 이야기와도 앞뒤가 맞지 않는 이야기를 늘어놓았다. 때로는 전혀 맥락이 이어지지 않는 소리를 중얼거리기도 했고, 말을 시작해놓고는 끝을 맺지 못하고 흐지부지 끝난 경우도 있었다. 상상할 수 있는 최악의 토론이었고, 전혀 참여할 가치도 흥미도 없는 토론이었다.

토론을 다 듣고 난 뒤, 참가자들에게는 토론의 내용과 토론에 참여한 회원들에 대해서 어떻게 생각하는지를 묻는 설문지가 주어졌다. 실험자는 이 그룹의 모든 회원들이 똑같은 설문지를 작성한다고 설명했다.

그 결과, 단 한 명의 참가자만이 나중에 토론 그룹 자체가 존재하지 않는 것이 아닌가 하는 의심을 표현했다(연구진은 이 참가자의 데이터를 버렸다). 또 한 가지, 나중에 이 연구의 진짜 목적을 밝혔을 때 참가자들 중 어느 누구도 속았다는 사실이나 신고식에 대해 불쾌함을 표시하지 않았다는 점도 주목할 만하다. 오히려, 참가자들이 이 연구에 호기심을 보였으며, 나중에는 연구 결과를 알아보기 위해 찾아오기까지 했다.

자신의 의지로 고난을 겪게 하라

호된 신고식을 치른 참가자는 중간 수준의 신고식을 치렀거나 아예 신고식을 면제받은 참가자들에 비해 토론과 토론 참여자들에 대해 훨씬 더 우호적인 평가를 내렸다. 이미 예상했듯이, 신고식을 호되게 치른 참가자일수록 그 그룹에 대해 우호적으로 평가했다. 왜 그럴까? 가장 가능성이 큰 대답은, 이들이 인지부조화를 경험했기 때문이라고 볼 수 있다. 특히, 참가자들은, (a) 자유의사에 따라 불쾌한 신고식을 치르기로 결정했으며, (b) 회원이 되고 보니 실망스럽다는 사실을 알고 있었다. 자신들의 행동이 자유의사에 따른 것이었음을 부정하거나 신고식이 불쾌했음을 부정할 수 없는 그들은 대신 장밋빛 유리창을 통해 그 그룹의 회원자격을 바라보기로 했던 것이다. 그러고는 그 그룹의 회원이 된 것이 가치 있는 경험이라는 결론을 내렸다.

이 실험으로 발견된 두 가지 사실도 언급할 가치가 있다. 첫째, 토론과 토론 참여자에 대한 평가에 있어서, 중간 수준의 신고식을 치른 참가자와 신고식을 치르지 않은 참가자 사이에는 별다른 차이가 나타나지 않았다. 중간 수준의 신고식은 참가자들에게 전혀 수치심을 일으키지 않았기 때문에 이 참가자들에게서는 인지부조화도 나타나지 않았던 것으로 보인다. 연구진은 신고식의 혹독함의 정도에 따라 그 그룹에 대한 참가자들의 선호도가 비례한다는 것을 보여주고 싶었을 수도 있지만, 사실 사전에 혹독함의 정도 차이에 따라 선호도에도 어떤 차이가 있을지를 예측하는 것은 어려운 일이었다. 둘째, 신고식의 혹독함은 참가자들의 토론 참여자에 대한 의견보다는 토론 내용 자체에 대한 의견에 더 큰 영향을

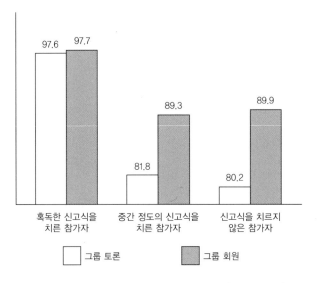

혹독한 신고식과 중간 수준의 신고식, 그리고 전혀 신고식을 치르지 않은 참가자들의 그룹 토론과 그룹 회원들에 대한 평가.

주었다. 이는 아마도 토론 내용의 수준을 떨어뜨리는 것이 부조화를 감소시키는 데 더 결정적이었기 때문이었을 것이다. 아니면, 단지 같은 학생인 토론 참여자들을 비난하는 것이 망설여졌기 때문일 수도 있다.

이 연구는 어떤 그룹의 회원이 되기 위한 과정에서 힘든 장애를 극복하는 것이 그 사람으로 하여금 회원 자격을 더 소중히 여기게 만든다는 것을 보여준다.

상식적으로, 어떤 사람을 한 집단에 합류하게 하고 그 집단에 계속 머물게 만드는 방법은 집단에 합류하는 데 방해가 되는 모든 요소들을 제거하고 장기적인 충성심에 대한 보상을 해주는 것이다. 어떤 의미에서 보자면 이러한 관점은 매우 당연해 보인다. 아무것도 하지 않아도 어떤 집단에 진입할 수 있다면, 그리고 그 집단의 회원으로서 두둑한 보상을 받는다면 그 집단에 가입하지 않을 이유가 어디 있겠는가? 그러나 그렇게 강력한 유인이 우리의 태도를 형성하는 데 효과적이라 할지라도, 반드시 그 집단에 대한 충성심이 내면화하도록 이끌지는 않는다. 즉, 어떤 사람에게 한 집단에 가입하도록 뇌물을 줄 수는 있지만 뇌물로 그 사람이 그 집단에 헌신하도록 만들 수는 없다는 것이다.

사람의 진정한 감정을 변화시키고 싶다면, 보다 간접적으로 접근하는 것이 현명하다. 이 실험은 권한을 가진 사람이 쓸 수 있는 한 가지 전략을 제시하고 있다. 사람들에게 한 집단에 가입하기 위한 전제조건으로 본인의 의지에 따라 어떤 고난을 겪도록 유도한다. 그렇게 하면 인지부조화가 그 집단에 대한 그 사람의 개인적 태도를 긍정적인 방향으로 바꿔놓을 것이다. 따라서 어떤 집단의 회원을 회원으로써 유지하는 데 꼭 유인을 제공해야 할 필요는 없다. 자기정당화의 과정이 그 사람으로 하여금 저절로 그 집단의 회원자격을 소중하게 여기도록 만든다.

물론 문제는 사람들로 하여금 어떻게 집단에 진입하는 첫 발을 떼어놓도록 만드느냐다. 때로는 그 집단에 대한 매력 그 자체만으로도 충분한 경우가 있다. 월급 인상, 지위의 급상승, 또는 특별한 기회 등의 보장이 예비 회원들로 하여금 회원자격을 얻기에 앞서 겪어야 할 고난을 감내하게 만들 수도 있다. 역설적이게도, 처음부터 그 집단에 진입하려는 더 큰 동기를 가진 사람이 더 혹독한 신고식도 감내할 준비를 하게 되고, 따라서 그 집단의 회원자격에 대한 긍정적인 태도가 미리부터 강화된다.

판매원들은 종종 고객으로부터 소중한 현금을 받아내기 위해 이와 비슷한 기술을 활용한다. 이 책의 저자 중 한 명은 탐사기자인 한 지인의 도움으로 자동차 금융회사에서 고객의 비용으로 자신들에게 유리한 계약을 성사시키는 기술에 대한 내부 지식을 엿볼 수 있었다. 정책적으로 그들은 2층에서 금융계약이 진행되고 있다고 말하면서 고객으로 하여금 필요 이상으로 긴 시간 동안 아래층에서 기다리게 만들었다. 이런 정책은 이 금융회사에서 제시하는 최종적인 금융계약의 성실성을 더 높아 보이게 만든다.

이러한 현상은 주류사회에서도 흔히 볼 수 있다. 같은 대열에 합류하길 원하는 사람들에게 전제조건으로서 어떤 희생을 강요하는 사회집단들을 생각해보라. 대학의 사교클럽에서는 신입회원들에게 혹독한 신고식을 강요한다. 군대에서는 거의 지옥불과 다름없는 가혹한 훈련으로 신병들을 단련시킨다.

더 늦기 전에 되돌려라

─────────────── 그토록 실망스러운 영화를 보느라 큰돈을 써버린 제스의 입장에 대해 다시 한 번 생각해보자. 제스에게 그런 영화에 20달러를 쓰지 않도록 잔소리를 해줄 만큼 영향력이 있는 친구가 있었다고 가정해보자. 영화를 절반쯤 보다가, 제스는 그 친구에게 자신이 실수를 했음을 인정했다. 자, 이성적으로 판단했을 때 이제 그녀가 할 수 있는 선택은 무엇일까? 영화를 그만 보고 나오는 걸까, 아니면 그냥 계속 보는 걸까? 독자들은 그렇게 큰돈을 이미 지불했으므로 그냥 영화를 계속 보는 것이 나은 선택이라고 생각할지도 모른다. 그러나 조금만 생각해보면, 그런 생각을 하자마자 제스가 그 영화관을 떠나는 게 옳다는 것을 알 수 있다. 어느 쪽을 선택하든, 제스는 이미 영화관에 지불한 돈을 환불받을 수는 없다. 그러나 만약 제스가 그 순간 영화관을 떠난다면, 적어도 남은 시간 동안에는 지루한 영화를 보지 않아도 된다. 돈은 이미 써버렸으니, 상황을 호전시킬 수 있는 유일한 방법은 지금부터라도 제스의 시간을 더 알차게 보내는 것이다. 그러므로, 제스는 즉시 그 영화관에서 나와야 한다. 그렇게 함으로써 제스는 매몰비용의 함정(sunk cost error)이라는 아주 흔한 실수를 피할 수 있다. 매몰비용의 함정이란 회복할 수 없는 손실을 아까워하다가 현재와 미래의 복지까지 훼손시키는 비이성적인 경향을 말한다. 예를 들어, 사람들은 손익분기점을 한참 넘어선 지점까지 투자를 지속하는 경향을 보인다. 심지어는 투자 환경이 자신에게 우호적이지 않다는 것이 분명하게 드러난 상황에서도 그러하다.

자릿값을 냈으므로 끝까지 영화를 보겠다는 비합리적인 결정은 상대적으로 사소한 매몰비용의 함정의 한 예다. 이미 날려버린 공공자금을 정당화하고자 하는 헛된 계획으로 공공자금을 계속 탕진하려는 고위공직자들에 이르면 이야기는 더 심각해진다. 악명 높은 테네시-톰비기 워터웨이를 되짚어보자. 20억 달러의 건설비용을 들이고, 파나마 운하보다도 더 많은 흙을 퍼내야 했던 이 수로는 앨라배마에서 미시시피까지 장장 307킬로미터에 이른다. 그러나 건설 도중에 이 수로의 추정가치는 완공까지 투입되어야 할 비용보다 훨씬 적은 것으로 나타났다. 그럼에도, 앨라배마의 상원의원 제레미야 덴튼은 공사를 계속할 것을 주장하며 이렇게 말했다. "이미 11억 달러가 투자된 공사를 중단하는 것은 납세자의 혈세를 낭비하는 비양심적인 행위이다." 이 훌륭하신 상원의원께서는 이미 집행된 11억 달러는 영원히 사라져버린 돈이지만, 앞으로 집행해야 할 9억 달러의 예산은 납세자의 세금을 더욱 오용하는 행위라는 사실을 간과하신 것 같다.

공적 부문이든 개인의 사생활에서든, 이미 과거가 된 투자를 미래를 위한 결정의 판단 근거로 삼는 것은 무의미하다. 오히려 과감하게 손실을 끊고 앞으로 나아가야 한다. 확실한 손실에 대한 반감을 고려하면 이런 결정은 쉽지 않다. 그러나 왜 그렇게 노력해야 하는지 이제 여러분은 알지 않는가!

08

숨겨진 보상의 비용

— 효과적인 보상의 법칙

> "어떤 행동에 대한 보상을 받으면 그 행동을 더 하고 싶게 된다.
> 그러나 보상이 사라지면, 사람들은 그 보상을 받기 전보다도
> 그 행동을 덜 하고 싶게 된다."

피아노 선생님의 고민

─────────────────────────── 어느 날 노신사가 늘 앉던 공원 벤치에서 비둘기들에게 모이를 주는데, 어디선가 험상궂은 몰골을 한 십대 무리들이 나타났다. 한동안 이 아이들은 노신사를 잔인하게 놀렸다. 그 순간이 빨리 지나가고 다시는 되풀이되지 않기를 바라면서 노신사는 묵묵히 그들의 괴롭힘을 견뎠다. 그러나 안타깝게도 다음 날 노신사가 그 벤치를 다시 찾았을 때 소년들은 또 나타났다.

소년들의 등장과 괴롭힘은 정기행사가 되다시피 했다. 노신사는 결국 더 이상 견딜 수 없다고 판단하고 이 녀석들의 만행에 종지부를 찍을 묘수를 찾아냈다.

다음 날, 녀석들이 또 나타나 괴롭히기 시작하자 노신사는 아무도 생각조차 할 수 없었던 행동을 했다. 자신을 괴롭힌 만행의 대가로 소년들에게 1달러씩을 주었던 것이다. 화들짝 놀란 소년들은 이 노인에게 드디어 치매가 찾아왔나보다고 생각했다. 노신사는 하루도 빼놓지 않고 이해할 수 없는 아량을 베풀었다. 아무리 괘씸한 짓거리로 자신을 괴롭혀도 노신사는 그 소년들에게 계속 돈을 주었다.

그러던 어느 날, 노신사는 한마디 설명도 없이 더 이상 돈을 주지 않았다. 노신사를 고문하던 녀석들은 격분했다. 조롱해주는데도 한 푼도 돈을 주지 않는 이 늙은이에게 더 이상 귀찮게 시간을 허비할 필요가 무엇인가? 소년들은 거들먹거리면서 노인의 곁을 영영 떠나버렸다. 홀로 회심의 미소를 지으면서, 노신사는 비둘기에게 모이를 주는 평화로운 일상으로 돌아갔다.

이런 희한한 발상은 보상과 징벌의 작용에 관한 우리의 일상적인 기대와는 모순된다. 심리학의 대가들에 따르면, 인간의 동기화(motivation)가 갖고 있는 주요 문제는 지속시간이 짧다는 점이다. 사람이 충분히 동기화될 수만 있다면, 사회와 인간의 모든 악은 금방 극복될 수 있다는 게 그들의 주장이다. 불룩해진 허리선은 잘록해질 것이고, 바닥을 기던 시험점수는 하늘로 치솟을 것이며, 집 없는 사람들은 호화로운 펜트하우스를 갖게 될 것이다. 그러므로 바람직한 동기를 계발하는 효과적인 방법을 찾는 것이 최우선순위이다. 그렇다면, 어떻게 해야 그 방법을 찾을 수 있을까?

동기화는 두 가지의 기본적인 유형으로 나누어볼 수 있다. 하나는 어떤 행동 그 자체 때문에 그 행동을 하고 싶어 한다. 즉, 그 행동으로부터 비롯되는 만족감과 기쁨 때문에 그 행동을 하는 것이다. 나머지 하나는 어떤 결과에 이르기 위한 수단으로서, 그 행동이 약속하는 바람직한 결과를 얻기 위해 어떤 행동을 하고자 한다. 전자의 경우, 우리는 내발적 동기화(intrinsically motivated)라고 말하고, 후자의 경우는 외발적 동기화(extrinsically motivated)라고 한다.

현실적인 관점에서 이 문제를 바라보자. 당신이 주의가 산만한 꼬마를 능숙한 음악가로 키워야 하는 피아노 선생님이라고 상상해보자. 이때, 학생들을 내재적으로 동기화하기를 선택했다면, 독자는 최대한 그 학생의 주의를 집중시키는 방식으로 수업을 진행하려고 할 것이다. 그러나 만약 학생을 외부적으로 동기화하기로 했다면, 전혀 다른 방법으로 접근해야 할 것이다.

첫 단계는 피아노 교습의 행동분석이다. 즉, 어떤 보상으로 학생을 자극한다거나 어떤 벌칙으로 음악적 발전에 방해가 되는 행동을 제한한다거나 하는 분석을 하는 것이다(정기적인 연습, 정해진 시간에 연습, 올바른 건반 치기 등). 이때 독자가 전제하는 것은, 어떤 행동을 수행하기 위한 동기화는 외부적인 사건, 즉 그 행동을 수행함으로서 나타난 객관적인 결과에 의존한다는 것이다. 어떤 행동이 유쾌한 결과를 가져온다면, 사람들은 그 행동을 더 자주 하려고 할 것이다. 반면에 어떤 행동이 불쾌한 결과를 가져온다면, 사람들은 그 행동을 덜 하려고 할 것이다. 그러므로 피아노 교습의 예에서, 만약 애쇼크가 피아노 연습을 할 때마다 사탕을 상으로 받는다면 점점 더 착실히 연습을 하게 될 가능성이 높다. 또는 마드후미타가 지각을 할 때마다 야단을 맞는다면, 마드후미타의 지각하는 습관은 고쳐질 가능성이 높다.

일부 행동주의자(당근과 채찍이라 불리는 접근법을 선호하는)들은 처벌에는 몇 가지 단점이 있기 때문에 보상만을 유인으로 이용해야 한다고 주장한다. 먼저, 처벌은 비효과적이다. 처벌에서 비롯되는 고통과 불안은 전반적인 학습과정을 교란시킨다. 둘째, 처벌은 비효율적이다. 처벌로 바람직하지 않은 행동을 없앨 수는 있지만 바람직한 특정 행동을 새롭게 정착시킬 수는 없다. 셋째, 처벌은 비윤리적이다. 처벌은 상처를 남기므로 최후의 수단으로만 이용되어야 한다. 따라서 애쇼크나 마드후미타가 음정을 잘못 눌렀다고 체벌을 하는 것은 이 아이들이 피아노 연주에 집중하게 만들지도 못하고, 올바른 음정을 누르도록 가르치지도 못하며, 한 개인으로서 이 아이들의 권리를 존중하는 행위도 아니다.

비교해본 바에 따르면, 옳은 일을 한 사람에게 보상을 하는 것이 훨씬 더 계몽적이고 건설적인 방법이다. 보상은 효과적으로 동기화를 이끌어낸다. 보상은 받을 때 기분이 좋다. 고된 노동에는 거기에 걸맞은 보상이 있는 법이다.

그러나, 보상이란 애초에 의도되었던 것처럼 누구에게나 이득이 되는 걸까? 물론 보상은 효과가 있다는 것을 부정할 수 없다. 어떤 일에 보상이 주어지기 시작하면, 사람들은 그 일을 해내려 하고, 그 일을 하고 싶어 하게 된다. 그렇다면, 여기서 도대체 무엇이 문제란 말인가? 다시 우리의 풋내기 피아니스트, 애쇼크와 마드후미타에게로 돌아가보자. 이 아이들을 가르치는 목적은 피아노 교습이 진행되는 동안 지시에 잘 따르게 만들려는 것뿐만 아니라, 교습이 끝난 후에도 피아노를 치고 싶은 마음이 들게 만들려는 것이다. 내발적 동기화와 외발적 동기화 중 어느 쪽이 이러한 장기적인 목표를 달성하는 데 가장 적당하겠는가?

유치원의 그림 그리기 보상 실험

레퍼(Lepper)와 그린(Greene), 니스벳(Nisbett)은 어떤 활동에 참가했을 때 조건적으로 보상하는 것이 참가자의 관심을 높이는 데 효과가 없을 뿐만 아니라 오히려 그 관심을 훼손시키고 마는 게 아닐까 하고 의심했다.

그들은 한 유치원에서 실험을 진행하였다. 참가자는 중산층 가정 출신으로 연령대는 3~5세의 아이들이었고, 그 중 3분의 2는 여아였다. 교실은 아이들이 하루 종일 여러 가지 레크리에이션 활동 중 어느 하나를 선택해 즐길 수 있는 구조였다. 그러한 활동 중 하나가 이 연구의 목표 활동으로, 매직펜을 갖고 노는 활동이었다.

실험의 설정은 다음과 같이 이루어졌다. 여러 개의 매직펜과 도화지 한 묶음을 교실 한쪽의 책상 위에 올려놓았다. 그리고 일방투시 거울 뒤에 숨은 관찰자가 아이들이 매직펜을 가지고 그 책상에서 보내는 시간을 측정 및 기록했다.

매직펜에 대한 아이들의 기초적 관심도는 연속 사흘간 첫 수업 시간 동안 아이들이 이 매직펜을 가지고 논 시간으로 평가했다. 그 후 3~4주 간격으로 같은 활동이 반복되었고, 그동안 실험 조작이 진행되었다. 매직펜을 가지고 노는 활동에 대한 아이들의 최종적인 관심은 그 후 추가적인 사흘 동안 연속적으로 평가되었다.

이 실험의 조작은 다음과 같이 진행되었다. 예상된 보상 조건에서, 아이들은 각자 그림의 성취도에 따라 상을 받았는데, 이 경우에는 그림을 그리기 전에 미리 보상이 있을 것임을 고지했다. 예기치 않은 보상 조건에서도 아이들은 똑같은 보상을 받았지만, 사전에 보상이 있으리라는 것은 알려주지 않았다. 무보상 조건에서는 아이들에게 어떠한 보상도 주지 않았고, 보상을 주지 않으리라는 이야기도 해주지 않았다. 아이들은 이 세 조건 중 하나에 임의로 배정되었다.

조작을 실행하는 데에는 약간의 연기가 필요했다. 붙임성 있는 실험자가 아이 하나하나에게 차례로 접근해 잠깐씩 이야기를 나누었다. 그러고 나서 실험자는 각각의 아이를 비밀의 방으로 초대했다. 몇몇 아이는 실험자의 초대를 거절(실험자는 아이들에게 낯선 사람이었으므로 충분히 이해할 수 있는 일이다)했지만, 아이들 대부분은 이 초대에 응했다. 비밀의 방에 도착한 아이들은 매직펜과 도화지가 놓인 책상으로 안내되어 의자에 앉았다. 실험자는 아이에게 잠시 후 또 다른 어른이 들어와서 아이들이 어떤 그림을 그리고 싶어 하는지 볼 거라고 말했다.

각 조건 사이에 차이가 발생한 것은 바로 이 시점부터였다. 보상이 예고된 조건의 아이들은 새롭게 등장한 어른이 그림을 잘 그린 사람에게 '굿 플레이어 상'을 줄 거라고 말했다. 상은 아이들의 눈높이에서 아주 욕심이 날 만한 것이었다. 아이들은 반짝이는 황금별과 빨간 리본으로 장식되고 자신의 이름과 유치원의 이름이 적힌 가로 12.5, 세로 7.5센티미터 크기의 카드를 받았다. 실험자는 아이들에게 이 상품의 견본을 보여주고 상을 받고 싶은지 물었다. 보상을 알려주지 않았거나 아예 보상이 없는 조건의 아이들에게는 이 상을 보여주지 않았다. 다만 곧 도착할 또 다른 어른에게 보여줄 그림을 그리고 싶은지만 물어보았다.

잠시 후, 그 어른이 도착해서 먼저 있었던 실험자를 내보내고, 탁자를 사이에 두고 아이들과 마주앉아 아이들에게 그림그리기를 시작하라고 말했다. 그림을 그리도록 할당된 6분 동안, 그는 아이들의 그림에 대한 관심은 표현했지만, 반드시 아이들의 그림 솜씨를 칭찬한 것은 아니었다.

그림 그리기를 마치자, 보상이 계획되어 있지 않은 그룹의 아이들에게는 잘 그렸다는 칭찬을 해준 후 즉시 자기 반으로 돌려보냈다. 그러나 보상이 예고되어 있던 그룹과 예고 없는 보상이 준비되어 있던 그룹의 아이들은 박수와 환호 속에서 굿 플레이어 상을 받기 위해 잠시 더 머물렀다. 두 번째 실험자가 아이들의 이름과 유치원의 이름을 각 명판에 자랑스럽게 써주었다. 아이들은 이 상을 (이와 비슷한 상들이 게시되어 있는) 명예의 전당 게시판에 부착해서 자신이 얼마나 멋진 그림을 그렸는지 알릴 수 있도록 했다.

이러한 조작은 며칠 후 아이들의 행동에 어떤 영향을 끼쳤을까? 보상, 즉 굿 플레이어 상을 기대하며 매직펜으로 그림을 그렸던 아이들은 기대하지 않았던 보상을 받았거나 아예 보상을 받지 못했던 아이들에 비해 매직펜에 관심을 덜 보였다. 그 효과는 매우 분명하게 드러났다. 보상을 기대하는 조건에서 그림을 그렸던 아이들은 다른 두 조건에서 그림을 그렸던 아이들에 비해서 매직펜을 가지고 노는 경우가 절반에 불과했다. 나머지 두 조건의 아이들은 매직펜에 대한 관심에 별반 차이를 보이지 않았다.

또 다른 몇 가지 흥미로운 현상들도 발견되었다. 첫째, 기대치 못한 보상을 받은 그룹의 아이들을 애초에 매직펜으로 그림 그리기에 관심이 있었던 아이와 그렇지 않았던 아이로 나누어보면, 관심이 없었던 아이들은 이 실험 후에 매직펜으로 그림 그리기에 대한 관심이 증가했다. 뜻밖의 굿 플레이어 상을 받은 기억이 이 아이들로 하여금 매직펜으로 그림을 그리는 활동에 대한 강한 인상으로 남았기 때문인 것으로 보였다. 반면에, 보상을 기대하고 그림을 그렸던 아이들을 같은 기준으로 나누어 보면, 애초에 매직펜으로 그림 그리기에 특별히 관심을 보였던 아이들은 매직펜을 갖고 노는 데 전보다 관심을 덜 보였다(양쪽 모두 관심이 줄어들긴 했지만). 이러한 결과는 해당 활동에 대한 관심이 클수록, 외연적인

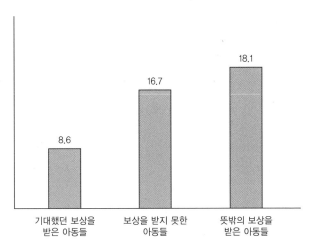

기대했던 보상을 받았거나, 뜻밖의 보상을 받았거나, 전혀 보상을 받지 못한 후 아이들이 매직펜을 가지고 논 시간의 백분율.

보상이 내연적인 관심을 잠식한다는 것을 의미한다. 그러나 외연적 관심이 더 적은 참가자 역시 관심을 더욱 잃어버렸다는 사실은 해석을 복잡하게 만든다.

마지막으로 놀라운 사실이 드러났다. 실험자의 조작은 또한 아이들이 그린 그림의 수준에도 영향을 미쳤다(어떤 실험인지 모르는 상태에서 동원된 세 명의 평가원이 평가했다). 기대했던 보상을 받은 아이들이 그린 그림은 다른 두 조건의 아이들이 그린 그림보다 수준이 낮았다. 외연적 보상의 부작용은 관심을 감소시키는 것뿐만이 아니라 수행능력까지 잠식하는 것이다.

외연적 보상은 비효과적이다

이 실험은 어떤 활동의 성적에 따라 보상을 달리하는 것이 궁극적으로는 그 활동의 수행에 대한 사람들의 관심을 떨어뜨린다는 것을 보여준다. 보상은 단기적으로는 행동을 효과적으로 변화시킨다. 그러나 장기적으로는, 만약 그러한 보상이 없었다면 계속해서 그 활동을 즐겼을 사람들로 하여금 그 활동에 피로를 느끼게 하는 부작용을 일으킨다.

연구진은 외연적 보상이 놀이활동에 참여하고자 하는 유치원 아이들의 동기를 잠식할 수 있다고 결론지었다. 사실이 그러하다. 여러 편의 논문들이 인센티브가 임무에 대한 열정을 감소시킨다고 단언하고 있다. 더욱이, 아이든 성인이든 이러한 현상으로부터 벗어나지 않는다. 외연적 보상이 동기화라는 측면에서 어떻게 역효과를 내는지 증명해주는 한 가지 사례를 보기로 하자.

그 사례는 흡연과 관계된 것이다. 한 대규모의 연구에서, 금연에 도움을 주는 여러 가지 방법들의 효과를 테스트했다. 참가자들 중 일부는 주간 금연 실적을 보고하면 보상을 받았다. 또 일부는 금연을 돕기 위한 개인별 맞춤식 피드백을 받았다. 일부는 그 두 가지를 모두 받았고, 마지막 일부는 어떤 것도 받지 않았다. 일주일 후, 가장 성적이 좋았던 참가자들은 보상만 받은 그룹이었다.

그러나 3개월이 지나자, 판도는 급격히 달라져 있었다. 이즈음에 이르자 보상만 받은 그룹의 성적이 최악으로 떨어지면서 보상도, 피드백도 받지 않은 그룹만큼도 금연을 실천하지 못하고 있었다. 더욱이, 외연적 보상을 받은 참가자들은 다른 그룹의 참가자들에 비해 얼마나 많이 흡연을 했는가에 대한 질문에 거짓말을 한 경우가 두 배나 많다는 것이 드러났다.

외연적 보상에 대해서 공평하게 말하자면, 외연적 보상은 통제적인 측면만 있는 것이 아니다. 외연적 보상은 또한 그 사람의 수행능력에 대한 가치 있는 피드백이 되기도 한다. 사람은 자신의 능력을 계발하는 데 민감하다는 점을 생각하면, 이러한 피드백은 내연적 동기화를 촉진할 수도 있다. 그러나 이러한 피드백은 또한 외연적 보상 없이도 있을 수 있다는 점에서, 외연적 보상의 정당성을 주장할 근거는 되지 못한다.

이에 덧붙여, 칭찬은 가시적 보상보다 덜 노골적이고, 덜 당연시되며, 덜 강제적이라는 점에서 동기화에 훨씬 효과적이라는 주장도 종종 나온다. 그러나 공평하게 말하자면, 칭찬도 반드시 조건반사적이지는 않기 때문에 반드시 선의의 인센티브라고 말할 수는 없다. 오히려 칭찬은 능력을 인정하고 격려하는 대인관계의 수단이라고 할 수 있다. 시험에서 높은 성적을 올리지 않으면 딸을 절대로 칭찬을 해주지 않는 엄마와, 딸이 시험을 잘 보도록 격려해주고 정말 시험을 잘 보았을 때는 축하해주는 엄마 사이에는 하늘과 땅만큼의 차이가 있다.

무의식적으로
좋은 예감을 조작하다

— 순수한 자기기만의 법칙

"인간은 모든 것을 잘 돌아가게 할 수 없는 상황에서도
모든 것이 다 잘되고 있다는 신호를 만들어내는 행동으로 자신을 기만한다."

칼뱅주의자의 수수께끼

─────────────── 16세기 프랑스에서 종
교개혁가 장 칼뱅이 가톨릭교회로부터 분리를 선언했다. 칼뱅은 사도
바울과 성 아우구스티누스의 가르침에 뿌리를 둔 신교도 신앙을 창시했
다. 이 성인들은 절대 신권과 신의 은총에 대한 필요성을 역설했다. 칼
뱅은 시대의 요구에 따라 그러한 관점을 이해했고, 최대한 널리 확장시
켰다. 그 결과 이 종교의 신자들마저 두려움에 떨게 할 정도의 엄격하고
완고한 교의가 완성되었다.

칼뱅은 인간은 본래부터 타락한 존재이므로 태생적으로 신을 향할
수 없는 존재라고 역설했다. 그러나 극소수의 사람들은 독실한 신앙심

을 가지고 있다는 점을 인정했다. 그들은 어떻게 신앙심을 가질 수 있었을까? 칼뱅에 따르면, 그 답은 신이 그렇게 예정했기 때문이라는 것이었다. 신은 이 세상을 창조하기 전에 소수의 특별한 사람들을 선택해 원죄로부터 구원받을 은총을 주었다고 칼뱅은 주장했다. 그러므로 지상에 머무는 짧은 시간 동안 그들은 신에 대한 경배를 피할 수 없다는 것이었다. 신의 선택에 의해 원죄로부터 구속받은 소수는 아무런 구애 없이 아름다운 미래를 즐길 수 있다. 자신들을 창조한 사랑의 신과 함께 천국에서 영생을 즐기는 것이다. 그러나 대부분의 인간들, 신의 구원의 은총을 거부한 자들은 정의를 행할 능력이 없으며, 그들을 기다리고 있는 수렁과도 같은 운명에서 뒹굴게 된다. 깊고 깊은 지옥의 불구덩이 속에 던져져 끝나지 않을 고통을 겪는 것이다.

신이 구원받을 자와 저주받을 자를 미리 결정한 이유는 무엇일까? 칼뱅은 이 의문에 대해서는 무지한 답변에 만족하고 말았다. 가장 중요한 것은 '신은 신'이라는 것이 그의 주장이었다. 신의 선택은 그 어떤 것이든 자명하게 선하다는 것이었다. 하지만 적어도 칼뱅은 신의 고려의 대상이 아닌 것을 구체적으로 언급했다. 윤리적으로 살고자 하는 인간의 노력이 바로 그것이었다. 착한 삶을 살든, 악한 삶을 살든, 궁극적인 운명의 결정에는 하등 영향을 미칠 수 없다. 이미 신의 선택에서 제외된 사람들은 아무리 덕이 많은 삶을 살았더라도 소용없다. 이러나저러나 그들은 지옥불에 구워질 운명이었다. 칼뱅에 따르면, 그래도 이것은 불공평한 일이 아니다. 인간이란 존재는 애초에 비열한지라, 저주를 받아도 싼 존재였다. 신의 은총을 받은 자만이 구원을 받을 자격을 얻는 셈이다.

칼뱅의 신은 지상의 피조물들에게 그들을 기다리고 있는 것이 천국인지 지옥인지도 보여줄 필요가 없었다. 그렇다고 이 피조물들을 깜깜한 암흑세계에 방치하지도 않았다. 사후의 운명을 미리 알려주는 어떤 징조가 있다는 소문도 있었다. 축복을 암시하는 징조 중의 하나는 청렴한 삶이었다. 그것은 신의 선택을 받은 극소수의 사람들에게만 허락된, 선인이 될 은총을 받은 것이라고 믿을 수 있는 근거였다. 칼뱅과 그의 추종자들은 자신들이야말로 영원히 청렴한 삶, 즉 온화하고 근면하고 검소한 삶을 영위할 수 있는 자들이라고 만족스럽게 그 교의를 지켰다.

이미 독자들도 칼뱅주의는 그 신도들을 정신적으로 꽁꽁 묶어두어야 했으리라는 것을 감지했을 것이다. 독실한 칼뱅주의자로서 독자는 자기 마음속에서 죄를 저지르려고 하는 충동을 간파했다고 하자. 그런 충동에 저항해야만 할까? 어떤 관점에서 보자면, 죄를 저지르려는 충동을 실제로 느꼈느냐 느끼지 않았느냐는 중요하지 않을 수도 있다. 그 사람의 운명은 이미 결정되었으므로, 경건한 마음으로 살기를 포기해도 그만이다. 하지만 그래도 용감하게 그러한 충동을 억누르려고 애쓴다면 어떻게 될까? 그래도 아무 소용없는 일이다. 앞서 말했듯이, 칼뱅주의는 사람의 의지는 구원과는 무관하다는 관점을 갖고 있다. 한술 더 떠서, 신의 선택을 받은 사람들은 죄를 저지르려는 유혹조차 느끼지 않아야 한다. 신의 은총은 생각과 행동 모두에서 피할 수 없는 올바름을 구현해야만 한다. 그러므로 유혹의 경험만으로도 독실한 칼뱅주의자들에게는 이마에 땀방울이 맺힐 일이다.

칼뱅주의자들은 인간으로서 응당 느낄 수 있는 유혹에 어떻게 대처

했을까? 조지 퀴트론(George Quattrone)과 아모스 트버스키(Amos Tversky)
는, 칼뱅주의자들이 유혹에 저항하기는 하였지만, 자신이 유혹에 저항
하고 있다는 사실 자체는 부인했을 것이라고 주장했다. 즉, 그들은 도덕
적이기를 무의식적으로 갈구했던 것이다. 이러한 심리적 트릭은 그들로
하여금 자신들이 추구하는 덕을 무시무시한 저주의 신호가 아니라 안락
한 구원의 신호라고 해석하게 만들었다.

연구진은 이러한 트릭을 자기기만의 일반적인 형태 중 하나라고 보
았다. 이 트릭은, 어떤 결과가 나타나기를 원하지만 그것을 실제로 인정
하지는 않으면서, 그러한 결과를 가져올 가능성이 높지만 인과론적으로
는 관련이 없는 어떤 행동을 수행하는 경향을 말한다. 이러한 형태의 자
기기만이 존재하는지의 여부를 알아보기 위해, 연구진은 실험실 환경에
서 칼뱅주의자들이 궁지에 몰린 상황을 소규모로 변형시켜 재현했다.

누가 오래 견디나?

─────────────── 퀴트론과 트버스키의 실
험에 참여한 참가자들은 의학 검진으로 위장된 테스트를 받으면서 그
결과를 통해 미래의 건강상태를 미리 알 수 있다는 설명을 들었다. 물론
이 검진은 참가자들의 미래의 건강상태와는 아무런 상관이 없었다.

실험은 이렇게 진행되었다. 학부생 38명이 운동선수의 심리적, 의학
적 측면을 다루는 연구에 참여하겠다는 동의서에 서명했다. 여성 실험
자가 나타나 그들에게 인사를 하고, 이 연구의 목적은 격한 운동을 끝낸
후 체온의 급격한 변화가 심혈관계에 어떤 영향을 끼치는지를 조사하는

것이라고 설명했다.

참가자들은 이른바 냉압박 검사라는 것을 시작했다. 참가자들은 얼음물로 가득 찬 물통에 두 팔을 팔뚝까지 담그고 견딜 수 있는 데까지 버텼다. 신체적으로는 해가 없지만, 냉압박 검사는 고통스러웠다. 참가자들 대부분은 1분도 못 되어 팔을 꺼냈다. 그럼에도 팔을 물통에 담그고 있을 수 있을 때까지 최대한 견디면서 5초마다 한 번씩 실험자의 신호에 따라 불편한 정도를 평가했다. 평가를 위한 신호는 알파벳으로 구성되어 알파벳 순서에 따라 큰 소리로 낭독되었다. 참가자들은 이 신호에 맞추어 1부터 10까지의 등급으로 나누어 불편한 정도를 대답했다. 1은 참기에 전혀 문제가 없는 정도의 차가움을 말하고, 10은 더 이상 참을 수 없는 정도를 말했다. 알파벳 순서대로 신호를 준 것은 참가자들이 얼마나 오래 팔을 담그고 있었는지 계산할 수 있도록 하기 위해서였다.

참가자들에 관한 한, 이 연구 단계의 목적은 체온의 급격한 변화가 있은 뒤 심박수의 기저선을 측정하려는 것이었다. 그다음 단계의 가시적인 목적은 격렬한 운동이 이 결과에 변화를 가져오는지를 판단하는 것이었다. 그다음, 짧은 휴식을 취한 뒤 두 번째 냉압박 테스트를 실시했다. 참가자들에게 커버스토리를 계속 믿게 만들기 위해, 연구진은 적정한 간격을 두고 참가자들의 심박수를 체크하는 시늉을 했다.

물론 이 연구의 실제 목적은 체온과 운동이 심박수에 미치는 영향을 측정하려는 것이 아니라 참가자들이 바람직한 진단 결과를 얻기 위해 무의식적으로 자신의 행동을 수정하려 할 것이라는 가설을 증명하려는 것이었다. 연구진이 초점을 두기로 선택한 참가자들의 행동은 두 번째 냉압박 테스트의 수행 결과였다. 연구진은 테스트 사이의 휴식 시간에 참가자들에게 운동 이후에 냉압박을 견디는 능력이 심혈관계의 건강 상태를 알려주는 척도라고 설명함으로써 이 과제의 수행이 미래의 건강 예측에 적절한 척도임을 다시 한 번 상기시켰다. 이로써 연구진이 기대하는 것은 참가자들이 두 번째 냉압박 테스트에서 심장의 양호한 건강 상태를 암시하는 방향으로 수행능력을 변화시키리라는 것이 연구진이 기대하는 바였다.

참가자들은 어떻게 해서 두 번째 냉압박 테스트가 미래의 건강을 예측하는 척도가 된다고 믿게 되었을까? 휴식 시간 동안, 실험자는 참가자들을 칭찬하는 강의를 했다. 참가자들은 이 강의가 단순히 다음 연구가 시작되기를 기다리는 동안 교육적으로 좋은 목적을 갖고 이루어진 것이라고 추측했다. 그러나 이 강의의 실제 목적은 참가자들이 결과-진단적 행동에 몰입할 동기를 주는 허위의 의학 정보를 전달하려는 것이었다.

강의 내용은 냉압박 테스트가 통증의 정신물리학을 연구하는 데 이용된 테스트라는 것이었다. 정신물리학은 자극의 객관적 성질이 그 자극의 주관적 지각으로 어떻게 연결되는지를 파헤치는 실험심리학의 한 분과이다. 참가자들에게 팔을 차가운 물통에 담그고 견디는 시간과 주관적인 불편감의 정도를 표시한 그래프를 보여주었다. 그리고 이러한 관계는 피부 유형과 심장의 유형에 따라 개인차가 있다는 설명을 덧붙였다. 참가자들에게 사람은 누구나 두 가지 심장 유형(Ⅰ형 심장과 Ⅱ형 심장) 중 한 가지에 해당한다는 사실도 알려주었다. Ⅱ형 심장을 가진 사람은 Ⅰ형 심장을 가진 사람보다 수명이 길다는 사실을 그래프로 보여주었다. 실험자는 I형 심장과 II형 심장을 가진 사람들이 통증을 참는 데 있어서는 보통 큰 차이를 보이지 않지만, 테스트에 앞서 격렬한 운동을 한 것이 차이를 가져올지도 모른다고 설명했다. 이렇게 설명한 이유는 참가자들에게 두 번째 냉압박 테스트가 수명 예측에 어떤 영향을 끼칠 수도 있음을 암시하기 위해서였다.

이 시점에서부터 이 실험의 설계에 교묘한 변화가 도입되었다. 참가자의 절반에게는 II형 심장을 가진 사람이 운동 후의 냉압박 테스트에서 더 긴 시간을 참는다고 이야기해준 반면, 나머지 절반에게는 반대로 II형 타입의 심장을 가진 사람이 냉압박을 견디는 시간이 짧다고 이야기해주었다(두 경우 모두 I형 타입을 가진 사람들과의 상대적인 기록을 말한 것이었다). 전자의 경우는 냉압박 테스트를 견디는 시간이 증가할 것이고 후자의 경우는 감소하리라는 것을 예측할 수 있었다.

참가자들의 불편감 보고에 야릇한 변화가 나타났다. 신호가 알파벳 순서로 5초마다 주어지기 때문에 참가자들은 첫 번째 냉압박 테스트와 두 번째 냉압박 테스트에서 견딘 시간의 차이를 비교할 수 있었다. 두 번째 테스트에서 무의식적으로 이 과제의 수행을 조작하려고 동기화되었다면, 참가자들은 어떻게 하면 될지 충분히 알 수 있었다.

두 번째 냉압박 테스트에는 첫 번째 테스트와는 다른 실험자가 투입되었다. 여기에는 두 가지 이유가 있었다. 첫째, 참가자들의 첫 번째 테스트 결과를 잘 알고 있는 실험자가 실수로 두 번째 테스트의 수행에 영향을 끼치거나 편견을 가지고 참가자의 수행 기록을 기록할 수도 있다는 가능성을 애초에 배제하기 위해서였다. 둘째, 참가자들이 단순히 실험자를 만족시키기 위해 과제 수행에 변화를 일으킴으로써 그 결과의 해석을 복잡하게 만들 가능성을 배제할 필요가 있었다. 첫 번째 실험자와 두 번째 실험자는 각각의 테스트에서 얻어진 결과에 대해 서로 알지 못하기 때문에 참가자들의 심장 유형을 판단하는 데 필요한 두 가지 정보 모두를 한 사람이 가질 수 없다는 것이 참가자들에게 공개적으로 공지되었다. 이러한 공지에 신빙성을 더하기 위해, 두 번째 실험자는 첫 번째 실험자와는 복장을 다르게 함으로써, 두 번째 실험자의 목적은 두 번째 테스트의 관리에 국한된다는 것을 다시 한 번 암시했다.

두 번째 냉압박 테스트가 끝난 후, 실험자는 참가자들에게 두 가지 결정적인 문항을 포함하고 있는 설문지를 작성하게 했다. 첫 번째 문항은 참가자들에게 스스로 Ⅰ형 심장을 갖고 있다고 생각하는지, Ⅱ형 심장을 갖고 있다고 생각하는지를 물었다. 두 번째 문항은 두 번째 냉압박 테스트에서 팔을 물에 담그고 견디는 시간의 길이를 의도적으로 조절하려했는지를 물었다.

순수한 자기기만

참가자들은 장수한다는 Ⅱ형 심장에 걸맞도록 통증을 참는 수준에 변화를 가져왔을까? 답은 '그렇다'이다. Ⅱ형 심장을 가진 사람들이 냉압박을 더 잘 참는다는 이야기를 들은 참가자들은 두 번째 냉압박 테스트에서 더 오랜 시간을 견뎠다. 이와 반대로, Ⅱ형 심장을 가진 사람이 냉압박 테스트를 견디는 시간이 더 짧다는 이야기를 들은 참가자들은 두 번째 냉압박 테스트에서 견딘 시간이 첫 번째보다 더 짧아졌다. 참가자들은 이미 자신이 가지고 있는 심장의 유형에는 아무런 영향을 끼칠 수 없다는 것을 알면서도, 테스트 결과를 건강 예측에 좋은 징조가 되는 쪽으로 행동을 변화시킨 것이 분명했다.

팔을 찬 물에 담그고 견딘 시간의 길이에 변화가 있다는 것을 참가자들은 눈치 챘을까? 대부분 그렇지 않았다. 참가자 38명 중 29명은 변화를 시도했다는 사실을 부인했다. (흥미로운 것은, 실제 행동의 관점에서는 시도 사실을 부인한 참가자나 인정한 참가자나 별 차이가 없었다는 점이다. 두 가지 조건 모두에서 행동에 변화를 가져온 참가자의 비율은 대략 비슷했고, 그 변화의 폭도 비슷했다.) 참가자들의 행동이 변한 방향은 더 나은 건강상태를 암시하는 쪽과 연결되어 있었다는 사실과 대부분의 참가자들이 자신의 행동이 변했다는 사실을 의식하지 못하고 있었다는 사실은 이들이 무의식적인 자기기만에 대해 죄의식을 갖고 있었음을 암시한다. 이러한 결과는 사람들은 자신이 취한 행동이 바람직한 결과를 가져오도록 의도적으로 행동했다는 사실에 대한 의식을 감추려고 한다는 가정과 맞아 떨어진다. 어떤 행동을 의도적으로 했다면, 물론 그 행동은 더 이상 그러한 결과에 대한 징조가 되지 못한다.

통증 내성에 있어서 예고된 변화를 보여준 참가자들에게 어째서 이러한 변화가 일어나게 되었는지 구두로 질문해보았다. 전형적인 반응은 물의 온도가 달랐다는 대답이었다. 이러한 대답 역시 일관적인 자기기만으로, 행동의 귀인을 내부적 동기가 아닌 외부적 자극으로 돌리는 것이었다. 그러나 참가자들이 단순히 스스로 행동을 조작했음을 공개적으

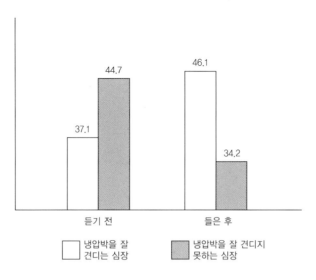

심장이 건강한 사람이 냉압박을 더 오래 견딘다는 이야기를 듣기 전과 후의 참가자들이 찬 물에 팔을 담그고 견딘 시간의 변화.

로 인정하기를 거부하기 때문이었다는 주장도 나올 수 있다.

그러나 이러한 논쟁은 최종적인 발견의 관점에서 보면 그다지 바람직하지 않다. 찬 물에 팔을 담그고 견딘 시간의 변화가 의도적이었음을 부인한 29명의 참가자 중 20명(69%)은 개인적으로 자신은 Ⅱ형 심장을 가진 것 같다는 추론을 보고했다. 반대로 고의로 반응을 조작했음을 인정한 참가자 9명 중 2명(22%)만이 같은 추론을 보고했다. 다시 말하자면, 의도적인 조작을 부인한 참가자의 대다수는 내심 자신의 건강을 희망적으로 추측한 반면, 인정한 참가자의 대다수는 자신의 건강이 나쁠 것 같다고 추측했다는 것이다. 따라서 부인은 희망적인 건강과, 인정은 불안한 건강과 짝을 이루고 있다. 이는 자신의 의도에 대한 참가자들의 보고가 피상적인 자기 과시의 결과라기보다는 순수한 자기기만의 결과였음을 보여주는 것이다.

일상적인 대화에서도 사람들은 종종 자신의 동기에 대해 스스로를 기만한다는 주장이 나온다. 이러한 주장이 원칙적으로는 그럴 듯하지만, 특정한 사례로 들어가면 그 증거는 빈약하다. 이번 실험의 커다란 업적 중 하나는 자기기만이 하나의 특정한 형태로 존재한다는 것을 보여주었다는 점이었다.

사람들이 스스로를 다독이려는 무의식적인 발걸음은 애석하게도 한층 더 무거운 반향을 만들어내기도 한다. 심각한 질병에 걸린 게 아닐까 스스로 의심하는 사람이 질병의 여부를 확실하게 확인할 수 있는 방법은 의학적 검진을 받아보는 것뿐이다. 그러나 이 사람은 시간을 질질 끌고, 핑계를 대며 일상에만 매달린다. 왜 그럴까? 이 사람은 검진을 받지 않는 것이 건강이 양호하다는 신호일 뿐만 아니라 건강상태에 영향을 미쳐 호전시킬 수 있다고 생각하는 건 아닐까? 다시 말해, 이 사람은 검진을 받으면 질병의 확률이 높아지고, 검진을 받지 않으면 그 확률이 낮아진다고 생각하는 게 아닐까? 이성적으로 생각해보면 이건 말도 되지 않는 소리다. 그러나 억지스러운 논리로 밀어붙인다면 직관적으로 유혹적인 이야기이다. 이 사람은 검진 결과가 밝혀낼 사실이 두려워 검진을 피하고 있다는 것을 인정하기를 거부하며 자신을 속이고 있는 것이다.

10
목적의 함정

— 의지력 고갈의 법칙

"정신이 다른 데 가 있거나 다른 생각으로 분주한 사람이
제정신으로 돌아오기 위한 시도는 오히려 역효과를 불러오는 경향이 있다."

의지력도 고갈된다

내 마음을 내 뜻대로 해
보겠다는 시도가 처참히 무너졌던 경험은 누구나 있을 것이다. 걱정거
리를 잊고 잠들고자 하지만, 여전히 걱정하는 마음에 잠들지 못한다. 시
험공부에 몰두하고자 하지만 연인과 함께하는 환상에 정신이 흐트러진
다. 하지만 마찬가지로, 마음을 다스리려는 시도가 성공했던 적도 있었
을 것이다. 무심한 욕설에 기분이 상해도 감정을 꾹 눌러 참으며 태연했
던 적도 있었을 것이다. 밥값으로 큰돈이 나갔어도 기분 좋은 저녁식사
를 망치고 싶지 않아 내색하지 않은 적도 있었을 것이다. 이런 여러 가
지 경험들은 흥미로운 의문을 갖게 한다. 마음을 다스리려는 우리의 시

도는 왜 어떤 때는 성공하지만 어떤 때는 실패하는 걸까?

바우마이스터(Baumeister), 브라츨라브스키(Bratslavsky), 그리고 무라벤(Muraven)과 타이스(Tice)는 한 가지 실험을 했다. 참가자들이 앉은 자리 앞에 두 개의 접시를 놓았다. 접시 하나에는 바삭하니 갓 구운 쿠키가 가득 쌓여 있고, 다른 접시에는 한눈에 봐도 입맛이 떨어지는 생 무가 놓여 있었다. 실험자는 참가자들에게 (쿠키 접시든 무 접시든) 한 접시에 있는 음식만 먹으라고 지시했다. 그러고는 몇 분 동안 자리를 비웠다.

돌아온 실험자는 참가자들에게 문제 해결 과제를 주었다. 종이에서 연필을 떼지 않고 두 개의 기하학적 형태를 단번에 그리는 과제였다. 참가자들은 몰랐지만, 사실 그 과제는 해결이 불가능한 과제였다. 그러나 핵심은 참가자들이 좌절감이 어린 표정을 한 채 얼마나 오래 과제 해결에 집착하느냐를 측정하는 것이었다. 실험 결과는 무를 먹은 참가자들 (쿠키 먹기를 피한)이 쿠키를 먹은 참가자들보다 더 빨리 포기하는 것으로 나타났다.

이 실험은 유혹에 저항하는 행동으로 인한 의지력 소모 때문에 그다음에 이어지는 과제에서 의지력을 충분히 쓸 수 없었음을 보여준다. 이처럼 의지력은 감정을 억누르거나 반복적으로 선택함으로써 고갈될 수도 있다. 그렇다면, 작지만 불쾌한 사건들의 연속되어 분노가 폭발하거나 열심히 운동하는 것 못지않게 백화점을 순례하며 쇼핑을 하는 것에도 녹초가 된다는 사실에 놀랄 이유가 있을까? 이 이야기의 핵심은 의지력의 자원도 유한하다는 것이다. 정신적 통제는 가능할 때에만 성공하는 것이지, 그렇지 않을 때에는 실패하는 것이다.

그러나 정신적 통제에 실패하는 원인은 단순히 의지력 고갈 때문만은 아니다. 사람의 마음이란 강철 같은 의지마저도 뒤죽박죽으로 만들어놓을 정도의 결함을 가지고 있다. 이 결함은 정신을 통제하려는 시도가 실패한 정도가 아니라 역풍을 맞을 때 그 모습을 드러낸다. 잠들려고 노력하면 할수록 점점 더 정신이 말똥말똥해지는 경우, 또는 엄숙한 표정을 지으려고 노력하는데도 웃다가 쓰러져버리는 경우가 우리에게 익숙한 사례라고 할 수 있다.

웨그너(Wegner), 어버(Erber)와 자나코스(Zanakos)는 일부러 기분을 바꾸려는 시도가 오히려 역풍을 일으킬 수도 있다고 예측했다. 더 나아가, 그들은 사람들이 부정적인 기분을 개선하려 할 때와 긍정적인 기분을 악화시키려 할 때에도 이와 같은 현상이 일어날 수 있다고 보았다. 사실, 긍정적인 기분을 악화시키려는 시도란 현실적으로 부자연스러운 것이기도 하다. 그러나 실험의 목표로서는 아주 좋은 의미가 있다.

분위기 조절의 역설적 과정

기분을 통제한다는 것은 사람이 어떤 기분을 느낄 때에만 확실히 시도할 수 있는 것이다. 따라서 실험을 진행하기 위한 첫 번째 단계는 실험 참가자들이 어떤 기분을 느끼도록 유도하는 것이었다. 이를 위해 웨그너를 비롯한 연구진은 184명의 학부 여학생과 105명의 남학생에게 그들의 삶에서 의미 있었던 사건을 최대한 생생하게 회상하라고 요구했다. 일부 참가자들은 행복한 사건을, 또 다른 참가자들은 슬픈 사건을 떠올렸다.

그다음, 실험자는 참가자들이 스스로 유도한 기분을 조작하도록 만들기 위해 여러 개의 문구 중에서 하나를 큰 소리로 말해주었다. 행복한 추억을 꺼냈던 참가자들 중 일부에게는 회상했던 사건과 관련된 행복감을 되새기라고 말해준 반면, 다른 이들에게는 되새기는 것을 피하라고 말했다. 마찬가지로, 슬픈 추억을 기억한 참가자들 중에서도 일부에게는 그 슬픔을 되새기라고 말하고, 나머지에게는 되새기지 말라고 말했다. 이에 덧붙여, 기분 통제 지시의 효과를 평가하기 위한 기준선을 제공하기 위해, 또 다른 그룹에게는 아무런 기분통제 지시도 하지 않았다. 이 그룹의 참여자들은 행복한 추억을 회상한 참가자 중 일부와 슬픈 추억을 회상한 참가자 중 일부가 모두 포함되어 있었다.

이 과정의 세부적인 내용으로 돌아가서, 연구진은 참가자들에게 주어진 인지적 부하의 기반에 따라 그들을 분류했다. 참가자 중 절반은 연구가 끝날 때까지 하나의 숫자가 중복되지 않도록 일렬로 배열한 아홉 자리 숫자(예를 들어 175263948)를 기억하도록 했다.

기억을 시작한 지 7분 후, 참가자들은 자신의 최종적인 기분에 대한 보고서를 썼다. 그들은 주어진 일련의 척도에 따라서 자신이 얼마나 행복하거나 슬픈지를 평가했다. 실험자는 참가자들에게 지나온 삶에서 행복한 사건이나 슬픈 사건을 떠올릴 때 어떤 생각이 함께 떠올랐다면, 무엇이든 그 생각도 함께 적도록 요구했다. 참가자들이 이 과제를 수행하는 동안, 실험자는 참가자의 보고서에 대한 편견의 가능성을 배제하기 위해 그 자리를 피했다. 참가자가 글로 쓴 보고서는 훈련받은 어시스턴트에게 전달되어 기분을 해석하기에 적합한 내용으로 변환되었다.

여기서 언급해야 할 세부사항이 한 가지 더 있다. 이 연구는 한 가지의 중요한 정신적 과제를 수행하는 것이 또 다른 정신적 과제의 수행에 어떤 영향을 끼치는가를 파악하기 위한 실험이라고 공개했다. 이렇게 위장된 표면적 설명을 유지하면서, 연구진은 참가자들로 하여금 적절한 연구를 시작하기에 앞서 자유로운 주제로 글을 쓰는 과제를 주었다. 이러한 기초 단계를 둔 목적은 참가자들로 하여금 자유서술이 그 후에 이어질 실험과 조작에 어떤 영향을 주는지 평가하는 것이 이 연구의 목적이라고 잘못 추측하게 하려는 것이었다. 참가자들로 하여금 중심적인 단서로부터 빗나가게 함으로써 자칫 실험의 진짜 가설이 알려지거나 눈치 빠른 참가자가 실험자를 만족시키기 위해 허위로 긍정하거나 골탕 먹이기 위해 반박하는 상황을 막기 위해서였다.

인지적 부하에 따라 달라진 결과

이 실험에서 주목할 만한 첫 번째 발견은 기분 조절 지시가 전반적으로 기분에 영향을 주지 못한다는 것이었다. 즉, 기분을 좋게 만들라는(행복하게 느끼거나 슬프게 느끼지 않음으로써) 지시를 받은 참가자들은 기분을 나쁘게 만들라는(슬프게 느끼거나 행복하게 느끼지 않음으로써) 지시를 받은 참가자들보다 평균적으로 더 행복감을 느끼지 못했다는 것이다. 양쪽 조건에서 참가자들의 기분은 아무런 기분 조절 지시도 받지 않은 참가자들과 대동소이했다. 그렇다면 이것은 단순히 기분 조절 조작이 효과가 없다는 의미일까?

좀 더 자세히 들여다보면 그렇지 않다는 것이 드러난다. 기분을 조절하려는 참가자의 시도는 인지적 부하가 주어졌느냐 주어지지 않았느냐에 따라 정반대의 결과를 만들어냈다. 아홉 자리 숫자를 기억하라는 지시를 받지 않은 참가자들은 본인이 의도한 대로 쉽게 자신의 기분을 나쁘게 만들거나 행복하게 만들었다. 그러나 아홉 자리 숫자를 기억하는 과제를 안고 있던 참가자들은 기분을 조절하려는 시도가 오히려 역효과를 냈다. 기분을 좋게 만들려는 시도는 오히려 기분을 더 나쁘게 만들었고, 기분을 나쁘게 만들려는 시도는 반대로 기분을 더 좋게 만들었을 뿐이었다. 인지적 부하의 있음과 없음에 따른 모순되는 경향의 크기는 거의 비슷했다. 기분 조절 조작이 전체적으로 효과가 없었던 것은 의도된 효과와 역설적 효과가 서로를 상쇄시켰기 때문이다.

연구진은 또한 어떤 기분을 억제하려는 시도는 그 기분을 유도하려

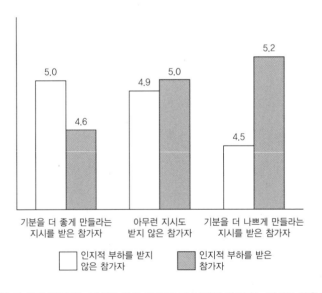

기분을 더 좋게 만들라는 지시를 받은 참가자, 더 나쁘게 만들라는 지시를 받은 참가자, 아무런 지시도 받지 않은 참가자들이 인지적 부하를 받고 있을 때와 받고 있지 않을 때의 행복도.

는 시도보다 더 강한 역설적 효과를 만들어낸다는 증거도 발견했다. 인지적 부하를 받고 있으면서 동시에 어떤 기분을 억제하려고 시도하던 참가자들은 거의 참패의 수준으로 이러한 시도에서 실패했지만, 기분을 좋게 만들려고 시도하던 참가자들은 그다지 큰 실패를 경험하지 않았다. 그러나 실패의 차이는 특별히 크게 벌어지지 않았다. 이러한 현상이 나타나는 한 가지 이유를 들자면, 반대의 결과에 대한 엄중한 경고가 없는 상황에서, 기분을 좋게 만들어보라는 지시를 받은 참가자들은 그 반대의 기분을 억누르려고 노력했을 수도 있고, 반면에 어떤 기분을 억제하라는 지시를 받은 참가자들은 그 반대의 기분을 유도하려고 노력했을 수도 있다는 점이다. 이러한 시도가 억제와 유도 조건 사이의 차이를 상쇄시켜버렸을 수도 있다.

연구진은 또한 참가자들의 사고 내용을 긍정적인 내용과 부정적인 내용으로 분류, 분석하였다. 연구진은 이 분석 결과가 참가자들이 자기 보고서에 제시한 기분과 일치할 것이라고 내다보았다. 예측했던 대로, 여기서도 인지적 부하가 있는 경우 기분을 좋게 만들라는 지시를 받은 참가자들은 기분을 나쁘게 만들라는 지시를 받은 참가자들(기분 조절 지시를 받지 않은 참가자들을 포함해서)보다 긍정적인 생각을 적었다. 그러나 인지적 부하가 있는 상태에서는 역설적 진도가 나타나지 않았다. 세 가지 조건을 전체적으로 살폈을 때, 참가자들이 기록한 생각의 내용에서 긍정적인 측면의 차이는 두드러지게 나타나지 않았다. 정신적인 통제에 성공한 경우에만 참가자의 생각과 실제 기분이 일치했으며 정신적인 통제가 역효과를 불러왔을 때에는 일치하지 않았다.

이러한 기묘한 불일치의 원인은 어떻게 설명될 수 있을까? 한 가지 가능성 있는 설명은 아홉 자리 숫자를 기억하라는 요구가 긍정적인 성격 또는 부정적인 성격을 나타낼 수 있는 유의미한 생각을 적어내는 데 방해가 되었을 수도 있다는 것이다. 대신에 참가자들은 간단하고 산만한 생각을 무의미하게 적어내는 데 그쳤던 것이다.

자기 마음을 통제하지 말라

──────────────────────── 이 실험은 정신적 자원이 빈약할 때 기분을 조절하려는 의도적인 시도는 오히려 역효과를 불러온다는 것을 보여주었다. 이러한 결과는 우울증과 불안증의 일부에 대해 그 원인과 난치성을 설명하는 데 도움을 준다. 외부로부터의 압박이 심하거나 여러 가지 과제를 한꺼번에 처리할 수 있는 능력이 없음으로 해서 어떤 사람들은 지속적인 인지적 부하에 시달릴 수도 있다. 그결과 기분을 전환하거나 진정하려는 시도는 오히려 부정적인 증상을 더욱 심화시키기만 하는 것이다.

그러나 긍정적인 측면을 본다면, 이번 실험은 또한 심리적 능력을 향상시키는 데 이용될 수 있는 세 가지 전략을 제시한다. 첫째, 정신적 자원이 충전될 수 있도록 현재의 인지적 부하를 최소화하는 방법을 취한다. 둘째, 불교나 도교 같은 동양의 종교에서 아주 옛날부터 권해온 것처럼, 자기 마음을 통제하려는 집착을 버린다. 셋째, 인지적 부하를 이용해, 원치 않는 증상을 고의로 유도하려고 시도함으로써 결과적으로 그러한 증상을 감소시킨다.

가끔씩 겪는 증상, 불면증을 생각해보자. 잠을 자려고 누운 후에는 외부적으로 주의를 분산시키는 방법으로는 걱정거리를 잠재울 수가 없다. 그러므로 순전히 걱정거리를 잠재울 내면적인 수단에만 의존해야 한다. 우리 마음이 이미 피곤할 경우, 그리고 자아가 이미 고갈된 후라면 이러한 수단에 의존하는 것은 어려워질 수도 있다. 관심을 독점하고 있는 그 걱정은 그 자체로서 인지적 부하가 될 수도 있다. 그렇다면 빨리 잠들어야겠다는 굳은 결심이 오히려 불면의 시간을 연장시키는 것이라고 볼 수 있지 않을까?

익숙함이 호감을 부른다

— 호감도 상승의 법칙

"인간에게는 자주 마주치는 사람일수록 더 좋아하게 되는 경향이 있다."

두 장의 사진

다음의 터키어 중에서 어떤 것이 긍정적인 의미를 갖고 있고 어떤 것이 부정적인 의미를 갖고 있을까? Iktitaf, Jandara, Afworbu, Biwojni, Civadfa. 솔직히 말하자면, 이 단어들은 진짜 터키어가 아니다. 로버트 자이언스(Robert Zajonc)가 고전적인 단순 노출 효과(mere exposure effect, 어떤 자극을 자주 접하면 접할수록 그 자극에 호감을 갖는 경향)를 설명하기 위해 만들어낸 단어들이다. 자이언스는 실험 참가자들에게 이런 단어들을 1, 2, 5, 10, 25회씩 스치듯이 보여주면서, 각 단어가 제시될 때마다 소리 내어 읽게 했다. 그 후, 참가자들은 각 단어의 의미가 얼마나 긍정적인지 부정적인지 느낌을 평가하게 했다. 자이언스는 참가자들이 더 자주 접한 단어를 더 긍정적으로 평가하는 경향을 발견했다.

그는 다른 실험도 했다. 참가자들에게 여러 개의 방을 거치면서 맛있는 과일주스부터 속을 역하게 만드는 식초와 키니네, 구연산의 혼합물까지 여러 가지 액체의 맛을 보게 했다. 이 과정에서, 각 참가자는 다른 참가자들 중 어떤 사람과는 다른 사람들보다 더 자주 마주치고, 또 어떤 사람과는 덜 마주치게 되었다(참가자들은 모두 이 실험 이전에는 모르는 사이였다). 참가자들 사이의 상호작용은 아주 짧은, 서로 이야기를 주고받을 새도 없이 얼굴만 보고 스치는 정도였다. 이 방에서 저 방으로 이동하면서 참가자들은 서로를 평가했다. 이들의 평가는 자주 마주치지 않은 상대보다 자주 마주친 상대에게 더 우호적이었다(맛을 보았던 액체의 맛이 좋았느냐 나빴느냐에 상관없이).

시어도어 미타(Theodore Mita)와 그의 동료들은 두 가지 실험을 진행했다. 위스콘신 대학교에서 이루어진 자기 인식에 대한 연구에 38명의 여성 참가자들이 참여했다. 각 참가자들에게는 남자친구도 동반해서 실험에 참가하도록 요구했다(각 참가자들은 사전에 데이트 중이거나 동거 중인 연인이 있음을 공개했다). 그러나 실험 당일에는 열 명의 참가자들이 남자친구를 동반하지 않았다. 불참 이유는 대개 남자친구가 다른 지방으로 여행 또는 출장을 갔기 때문이었다. 따라서 이들에게서 얻은 데이터는 부분적일 수밖에 없었다(일반적으로, 남녀 커플을 동시에 한 연구에 참가시키기는 쉽지 않다).

사전준비 과정에서 각 여성 참가자들의 정면 사진을 찍었다. 찍은 사진은 흑백의 초상화 크기로 두 장씩 인화되었는데, 한 장은 정상적인 사진으로 인화하고 다른 한 장은 필름을 뒤집어 거울상 이미지로 인화했다. 사람의 얼굴은 완벽한 대칭이 아니기 때문에 두 장의 사진은 미세한 차이를 가지고 있었다. 거울상 이미지는 참가자가 거울로 보는 자신의 모습이고, 실제 이미지는 타인의 눈에 보이는 참가자의 모습이었다.

두 번째 단계에서는 각 참가자들이 남자친구를 동반했다. 남자친구는 여성 참가자가 테스트를 받는 동안 다른 방에서 대기하고, 반대로 남자친구가 테스트를 받는 동안에는 여성 참가자가 다른 방에서 대기했다(두 사람은 방을 바꾸는 동안 서로 말을 주고받을 수 없었다). 여성 참가자가 마주한 테이블에는 본인의 사진 두 장이 놓여 있었다. 참가자에게 두 장의 사진을 다섯 번(사진을 새롭게 진열할 때마다 참가자는 고개를 돌리고 있었고, 실험자도 진열된 사진의 위치가 전과 같은지 다른지 말해주지 않았다) 보여주었다. 거울상 이미지 사진과 실제 이미지 사진의 좌우 위치는 매번 무작위로 바뀌었다.

실험자는 어떤 사진이 참가자의 거울상 이미지이고 어떤 사진이 실제 이미지인지 알지 못했다(첫 번째 실험에서보다 더 주의를 기울인 부분이었다). 이렇게 한 이유는 실험자의 무의식적인 행동이 참가자의 판단에 영향을 끼치는 것을 방지하기 위해서였다. 사진이 새롭게 진열될 때마다 참가자는 어떤 사진이 더 마음에 드는지만 밝히면 되었다. 참가자의 결정의 근거가 아무리 사소해도, 심지어 그 근거가 무엇인지 말할 수 없어도 상관없었다. 참가자에게는 이 연구의 진짜 목적이나 두 장의 사진이 서로의 거울상 이미지라는 사실도 알려주지 않았다.

다섯 번에 걸쳐서 두 장의 사진 중 더 마음에 드는 사진을 선택한 후, 각 참가자는 그렇게 선택한 이유를 말해달라는 요구를 받았다. 이 과정은 이 실험의 요구 특성을 평가하고 참가자가 실험자의 지시 내용을 얼마나 잘 이해했는지 알아보기 위한 것이었다. 질문 중에는 이 연구의 목적이 무엇이라고 생각하는지를 묻는 문항도 있었다(이 질문들에 대한 다양한 응답은 녹음으로 기록되었다). 문답이 끝난 뒤, 여성 참가자는 남자친구와 방을 바꾸었고, 남자친구는 여성 참가자와 똑같은 방법으로 두 장의 사진 중 더 나은 쪽을 선택하고, 설문에 응답했다.

단순 노출의 긍정적 효과

첫 시도에서, 참가자 28명 중 20명은 거울상 이미지가 더 마음에 든다고 한 반면, 남자친구 28명 중 17명은 실제 이미지를 더 선호한다고 했다. 첫 번째 효과(여성 참가자들은 일반적으로 거울상 이미지를 선호한다)는 통계적으로 유의미했던 반면, 두 번째 효과(남자친구의 대부분은 실제 이미지를 선호한다)는 예측했던 결과와 방향은 일치하나 통계적인 의미는 부족했다(이러한 결과는 본질적으로 첫 번째 연구의 결과를 재현하고 있었다). 더욱이 통합적 예측(여성들은 거울상 이미지를, 남성들은 실제 이미지를 선호할 것이다)은 43퍼센트의 커플에게서 실제로 확인되었다(우연의 확률로 예측된 비율보다 25퍼센트나 더 높았다).

다섯 번의 시도를 통틀어 참가자들의 응답을 분석한 결과, 여성 참가자 28명 중 20명이 자신의 거울상 이미지를 선호한 반면, 남자 친구 28명 중 19명이 실제 이미지를 선호했다. 이 두 가지 결과는 통계학적으로도 유의미하다. 따라서 교차 시도를 모두 합하면, 남성들의 선호 효과가 드러난다. 더욱이 50퍼센트의 커플에서 여성의 선호와 남성의 선호 예측이 맞아 떨어졌다(우연의 확률보다 두 배에 이른다).

　이 참가자들은 어째서 이런 선호 경향을 보였을까? 참가자들은 두 장의 사진이 각각의 거울상 이미지라는 것을 눈치 채고, 그 둘 중 하나가 더 낯익다는 것을 깨달았으며 그래서 그 쪽을 선호했던 것일까? 그렇지는 않았다. 오히려 참가자들은 한 장의 사진이 더 마음에 드는 이유로, "더 자연스럽다" "머리의 각도가 더 마음에 든다" "눈이 더 예뻐 보인다" "순수해 보인다" "덜 심술궂게 보인다" 등을 지적했다. 참가자들 중 어느 누구도 두 사진 중 어느 한쪽에 더 빈번하게 또는 덜 빈번하게 노출되었다는 점을 언급하지 않았다. 또한 두 명의 참가자만이 두 사진이 서로의 거울상 이미지라는 점을 알아차렸는데, 그들도 이 연구의 가설에 대해서는 언급하지 않았다. 다시 말해, 미타와 그의 동료들은 이 실험에서 요

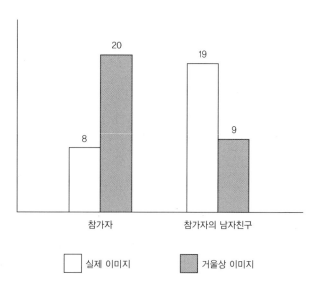

여러 번의 시도에서 참가자의 실제 이미지, 또는 거울상 이미지를 선호한 참가자의 수와 그들의 남자친구의 수.

구 특성의 증거를 발견하지 못했다.

미타와 그의 동료들은 단순 노출 효과에 대한 멋지고 단순한 테스트를 고안했다. 이들의 연구 설계는 조건 사이의 독특한 차이를 이용했다. 두 그룹의 참가자들(여성 참가자 그룹과 그들의 남자친구 그룹)이 실제 이미지와 거울상 이미지 중 한 이미지에 더 자주, 또는 덜 자주 노출되었다는 사실만 제외하면, 이 두 이미지는 거의 구별이 불가능하다. 참가자들은 왜 자신이 어떤 이미지를 더 선호하는지, 또는 이 실험이 무엇에 관한 실험인지에 대해 전혀 단서가 없었다. 사실, 이 실험은 매우 깔끔하게 진행되어서 훈련받은 사회심리학자라 할지라도 진짜 목적에 대한 의구심 없이 참가자로 참여했을 만한 실험이었다.

몇 번의 속행 연구로 단순 노출 효과를 조절하는(효과의 크기에 영향을 미치는) 조건들이 밝혀졌다. 예를 들어, 최소한 몇몇 자극들의 경우에는 노출의 빈도에 최적의 범위가 있는 것으로 보인다. 노출의 빈도가 많을수록 어느 시점까지는 호감도가 증가하지만, 그 시점을 지나면 호감도는 급격히 떨어지고 그 자극을 점점 더 기피하게 된다. 처음에는 셀린 디옹의 〈마이 허트 윌 고 온〉(《타이타닉》의 주제가)은 아무리 들어도 싫증나지 않을 것 같지만, 이 노래를 373번 듣고 나면, "이제 그만!" 소리가 나오게 된다. 또, 어떤 사람이 어떤 자극을 처음부터 좋아하지 않을 경우, 그 자극에 노출되는 빈도가 커질수록 점점 더 좋아할 수 없는 것이 되어버린다. 처음에는 그저 눈에 거슬린다 싶었던 조화(造花)도 자꾸 보면 결국에는 혐오스러워진다. 정치적 스펙트럼에서 정반대의 입장에 서 있는 사람과 반복적으로 대화를 하다 보면, 그 사람에 대한 반감이 증폭될 수 있다. 게다가 바흐의 오르간 음악이나 피카소의 회화 작품처럼 상대적으로 복잡한 자극은 금방 싫증을 느끼지 않으면서 즐길 수 있다. 또, 어린아이들에게서는 어른에게서보다 단순 노출 효과가 덜 나타나는데, 이는 아마도 아이들은 주의집중 기간이 짧거나 단순 노출 효과가 주는 예측성으로부터 위안을 얻기 때문인 것으로 보인다. 그러나 이러한 조건이나 몇 가지의 다른 제한적인 조건을 제외하면, 단순 노출 효과는 매우 강력하다. 즉, 단순 노출 효과는 다양한 자극과 과정을 이용해 쉽게 재현할 수 있다는 뜻이다.

단순 노출 효과는 현실세계에서도 찾아볼 수 있다. 예를 들어, 현직에 있는 유명한 정치가(또는 유명하지는 않지만 언론에 노출되기 위해 많은 돈을 쓰는 정치가)는 낯선 정치가에 비해 더 호감이 간다. 예를 들어, 그러시(Grush)와 그의 동료들은 미국 의회 선거에 출마한 후보자들이 언론에서 다루어진 비중을 계산함으로써 승자의 83퍼센트를 정확하게 예측했다. 후보의 이름과 목소리가 반복적으로 언론에 다루어짐으로써 선거에서 승리할 수 있었다는 증거일 것이다. 올림픽 공식 후원기업들을 생각해보자. 물론 이들의 목적은 수백만 명의 시청자들로 하여금 자사의 제품 광고를 거의 무제한으로 보게 하려는 것이다. 단순 노출 효과는 라디오에서 흘러나오는 노래나 엘리베이터에서 마주치는 사람들에 대한 반응에서만 자연스럽게 나타나는 것이 아니라 정치적, 금전적 이득을 위해서도 행사될 수 있는 것이다.

자신을 닮은 사람을 좋아한다

───────────────── 수십 년에 걸쳐 지크문
트 프로이드의 무의식적 동기 이론에 대한 관심이 점차 옅어지던 시대
에 인간 행동에 무의식이 영향을 끼친다고 믿는 심리학이 부활했다. 사
람은 자신의 생각과 감정, 행동에 영향을 끼치는 것이 무엇인지 알지 못
하는 경우가 종종 있다는 것이 다시 한 번 명백해졌다. 예를 들어, 사람
들은 종종 자신의 선택에 대해 그 이유를 설명하지 못한다. 물론 인간
행동의 많은 부분은 의도적이고 의식적이며, 우리는 무엇이 그러한 행
동을 불러왔는지 아주 잘 이해한다.

한 친구가 우리를 파티에 초대하면, 우리는 그 파티에 참석한다. 누
가 우리를 모욕하면, 우리는 복수를 계획한다. 그러나 우리가 하는 행
동의 상당 부분은 환경의 자극에 대한 자동적이며 무의식적인 반응이
다. 그러므로 우리는 종종 자신의 반응이나 자기 마음의 작용을 제대
로 이해하지 못한다. 단어 찾기 퍼즐에서 바다(ocean)와 달(moon)이라는
단어에 동그라미를 치고, 한 시간 후 아무 이유 없이 '타이드 세제(Tide
detergent)'라는 단어를 퍼뜩 떠올린다.

단순 노출 효과 역시 자동적이고 무의식적으로 일어나는 것처럼 보
인다. 그러나 그럼에도 인간의 정서에 미치는 영향은 막강하다. 사실 이
런 효과는 동물에게서도 관찰된다. 크로스(Cross)와 그의 동료들의 연구
에서, 유아기에 모차르트의 음악을 들으며 자란 생쥐는 쇤베르크 같은
다른 작곡가의 음악보다 모차르트의 음악을 더 좋아한다는 사실을 발견
했다. 반면에 모차르트의 음악을 들어본 적이 없는 생쥐는 별다른 선호

경향을 보이지 않았다.

우리의 인식에 대한 이러한 원초적인 영향은 무엇을 설명하는 걸까? 단순 노출 효과는 왜 일어나는 걸까? 사회적 행동을 진화론적 관점에서 해석하는 사회생물학자들은, 사람에게는 익숙한 것은 안전한 것이며 낯선 것은 위험한 것이라고 추정하는 뿌리 깊은 경향이 있다고 주장했다. 낯익고 안전해 보이는 자극을 선호하고, 예측할 수 없는 미지의 자극을 회피하는 경향이 개체의 생존 확률을 높여준다는 것이다. 본스타인 (Bornstein)은 이렇게 물었다.

동굴 밖을 배회하는 낯설고 생소한 짐승에 대해 공포를 느끼는 원시인과 낯설고 생소한 짐승에 대한 호기심으로 멀리서나마 그 짐승을 관찰하며 더 가까이 가서 살펴봐야겠다고 마음먹는 위험감수형(비록 자신의 수명은 짧을지라도) 원시인 중에서 더 오래 살고 더 많은 자손을 번식시키며 유전물질(그리고 유전적 기질)을 후대에 물려줄 기회를 더 많이 가질 쪽은 어느 쪽이겠는가?

그러나 혹자는 미지의 생소한 대상에 대한 호기심과 위험을 감수하는 용기야말로 적응에 필요한 기질이라고 지적함으로써 위와 같은 설명을 반박할지도 모른다. 모험을 하지 않으면 새롭게 얻어지는 것도 없다. 미지의 세계를 향한 용감한 발자국을 내딛지 않았다면, 인류가 발전은 고사하고 생존이나마 할 수 있었을까? 더욱이, 낯익은 모든 것이 선호의 대상이라면, 어째서 '새로운'이라는 단어는 일반적으로 긍정적인 함의를 가지고, '낡은'이라는 단어는 부정적은 함의를 갖게 되었을까?

사회심리학적 설명은 빈번한 노출이 친밀감(familiarity)을 이끌어낸다고 주장한다. 그다음에는 유사성(similarity)의 추정을 이끌어낼 수도 있다. 다양한 연구의 결과들이 사람은 자신과 닮은 사람을 좋아한다는 사실을 확인해준다. 인지적 설명에서는 면식(recognition)의 역할이 지적되어왔다. 자주 노출됨으로써 그 대상을 알아보기가 쉬워지고, 그렇게 되면 그 대상이 더 매력적으로 보인다. 다시 말하자면, 어떤 자극에 대한 의식적 면식은 자극에 대한 노출과 그 자극에 대한 정서적 반응 사이를 중재(중재는 인과관계의 사슬에서 반드시 필요한 연결고리이다)한다. 그러나 연구 결과들은 단순 노출 효과가 식역하(subliminal, 의식적 인지의 외부)에서도 일어나며, 이 경우에도 여전히 유효하다. 따라서 의식적 면식은 단순 노출 효과에서는 반드시 필요한 중재자는 아닌 것으로 보인다.

단순 노출 효과에 있어서는 '언제(when)'라는 질문보다 '왜(why)'라는 질문이 훨씬 난해하다. 언제 이 효과가 나타나느냐를 결정하는 것은 이 효과에 대한 설명의 일부인 반면, 왜 이 효과가 나타나느냐를 알아내는 것은 그것을 설명하는 작업이므로 더 어려운 과제이다. 심리학은 어떤 결과의 원인을 설명할 때 실험에 의존한다. 미타와 그의 동료들은 실험을 했고(종속변수를 의도적으로 조작하고 무관한 변수들을 통제하면서), 또한 인과관계를 추론하는 입장에 섰었다. 그들은 자극에 대한 노출의 빈도를 높이는 것이 그 자극을 더 좋아하게 만드는 결과를 초래한다고 말할 수 있었다. 그러나 이들이 이 실험 설계에서 결정할 수 없었던 것이 있었다면, 그것은 노출과 호감 사이에서 중재 역할을 하는 인과관계의 고리였다.

마지막으로 추가할 부분은, 단순 노출 효과에는 사람의 마음을 편안하게 하는 뭔가가 있다는 것이다. 어떤 한계 안에서, 처음부터 통상적이었던 어떤 것에 대한 노출이 증가하면 할수록 우리는 그것을 더 좋아하게 되는 경향이 있다. 특히, 평범하고 점잖은 사람을 자주 보면 볼수록 그 사람이 더 매력적으로 보이게 된다. 어떤 사람과 단순히 반복적으로 접촉하는 것만으로도 그 사람에 대한 매력이 커지기에 충분하다. 냉소적인 사람들이 말하는 바와는 반대로, 친숙함은 사람을 질리게 하는 것이 아니라 호감을 갖게 만든다.

12

가면 벗기기

— 무의식적 편견의 법칙

"볼 수 있는 눈과 들을 수 있는 귀를 가진 인간 앞에서는
누구도 비밀을 지킬 수 없다고 자신할 수 있다.
입술이 침묵한다 해도 손끝이 떠들고 모든 구멍으로 비밀이 새기 때문이다."

심리학자는 셜록 홈스가 아니다

자신을 심리학자라고 소개할 때마다 돌아오는 반응은 언제나 두 가지 중 하나다. 첫째는, "그거 멋지겠는데!" 우리도 물론 그렇게 생각하고, 이 책을 읽는 독자들도 동의해주기를 바란다. 두 번째 반응은 이렇다. "조심해야겠어! 너, 나를 분석하기 시작한 거 아냐?" 이런 말을 들을 때 우리의 반응은 두 가지다. 첫째는, 다른 사람들이 우리가 남의 생각을 아주 쉽게 엿볼 수 있다고 믿는다는 점에 대한 씁쓸한 놀라움이고, 둘째는, 우리가 몸담고 있는 과학을 오해하고 있는 점에 대해 조금은 화가 나기도 한다.

사람들은 일반적으로 심리학자는 몇 가지의 기민한 관찰만으로도 다

른 사람들을 훤히 꿰뚫어볼 수 있다고 믿는다. 그렇게 본다면 심리학자는 보통사람들은 눈치도 못 챌 사소한 일로부터 결정적인 단서를 발견하고 놀라운 추리를 해내는 명탐정 셜록 홈스를 닮았다고 할 것이다. 여기 떨어진 먼지 한 톨, 저기 찍힌 진흙 발자국 하나, 이런 것들로 홈스는 모리아티가 공주의 에메랄드를 훔쳤다는 것을 추리해낸다. 마찬가지로, 불안한 몸짓 하나, 사소한 실언 하나만 가지고 심리학자는 아마도 당신이 어린 시절 진정한 사랑을 받아보지 못하고 자랐다는 것을 추리해낼 것이다.

물론 셜록 홈스는 가공의 인물이므로, 그의 조사 방법을 현실로 옮겼다가 참담한 지경에 처한다 해도 놀랄 게 없다. 그의 추리라는 것도 실은 빈약한 증거를 기반으로 한 무모한 추측에서 크게 벗어나지 않는다. 홈스를 창조한 코난 도일은 자신이 창조한 영웅의 추측이 언제나 정확히 맞아 떨어지게 했지만, 현실세계의 보통사람들이 코난 도일에게 도움을 청할 수는 없다. 그러므로 일상세계의 추리 작업은 세속적이고 방법론적인 것이 된다. 특수한 기술과 도구로 증거를 수집(프로파일링, 부검, 감식, 감시 등을 통해)하고, 여러 사람들이 각자의 전문적 지식과 체험을 한데 모아 사건을 해결한다. 어느 날 갑자기 천재적인 수사관이 짜잔! 하고 나타나 범죄사건을 한방에 해결하면서 사법시스템에 속한 다른 사람들을 당혹스럽게 만드는 일은 현실에서는 일어나지 않는다.

인간의 심리를 파헤치기 위해 필요한 것은 특별한 능력을 가진 한 개인이 아니라 이론을 내세우고 그것을 테스트하는 과학자 집단이다. 사실 사회심리학자들(그리고 연관 분야에 있는 그들의 동료들)은 각자가 믿을 수 없을 만큼 복잡한 사건을 하나씩 붙들고 해결하기 위해 분투하고 있는 근면성실한 탐정 집단이라 할 수 있다. 탐정과 마찬가지로, 사회심리학자도 독불장군식의 직관이 아니라 전문적인 기술과 도구에 의존한다. 사회심리학자들이 선호하는 기술은 실험이다. 실험은 무엇이 무엇을 일으키는지를 분명히 밝혀주기 때문이다. 그러나 이들은 또한 사람들의 정신상태와 보이지 않는 기질을 알아내기 위해 여러 가지의 측정 도구를 활용한다.

대부분의 경우, 사회심리학자들이 선호하는 측정 도구는 용도가 다양하고 편리한 설문이다. 그러나 설문 문항은 신중하게 조합해서 사전 검사를 거쳐야 한다는 점을 주의해야 한다. 설문 문항은 전체적으로 일관적이어야 하며, 여러 번 반복해도 같은 결과가 나올 수 있어야 하며, 이론적으로 의미가 있는 결과를 예측할 수 있어야 한다. 바로 이런 요구 사항이 사회심리학자의 설문을 대중잡지의 설문과의 다른 점이다.

사회심리학자들은 어떻게 인간의 심리를 깊이 파헤칠 수 있을까? 사회심리학자들은 자기보고의 한계를 초월하는 측정 도구를 활용한다. 이런 도구에는 몇 가지가 있는데, 우리가 여기서 초점을 둘 것은 '순차적 점화 과제(sequential priming task)'이다.

이 도구가 어떻게 작용하는지 사례를 들어서 설명해보자. 자, 당신은 컴퓨터 앞에 앉아 있고, 당신에게 주어진 과제는 모니터에 차례로 올라오는 단어들을 분류하는 일이다. 주어지는 목표 단어(target word)는 남성형 대명사(he)와 여성형 대명사(she)이다. 남성형 대명사를 분류할 때는 왼쪽 키를, 여성형 대명사를 분류할 때는 오른쪽 키를 누른다. 실수하지 않고 최대한 빨리 분류하는 것이 이 과제의 관건이다.

흥미로운 부분은 이제부터다. 각 시도에서 점화용 단어는 각 목표 단어가 나타나기 직전에 아주 짧게 스치듯이 지나간다. 이 점화 단어는 전통적으로 남성적인 직업(예를 들어 의사) 또는 전통적으로 여성적인 직업(예를 들어 간호사)의 이름이다. 이 과제가 진행되는 동안, 모든 점화용 단어들은 체계적으로 목표 단어를 앞서 지나간다. 성의 전형이라는 측면에서 보면, 점화 단어와 목표 단어의 일부는 서로 짝이 이루어지고(의사-he, 간호사-she), 어떤 것들은 짝이 지어지지 않는다(의사-she, 간호사-he). 연구 결과를 보면, 여기에서 차이가 나타난다. 사람들은 대개 서로 짝을 이루는 단어들이 이어지는 시도에서는 그렇게 짝이 이루어지지 않는 단어들이 이어지는 시도에서보다 반응이 더 빠르다.

이러한 효과는 각각의 점화 단어가 의미를 활성화시키기 때문이다. 다시 말하면, 점화 단어는 실험 참가자로 하여금 그 단어가 내포하는 의미와 일치하는 대로 생각하고 행동하도록 준비시킨다. 결과적으로, 참가자는 점화 단어와 짝을 이루는 단어에는 순조롭게 반응하게 된다. 그러나 짝이 맞지 않는 단어에는 반응이 느려진다. 처음에 설정된 경향을 극복하고 반대 방향으로 반응해야 하기 때문이다.

순차적 점화 과제의 특징은 점화 요소와 목표 요소가 아주 좁은 간격으로 이어진다는 점이다. 그 결과, 이어지는 시도에 대한 참가자의 반응 속도는 본인의 의식적인 전략에 따라 조절될 수 없다. 오히려 그 차이가 참가자의 무의식적인 정신이 어떻게 작용하는지를 드러내준다. 그러므로 순차적 점화 과제는 참가자의 정신에서 점화 요소와 목표 요소 사이에 존재하는 무의식적인 연상을 가리키는 것으로 볼 수 있다.

순차적 점화 과제의 대체 형태도 쉽게 구성할 수 있다. 예를 들어, 점화 단어를 흑인의 얼굴과 백인의 얼굴로 대체했다고 가정하고, 목표 단어는 좋은 뜻의 단어와 나쁜 뜻의 단어로 구성했다고 하자. 백인인 피실험자가 흑-좋은 단어, 백-나쁜 단어의 조합보다는 흑-나쁜 단어, 백-좋은 단어의 조합에 더 빨리 반응한다면, 무의식적인 인종차별 경향이 잠재한다는 추론이 설득력을 얻게 된다.

도비디오(Dovidio), 카와카미(Kawakami), 존슨(Johnson)과 하워드(Howard) 등은 이 문제를 인종적 편견이라는 민감한 주제에 초점을 맞춰 실험해보기로 했다.

감춰진 편견을 들춰내는 도구

연구진은 백인 학부생 31명을 대상으로 실험을 했는데, 이 실험은 차별(인종적 편견으로부터 기인된 행동)이 다소 극단적인 형태로 나타날 수 있음을 주지하는 데서 출발했다.

96회의 시도(무작위로 주어진)에서 흑인남성과 백인남성의 얼굴이 점화 요소로 제시되고, 좋은 의미의 단어와 나쁜 의미의 단어가 목표 요소로 제시되었다. 점화 요소는 컴퓨터로 합성된 이미지로, 사전에 호감도가 일정하도록 미리 조정되었다. 목표 요소는 사람의 성격(친절하다, 잔인하다)을 묘사하는 단어들로 구성되었고, 특정한 인종적 함의는 갖지 않은 단어들로 선택되었다.

참가자가 결정해야 할 것은, 앞서의 과제에서처럼, 목표 단어가 좋은 의미인가 나쁜 의미인가가 아니라 목표 언어가 주어진 단서와 일관성이 있는가 없는가이다. 주어지는 단서는 알파벳 P 또는 H로, 각각의 점화 단어와 목표 단어 사이에 나타난다. P는 인간을, H는 가옥을 나타내는데, 인간형 목표 단어(잔인하다, 친절하다 등)는 앞에서 설명했던 사람의 성격을 나타내는 말이고, 가옥형 목표 단어(통풍이 잘 되는 등)는 또 다른 형용사 집합이다. 가옥형 목표 단어가 H 다음에 나타나거나 인간형 목표 단어가 P 다음에 나타나면 '네'를 의미하는 키를 누른다. 만약 가옥형 목표 단어가 P 다음에 나타나거나 인간형 목표 단어가 H 다음에 나타나면 참가자는 '아니오'를 의미하는 키를 누른다.

이렇게 연구 주제에 적합하지 않은 가옥/인간 분류를 실험에 도입한 이유는 순차적 점화 과제를 최대한 간접적으로 만들기 위해서다. 이런 과정에서는 참가자는 목표 형용사가 좋은 뜻인지 나쁜 뜻인지에 대해 의식적으로 평가할 필요가 없다. 따라서 점화 단어와 목표 단어의 조합에 따라 반응 속도가 달라지는 것은 전적으로 자동적이고 무의식적인 것이라고 볼 수 있다. 의식적인 평가에 대한 마지막 자취가 패러다임에서 제거되는 것이다.

다음으로, 자기보고서에 기술된 편견의 측정 역시 검토 과정을 거쳤다. 참가자들은 두 개의 설문지에 답했다. 하나는 전통 방식의 인종차별 등급지수(Old Fashioned Racism Scale)이고, 또 하나는 전자의 후속격인 현대식 인종차별 등급지수(Modern Racism Scale)이다. 독자도 예측할 수 있듯이, 전자는 다소 노골적인 질문들로 이루어져 있다. "흑인과 백인이 결혼한다는 것은 나쁜 생각입니까?" 이런 식이다. 반면에 후자는 "흑인들은 평등권을 요구하는 데 있어서 점점 과격해지고 있다"와 같이 보다 수위를 낮춘 문항들이다.

참가자들은 곧이어 겉보기에는 연관이 없어 보이는 과제를 수행하기 위해 다른 방으로 안내되었다. 공개적으로 발표된 이 과제의 목적은 다른 학생들이 인터뷰어로서의 기술을 발전시키는 데 도움을 준다는 것이었다. 사실은 여기서 인터뷰어 훈련자로 나선 학생들은 실험의 공모자로, 사전에 교육받은 역할을 수행하게 되어 있었다.

참가자들은 한 명은 흑인, 한 명은 백인인 두 명의 사회자로부터 인터뷰를 했다. 참가자들은 두 번의 인터뷰에서 장황하고 광범위한 대답이 요구되는 한 쌍의 질문을 받았다. 그 후에 각 인터뷰어에 대한 이들의 반응을 평가했다. 다른 모든 요소가 똑같이 구성되었으므로, 흑인 인터뷰어에 대해 덜 긍정적인 반응을 보였다면, 그것은 인종적 편견을 반영하는 것으로 볼 수 있었다.

인터뷰어에 대한 참가자의 반응은 두 가지로 평가되었다. 첫째, 참가자들에게 인터뷰어의 호감도와 성실성을 각각 평가해줄 것을 부탁했다. 참가자가 매긴 평가의 등급은 인터뷰어가 자신이 맡은 임무를 얼마나 잘 수행했는지에 대한 의식적인 평가(conscious assessment)였다. 흑인 인터뷰어보다 백인 인터뷰어에게 더 우호적인 평가를 했다면, 그것은 고의적인 인종차별의 증거로 간주된다. 참가자들은 또한 자기 자신에 대해서도 호감도와 성실성을 평가했다.

둘째, 인터뷰가 진행되는 동안 참가자의 비언어적 행동을 면밀히 관찰했다. 참가자에게 초점을 맞춘 비디오카메라 한 대가 인터뷰 처음부터 끝까지 참가자를 촬영한다. 커버스토리를 그럴 듯하게 유지하기 위해, 두 번째 카메라는 인터뷰어에게 초점을 맞춘다. 이 실험의 목적에 대해서는 아는 바가 없지만 두 명의 훈련받은 조수들이 각각 이렇게 촬영된 두 개의 비디오테이프에서 두 가지의 특정한 비언어적 행위를 걸러낸다. 하나는 시선의 접촉(호감, 존경, 친밀감을 나타낸다)과 눈을 깜빡이는 속도(불편함, 불안감을 나타낸다)가 그것이다. 식별하기도 계량하기도 쉬운 이 행동들은 참가자가 인터뷰어를 향해 보여주는 대인 온정(interpersonal warmth)의 지표가 된다. 흑인 인터뷰어보다 백인 인터뷰어에게 더 큰 대인 온정을 보인다면, 그것은 무의식적인 인종차별의 증거가 된다.

자신도 모르는 사이에

참가자들이 자기보고를 통해 밝힌 편견으로부터 시작해보자. 참가자들은 자신이 노골적인 인종차별주의자라는 증거를 드러냈을까? 그런 경우는 매우 드물었다. 참가자들의 평균적인 인종차별 지수는 전통 방식의 인종차별 등급지수로 보았을 때는 1.28, 현대식 인종차별 등급지수로 보았을 때는 1.67이었다. 각 지수의 영역은 1에서 5까지이다. 따라서 참가자들의 말을 전적으로 신뢰한다면, 그들은 대개 인종차별과는 거리가 먼 사람들이다. 그러나 인종을 차별하지 않는 사람이 되고 싶거나, 그렇게 보이고 싶다는 욕심 때문에 자기보고의 진실성이 훼손되었다면?

이러한 의문으로부터 우리는 참가자의 내재적 편견에 눈을 돌리게 되었다. 참가자들의 순차적 점화 과제 수행 결과는 자기보고와는 이야기가 달랐다. 평균적으로, 참가자들은 흑인의 얼굴이 점화 요소로, 나쁜 의미의 형용사가 목표 단어로 등장했을 때가 백인 얼굴-나쁜 단어가 등장했을 때보다 반응 속도가 더 빨랐다. 이러한 패턴은 무의식적 연상의 차원에서, 참가자들이 흑인을 백인보다 부정적으로 평가하는 경향이 있다는 것을 암시한다. 그러므로 순차적 점화 과제는 적어도 일부 참가자들은 드러내기를 거부하거나 드러낼 수 없었던 뿌리 깊은 편견을 수면 위로 부상시킨 셈이다.

이러한 가능성은 부가적인 발견과도 일치한다. 참가자가 자기보고에서 밝힌 편견은 내재적인 편견과는 상관이 없었다. 특히, 전통 방식의 인종차별 등급지수와 현대식 인종차별 등급지수 모두에서 나타난 낮은 지수는 이들이 순차적 점화 과제에서 얻은 점수와 연관시키기 어려웠다.

자, 이제 핵심적인 질문으로 들어가자. 참가자들의 자기보고와 내재적 편견은 서로 다른 종류의 인종차별이었을까? 그렇다. 우리가 기대했듯이, 두 가지 차별 지수에서 참가자의 지수가 높게 나타날수록, 이들의 의식적인 평가는 백인 인터뷰어에게 더 우호적으로 나타났다(백인 인터뷰어를 더 호감 있고 더 성실하다고 평가했다). 이 또한 예상했던 대로, 순차적 점화 과제에서 얻은 점수가 높을수록, 백인 인터뷰어와 더 오래 눈길을 맞추거나 눈을 덜 깜빡거림으로써 더 큰 대인 온정을 보여주는 경향이 있었다. 종합적으로 보면, 자기보고에 드러난 편견은 그들이 얼마나 고의적으로 차별할 것인지를 보여주는 반면, 이들의 내재적 편견은 얼마나 무의식적으로 차별할 것인지를 보여주는 것이다.

참가자의 설문 점수로는 이들이 인터뷰 도중에 얼마나 큰 대인 온정을 보여줄지에 대해서 예측할 수 없다는 점, 순차적 점화 과제 점수로는 인터뷰어에 대한 평가를 예측할 수 없다는 점도 역시 주목해야 한다. 다시 말하면, 자기보고와 내재적 편견은 각각 상대방이 예측하지 못하는 결과를 예측하는 것이다.

마지막으로, 인터뷰 동안 참가자들의 자신에 대한 호감도와 성실성에 대한 평가는 어땠을까? 흥미롭게도, 참가자들의 자기평가는 인터뷰어에 대한 대인관계와 상관없는 것으로 드러났다. 참가자의 자기평가는 순차적 점화 과제의 수행 결과와도 상관이 없었다. 현대식 인종차별 등급지수만이 참가자들의 자기평가와 의미 있는 연관 관계를 보여주었다.

이 실험은 사람들이 자신이 생각하거나 그러하다고 여기는 만큼 확실히 편견이 없는 게 아니라는 사실을 보여준다. 또한 무의식적 연상으

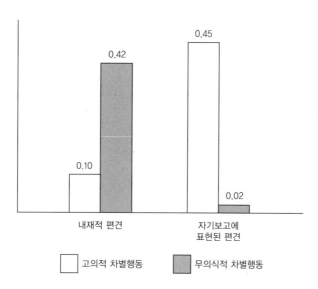

내재적, 자기보고 형태의 인종적 편견과 무의식적, 고의적 형태의 차별행동 사이의 상관관계.

로부터 어떤 행동을 할지를 예측하는 것이 가능함을 보여준다. 이번 실험에서, 흑인에 대한 반감을 보고한 백인 참가자들의 편견이 그들이 흑인 인터뷰어에 대해 얼마나 온정적으로 행동할지를 예측하게 해주지는 않는다. 그러나 흑인에 대한 참가자들의 무의식적인 부정적 연상은 그 예측을 가능하게 해준다. 흑인에 대한 내재적 편견을 가지고 있는 사람은 흑인과 마주치면 자동적, 무의식적으로 그들과 한자리에 있기를 피함으로써 대인 불안을 드러낼 수도 있다. 도덕관념은 사람으로 하여금 고의적인 차별 행위는 하지 못하게 할 수 있지만, 비언어적 행위까지 효과적으로 통제하지는 못한다. 결과적으로 사람은 자신도 모르는 사이에 무의식적으로 차별 행위를 저지를 수 있다.

13

나는 생각한다, 고로 존재한다

— 슈퍼모델의 법칙

> "의식 바깥에서 주어지는 자극은 우리의 생각과 감정, 행동에 놀라울 정도로
> 심오한 영향을 끼친다. 특히, 어떤 사회적 집단에 대한 생각을 떠올리는 것만으로도
> 지적 능력이 향상되거나 저하될 수 있다."

무의식적 정신의 비밀

어느 날, 젊은 남자가 차를 몰고 커다란 옥외광고판 앞을 지나갔다. 광고판에는 아이슬란드의 한 관광지를 광고하는 화려한 그림이 걸려 있었다. 가장 눈길을 끄는 부분은 도발적인 표정을 지으며 차가운 칵테일을 마시는 아름다운 북유럽 여성이었다. 남자는 그 광고에는 거의 관심을 두지 않았다. 꽁꽁 언 툰드라 지대에서 휴가를 보내다니, 그건 그다지 매력적인 여행이 아니었다. 그러나 몇 주 후, 그 남자는 웬일인지 레이캬비크 행 비행기를 타고 있었다. 아주 잠깐 스쳐 지나갔을 뿐인 그 광고는 이 남자에게서 어떻게 그렇게 극적인 변화를 이끌어낸 걸까?

자세히 들여다보면 답이 나온다. 광고 속 여성이 들고 있던 술잔에는 얼음 조각 몇 개가 들어 있었는데, 희미하게 굴절된 빛의 패턴이 관능적인 나체의 여인을 그리고 있었던 것이다. 이 남자는 광고판 앞을 지나가면서 무의식적으로 그 나체의 여성을 지각했던 것이다. 그 여성은 남자의 마음속에 자리 잡았고, 아이슬란드의 모든 것과 연결되고 말았다. 그 후로, 잠재워지지 않는 리비도가 끓어오를 때마다 그는 마치 자신을 북대서양으로 오라고 부르는 사이렌의 소리를 듣는 것 같았다.

키(Key)에 따르면 이러한 식역하의 유혹은 매우 흔하다. 거의 모든 광고대행사가 그들이 만드는 광고 속에 소비자로 하여금 그 상품을 사도록 현혹시킬 성적인 이미지를 교묘하게 감추어둔다. 소비자의 의식적 정신은 그 유혹을 거부하리라는 것을 알기 때문에, 그들은 소비자의 무의식적 정신에 호소하는 것이다. 또한 우리의 무의식적 정신은 궁극적으로 우리가 하는 모든 행위의 원인이므로, 광고대행사들은 자기들 마음대로 쓸 수 있는 궁극적인 마인드 컨트롤의 도구를 가지고 있다. 그러므로 요람에서 무덤까지 무차별적인 광고의 포격 속에서 사는 소비자들은 자유시장에 속해 있는 것이 아니다. 우리는 그저 조종의 대가들이 우리 마음속에 몰래 주입한 충동에 묵묵히 따를 뿐이다.

그러나 텔레비전을 내다버리기 전에, 이렇게 터무니없어 보이는 주장이 어떤 전제 위에 기초하고 있는지 알아보는 것도 좋을 것 같다. 의식적 정신을 지배하는 것으로 믿어지는 무의식적 정신은 왜 그렇게 쉽게 타자에 의해 지배되는 걸까? 왜 무의식적 정신은 의식적 정신보다 숨겨진 이미지를 더 잘 식별해내는 걸까? 왜 숨겨져 있는 나체의 여성 이미지는 눈으로 볼 수 있는 거의 벌거벗은 여성의 이미지보다 더 유혹적인 걸까? 생각하면 할수록, 나도 모르는 사이에 어떤 물건을 사도록 강요당하고 있다는 공포가 점점 더 커지는 것 같다.

그러나 전반적으로 봤을 때, 식역하 광고는 소비자의 선택에 끼치는 영향이 미미하거나 전혀 없다. 다른 형태의 영향력을 행사하는 식역하 자료에 대한 연구들은 많이 있다. 자기계발 도서를 음성으로 녹음한 자기계발 테이프를 예로 들어보자. 이런 테이프에는 가청 영역 밖의 소리로 사람의 영감을 북돋워주는 강력한 신호가 들어 있다는 이야기가 있다. 소비자들은 종종 정신 건강을 위해, 또는 학습을 위한 방법으로 이런 테이프를 듣는다. 그러나 대규모 테스트에 의하면 사용자는 그렇다고 굳게 믿지만, 실제로 자존감을 높여주거나 기억력을 강화시키는 데 이런 테이프들은 전혀 효과가 없는 것으로 나타났다. 헤비메탈 음반을 거꾸로 돌릴 때 들리도록 숨겨진 메시지의 영향을 걱정하는 독자들에게 좋은 소식이 있다. 그러한 메시지의 의미가 그 음악을 듣는 사람에게 감지되거나 그 사람에게 영향을 미친다는 증거는 없다는 것이다.

그렇다면, 식역하의 영향은 확실한 연구와 사리분별이 분명한 사고에 의하면 이미 반박이 이루어진 신화라고 할 수 있다. 그러나 또 다른 측면의 이야기도 있다. 사회심리학자들은 황당하고 터무니없는 주장들의 진실을 파악하느라 바쁘면서도, 한편으로는 의식의 바깥에서 제시된 자료가 실제로 어떻게 사람의 생각과 느낌, 행동에 심오한 영향을 줄 수 있는지를 설명해왔다.

예를 들어, 단순 노출 효과(mere exposure effect)를 생각해보자. 단순 노출 효과는 어떤 자극과 자주 접할수록(적어도 싫증이 나기 전까지는) 그 자극에 대한 호감도가 높아지는 경향을 말한다. 여기서 주목할 점은 의식적인 지각의 최소한계보다 낮은, 고작 수백만 분의 몇 초라는 짧은 시간 동안에도 그 효과가 나타난다는 것이다. 사실 단순 노출 효과는 매우 짧은 시간 동안 노출된 자극에서 더 약한 게 아니라 더 강하게 나타나는 것으로 보인다.

그러나 의심을 사지 않고 어떤 영향을 끼치기 위해서 그 자극이 반드시 식역하여야만 하는 것은 아니다. 우리는 최근에 알려진 사건이 어떻게 우리의 태도를 형성했는지를 식별하는 것조차도 놀라울 정도로 잘 해내지 못한다. 다시 말해, 제1시기에 의식적으로 처리한 자극이 제2시기에 우리의 무의식에 영향을 끼칠 수 있는 것이다. 히긴스(Higgins), 롤스(Rholes), 존스(Jones)는 이러한 현상의 고전적인 사례를 보여주었다. 이들은 실험 참가자들에게 도널드라는 남자의 성격과 행동에 대한 짤막한 설명을 준 뒤, 이 남자에 대한 인상을 기술하는 과제를 주었다. 도널드의 특징 중 가장 두드러진 것은 위험한 스포츠를 좋아한다는 점이었다. 이 과제와는 상관이 없는 것처럼 보이는 별도의 과제에서, 참가자들은 몇 개의 단어들을 적은 목록을 보았다. '모험적인' 등과 같은 긍정적인 형용사가 포함된 목록을 본 참가자들에게는 도널드에 대해 우호적인 인상이 형성되었다. 반면에 '무모한' 등과 같이 부정적인 형용사가 포함된 목록을 본 참가자들에게는 도널드에 대해 그다지 좋지 못한 인상이 형성되었다. 참가자들은 자기도 모르는 사이에 방금 전에 활성화된 정신적 도식에 따라서 도널드를 판단했던 것이다. 중요한 점은, 도널드에게 금방

적용할 수 있는 용어에 대해서만 점화 효과가 있었다는 것이다. '단정하다', '무관심하다' 등과 같은 단어들은 도널드에 대한 참가자의 인상 형성에 영향을 미치지 못했다.

하지만 점화의 대상이 되는 것은 우리가 타인에 대해 갖는 인상만이 아니다. 행동 역시 점화될 수 있다. 윌리엄 제임스(William James)에 의해 처음 제시된 관념 운동 행동(ideomotor action)의 원칙에 따르면, 단순히 어떤 생각을 떠올리는 것만으로도 우리는 그것을 기반으로 행동할 준비가 자동적으로 된다는 것이다. 즉, 어떤 것을 생각하도록 점화되면, 또한 그것을 행동으로 옮기도록 점화되는 것이다.

관념 운동 효과는 여러 차례의 주목할 만한 연구에서도 확인이 되었다. 그 중 한 연구에서, 연구진은 참가자들에게 무례한 기질이나 정중한 기질을 점화시켰다. 뒤죽박죽으로 나열한 단어들을 제대로 정돈해서 문장을 완성해내는 게임 속에 그러한 기질을 나타내는 단어들을 숨겨놓았던 것이다. 그 후, 연구진은 참가자들이 실험의 공모자와 계속 이야기만 하는 실험자에게 끼어드는 데까지 시간이 얼마나 걸리는지를 측정했다. 그러자 무례한 기질이 점화된 참가자는 정중한 기질이 점화된 참가자나 아무런 기질도 점화되지 않은 참가자들보다 훨씬 빨리 실험자에게 끼어들었다.

압 데이크스테르하위스(Ap Dijksterhuis)와 앗 판 크니펜베르흐(Ad van Knippenberg)는 무의식적 영향의 한계를 파악하기 위해 실험을 진행했다. 이 두 명의 역동적인 네덜란드 심리학자들은 지적 기질이 더 크다고 연상되는 전형적인 사회적 그룹과 상대적으로 작다고 연상되는 그룹으로 참가자들에게 점화 자극을 주었다. 그런 다음 이 자극이 참가자들의 일 반상식 시험에 어떤 영향을 주었는지 검증했다.

사회적 전형으로 지성을 점화하다

———————————————————— 데이크스테르하위스와 판 크니펜베르흐는 점화 조작을 설계하면서 대학교수라는, 우리에게 익 숙한 고정관념을 이용했다. 사전 테스트를 통해 참가자들이 대학교수를 지적이고 박학한 사람으로 간주한다는 사실을 미리 확인했다. 그러므로 대학교수에 대해서 생각하는 것은 참가자들의 지적 기질을 정신적으로 활성화시키는 아주 좋은 방법이었다.

이러한 추론에 따라, 첫 번째 조건에서는 참가자들에게 5분 동안 전형 적인 교수의 모습을 상상한 후, 그 교수의 외모나 라이프스타일, 하는 일 등을 적어보게 했다. 두 번째 조건에서도 똑같은 지시 사항이 주어졌지 만 이번에는 상상해야 할 대상이 특별히 지적이지도 않고 특별히 둔하지 도 않은 직업인 비서였다. 비서에 대해 상상하는 것은 지적 기질을 활성 화시키지 않는 좋은 방법이었지만, 다른 면에서는 첫 번째 조건과 똑같 았다. 세 번째 조건의 참가자들은 어떠한 사회적 그룹에 대해서도 상상 하지 않고 실험의 다음 단계로 곧바로 넘어갔다. 이 마지막 조건은 어떠 한 사회적 그룹을 단지 상상하는 것만으로도 사람을 정신적으로 피곤하 게 만들거나 뇌의 힘을 넘치게 만듦으로써 사람들의 지적 능력을 갑자기 손상시키거나 증진시키는지의 여부를 보기 위한 기준점으로 작용했다.

요약하자면, 실험의 조건은 세 가지, 대학교수 점화 자극, 비서 점화 자극, 무 점화 자극이고 참가자는 20명(학부생)이 각 조건에 무작위로 배정되었다. 참가자들에게는(처음 두 가지 조건에서) 그들에게서 나온 정보가 사회심리학과의 미래 연구에 이용될 것이라고 말했다. 이 말은 참가자들이 실험의 진짜 목적을 눈치 채지 못하게 만들려는 연막이었다.

그다음, 참가자들에게 서로 관련이 없는 일련의 과제를 수행하게 될 것이라고 말했다. 각 참가자 앞에는 밀봉되지 않은 봉투가 놓여 있고, 그 안에는 트리비얼 퍼수트(Trivial Pursuit)라는 유명한 보드게임에서 추출한 42개의 질문이 수록된 소책자가 들어 있었다. 질문은 사지선다형으로 제시되었는데, 지문 중 정답은 하나이고 나머지 세 개의 지문은 정답이 아니었다. 예를 들어, "게르니카를 그린 사람은 누구입니까? (a) 달리 (b) 미로 (c) 피카소 (d) 벨라스케스, 이런 식이다.

연구진은 참가자들의 지적 활동을 부추기기 위해 일부러 어려운 질문을 골랐다. 사전 테스트에서, 다른 학부생들은 이 소책자의 질문 중 평균 절반 정도만 정답을 맞추었다. 무작위로 찍어도 정답률은 4분의 1이었다. 더욱이 참가자들의 지적 활동을 최고로 끌어올리기 위해, 질문에 답하기 위해 필요한 시간은 참가자가 원하는 대로 허용했다.

문제가 첫 번째 과제와는 전혀 상관이 없다는 인상을 주기 위해, 참가자들에게 인사과에서 앞으로 사용할 일반 상식 등급표를 만드는 데 쓸 자료를 위한 테스트라고 말했다. 또한 그들의 데이터가 하나의 등급 안에 포함된 다섯 개의 하위 집합의 난이도를 측정하는 데 쓰일 거라고 설명했다. 커버스토리와 보조를 맞추기 위해, 문항들은 '매우 쉬움'부터 '매우 어려움'까지 다섯 개의 가짜 섹션으로 나뉘었다. 그러나 사실 문항들 간의 난이도와 각 섹션 중 어디에서 그 문항이 제시되었는가는 전혀 상관이 없었다.

데이크스테르하위스와 판 크니펜베르흐는 일반 상식 테스트에서 교수 점화 조건의 참가자들은 다른 두 조건의 참가자들보다 높은 점수를 보일 것이라고 예측했다. 실험 결과는 어떻게 나왔을까? 실험 결과는 그들이 예측한 대로였다. 대학교수에 대해 생각하는 시간을 가졌던 참가자들은 비서에 대해 생각했거나 어떠한 사회적 집단에 대해서도 생각하지 않았던 참가자들에 비해 대략 10점(100점 만점 기준) 정도 높은 점수를 보였다. 비서 점화 조건의 참가자들과 무 점화 조건의 참가자들 사이에서 나타난 3점의 점수 차이는 단순한 우연의 일치로 보아도 무방했다. 그렇다면, 일반적으로 지적인 집단으로 간주되는 사회적 집단에 대한 생각을 활성화시키는 것만으로도 사람들로 하여금 보다 지적인 행동에 돌입하도록 하는 데 충분한 것으로 보인다.

점화 효과가 얼마나 오래 지속되는지 알아보기 위해, 연구진은 참가자들의 점수를 세 부분으로 나누어 확인해보았다. 일반 상식 테스트의 가장 앞부분과 중간부분, 그리고 마지막에서의 정답률을 비교해본 것이었다. 각 부분별로 평균적으로 8분의 시간이 걸렸지만, 시간이 지남에 따라 점화 효과가 사라진 흔적은 찾을 수 없었다. 더욱이, 두 가지의 동반 연구(그 중 한 연구에서는 테스트가 15분이나 계속되었다)에서도 점화 효과가 감소한다는 증거는 발견하지 못했다. 따라서 시험 능력 같은 복잡한 행동에서도 점화 효과는 지속적으로 나타나며 적어도 그 효과와 경쟁이 될 만한 다른 영향이 나타날 때까지는 점화 효과가 사라지지 않는다.

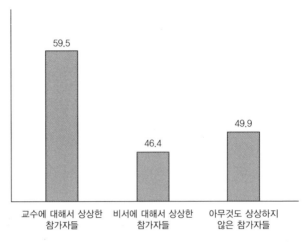

교수나 비서에 대해서 상상하거나 아무것도 상상하지 않은 후 문제를 푼 참가자들의
정답률.

더 나아가, 데이크스테르하위스와 판 크니펜베르흐가 진행한 또 다
른 연구에서는 이들이 애초에 발견했던 것들을 확실히 재연하고 더 확
장시켰다. 예를 들어, 한 연구에서는 주입 반응 관계가 확인되었다. 교수
에 대해 생각하는 시간이 길면 길수록 참가자의 지적 능력은 더 증진되
었다. 이는 점화 자극과 복잡한 자극의 상관관계는 정당한 현상이며 터
무니없는 망상이 아니라는 것을 말해준다. 또 다른 연구에서는 참가자
들이 일반 상식 시험을 치르기 전에 축구 경기의 훌리건을 생각했다. 축
구 훌리건들은 머리가 둔하다는 고정관념에 걸맞게 이 생각은 참가자들
의 능력을 손상시켰다. 마지막 연구에서는 지적 기질과 우둔한 기질에
대해 직접적인 점화 자극을 주든(참가자들에게 그러한 기질이 드러나는 특정 행동
을 나열) 아니면 간접적인 점화 자극을 주든(대학교수와 훌리건의 고정관념을 활성
화) 그 효과는 똑같다는 것이 드러났다.

책상 앞에 클라우디아 쉬퍼의 사진을 붙여라

───────────────────────── 우리의 생각과 행동은
독립적이지 않다. 언뜻 보기에는 우리에게 영향을 미칠 수 없을 것 같은
최근의 사건들은 우리가 알지 못하는 사이에 우리의 생각과 행동에 영
향을 끼친다.

직접적으로나 간접적으로 지성이라는 개념을 정신적으로 활성화시
키는 것이 어떻게 지적 능력에 영향을 주는 걸까? 그 사슬에서 정신적
인 연결고리는 무엇일까? 이 글을 쓰는 지금도 이 질문들은 여전히 논
쟁 중이다. 머리 좋은 대학교수에 대해 생각함으로써 일반 상식 테스트
에서 점수가 높게 나온 이 연구를 다시 생각해보자. 물론 점화 자극만으
로 참가자의 상식이 갑자기 풍부해질 수는 없다. 그러나 어쩌면 이 참가
자들은 정답을 기억해내거나 추론하는 데 있어서 더 나은 전략을 생각
해냄으로써 현재 자신이 가지고 있는 상식에 더 효과적으로 접근했는지
도 모른다. 그게 아니라면 대학교수에 대한 생각이 참가자들에게 더 열
심히 생각해보아야겠다는 동기를 부여했을 수도 있다.

그러나 일상적인 점화 효과에는 흥미로운 왜곡이 있다. 점화 효과가
사회적 카테고리가 아닌 특정 개인에 의해서 일어날 때는 반대의 효과
가 나타나는 경향이 있다. 즉, 점화 자극이 사람들로 하여금 그 자극의
일반적인 암시와는 반대 방향으로 생각하거나 행동하게 하는 것이다.
따라서 참가자들에게 대학교수의 고정관념으로 자극을 주면 그들의 지
적 능력이 향상되지만, 앨버트 아인슈타인으로 점화 자극을 주면 오히
려 지적 능력이 떨어진다. 게다가 슈퍼모델의 고정관념으로 참가자에게

점화 자극을 주면 참가자들의 지적 능력이 떨어지지만, 클라우디아 쉬퍼로 점화 자극을 주면 참가자들의 지적 능력이 향상된다. (자, 그렇다면 이제 독자의 책상 앞에 누구의 사진을 붙여놓아야 하는지는 자명한 일이다!) 이러한 대반전과도 같은 발견은 사람들이 무의식적으로 어떤 기질의 대표격인 개인과 자신을 우호적으로 또는 비우호적으로 비교함으로써 자신의 실력을 증진시키거나 손상시키는 결과를 가져온 것이라고 볼 수 있다.

지적 능력을 변화시키는 데에는 아주 작은 점화 자극만 있어도 된다는 사실은 가끔씩 우리를 놀라게 한다. 예를 들어, 스틸(Steel)과 애런슨(Aronson)은 성적이 우수한 흑인 학생에게 흑인을 연상시키게만 해도 지적 능력을 테스트하는 시험에서 점수를 떨어뜨리기에 충분하다는 사실을 발견했다. 이런 경우, 흑인은 학습면에서 열등하다는 고정관념을 증명함으로써 흑인 학생과 백인 학생의 학습 능력의 차이를 설명하는 데 도움을 줄지도 모른다는 두려움만으로도 그 사람의 실력을 깎아내리기에 충분하다. 그러나 이러한 고정관념의 공포(stereotype fear)의 뒷면에는 긍정적인 측면도 있다. 시흐(Shih), 피틴스키(Pittinsky), 앰버디(Ambady)는 수학 시험을 보기 전에 먼저 아시아인을 떠올리는 시간을 가졌던 아시아계 여성들은 그렇지 않았던 학생들에 비해 수학 점수를 더 높게 받는다는 사실을 발견했다. 긍정적인 인종적 고정관념, 즉 아시아인은 수학에 강하다는 고정관념을 정신적으로 활성화시킴으로써 수학 능력의 향상을 가져왔던 것이다. 이러한 효과를 고정관념의 강화(stereotype enhancement)라고 한다.

14

무엇을 기대하셨습니까?

― 기대와 행동의 법칙

"누군가가 매력적이라고 믿는 것만으로도
그 사람을 진짜로 매력적인 사람으로 만들 수 있다."

아름다운 사람은 선한가?

──────────────────────── 조지 버나드 쇼의 유명

한 희곡 〈피그말리온(Pygmalion)〉을 보면, 천박한 꽃장수 일라이자 둘리

틀이 콧대 높은 신사 헨리 히긴스 교수의 높은 기대에 맞춰 살면서 변해

가는 모습이 나온다. 이러한 변화를 일컫는 '피그말리온 효과(Pygmalion

effect)'를 사회심리학에서는 자기실현적 예언(self-fulfilling prophecy)이라

고 부른다.

자기실현적 예언에는 대개 행동적 확증(behavioral confirmation)이 개입

된다. 달리(Darley)와 파지오(Fazio)는 인식자(perceiver)가 어떤 사람에 대

한 기대를 형성하고, 그 사람에 대해 그 기대를 기초로 행동하는 것을

행동적 확증이라고 설명했다. 그러면 그 대상 인물(target person)은 인식자의 행동을 해석해서 인식자의 기대에 일치하는 방식으로 반응한다. 결국, 인식자는 대상 인물의 행동에 기초해서 애초의 기대를 더욱 확대하는 한편, 자신의 기대가 옳았다는 것을 확증하게 되는 셈이다.

예를 들어, 초대 연사를 '온화하고 우호적인' 사람으로 소개하고(본인이 모르게) 청중에게 관심을 표현하도록 유도하면, 그 연사를 더욱 활기차고 신나는 강연을 하도록 독려하는 것과 같은 효과를 낼 것이다. 반대로 연사를 '약간 차갑고 냉담한' 사람으로 소개하면 청중은 교감이 잘되지 않는 서먹서먹한 상태가 될 것이다. 결국 연사는 조심스럽고 활기 없는 강연을 하게 된다.

워드(Word)와 그의 동료들은 백인 참가자들에게 백인 구직자와 흑인 구직자를 면접하는 과제를 주었다. 구직자들은 사실은 훈련받은 공모자(실험에 협조하는 사람)로, 사전에 짜인 각본에 따라 행동했다. 이들의 언어적, 비언어적 행동은 큰 차이가 나지 않도록 사전에 연습한 것이었다. 참가자들은 구직자의 행동을 관찰한다고 생각했지만, 사실 분석의 대상은 면접관(참가자)이었다.

면접관들은 흑인 구직자보다 백인 구직자에게 더 가까이 몸을 기울이고 눈길도 더 자주 맞추며 건네는 말도 더 온정적인 것으로 드러났다. 흑인 구직자에게는 면접도 더 빨리 끝내고 더 멀리 떨어져 앉았다. 이러한 효과를 관찰한 연구진은 이번에는 역할을 바꿔서, 실험 공모자들에게 면접관의 역할을 맡기고 백인 구직자의 역할을 맡은 백인 참가자에게 상황에 따라 따뜻하게 또는 냉정하게 행동하도록 훈련시켰다. 전문가들에게 평가를 의뢰한 결과, 면접관으로부터 따뜻한 대접을 받은 구직자는 더 자신감 있게 행동한 반면, 앞서서 흑인 구직자들이 받은 것과 같은 차가운 대접을 받은 구직자들은 자신감이 덜한 행동을 보이는 것으로 판명되었다.

이 모든 사례에서 행동은 교호적(reciprocated)이었다. 긍정적인 행동은 긍정적인 반응을 불러오고, 부정적인 행동은 부정적인 반응을 불러왔다. 그 결과, 인식자는 대상 인물에 대해 자신이 갖고 있는 인상을 계속 그대로 가지고 있게 된다. 더욱이, 대상 인물은 자신에 대한 인식자의 평가를 내면화시킬 수도 있다. 인식자가 대상 인물에게 중요한 사람일 때에는 더욱더 그럴 확률이 높다. "나에 대해서 갖고 있는 저 사람의 생각은 사실이야"라고 믿게 되는 것이다.

마크 스나이더(Mark Snyder)와 그의 동료들은 행동적 확증을 고전적인 실험으로 보여주었다. 그들은 한 가지 귀인이 어떻게 다른 사람의 행동을 유발하는지, 또는 다른 사람의 행동을 보고 어떻게 그 사람의 기질을 추론하는지에 대해 많은 것들을 발견했다. 그러나 그때까지 귀인(attribution), 인상(impression), 기대(expectation) 등의 사회적 중요성에 대해 그들이 알아낸 것은 극히 미미했다.

스나이더와 그의 동료들은 다른 사람들의 기대와 행동을 연구하기 위해 '아름다운 사람은 선하다'는 신체적 매력 고정관념(physical attractiveness stereotype)에 초점을 맞추었다. 누가 당신에게 세 장의 인물 사진을 제시했다고 하자. 한 사람은 외모가 아주 매력적이고, 한 사람은 그저 그렇고, 나머지 한 사람은 아주 못생긴 사람이라면, 당신은 그 세 사람을 매우 다르게 평가할 것이다. 신체적으로 매력적인 사람은 일반적으로 거의 모든 측면에서 우수한 평가를 받는다. 우리는 대부분 이런 사람들은 인성적으로도 더 긍정적인 평가를 받고, 더 좋은 일자리를 구하며, 직장생활이나 사교생활에서도 더 행복한 삶을 산다고 믿는다.

신체적 매력의 고정관념

─────────────────────────── 스나이더와 그의 동료들은 무의식적으로 인상이 형성되고 다른 사람의 일상적인 행동에 영향을 미치는 과정을 보여주기 위한 실험을 계획했다. 이 실험에 미네소타 대학생 102명(남녀 각각 51명)이 참가했다. 참가자들에게는 연구의 목적을 비언어적 커뮤니케이션이 포함되거나 포함되지 않은 상호작용을 통해 사람들이 어떻게 서로 친해지는가를 알아보기 위한 것이라고 설명했다. 커버스토리를 이렇게 위장함으로써 아무런 의심을 사지 않고 서로 알지 못하는 남녀 참가자들이 각기 다른 방에 도착해 사전에 녹음에 동의한 전화대화를 나누도록 할 수 있었다.

실험 계획에 따라서, 각 참가자들은 예를 들어 전공과목 같은 자신에 대한 정보를 제출했다. 실험자는 참가자들에게 이렇게 제출된 정보는 대화의 단서가 될 수 있도록 대화 상대에게 제공될 것임을 미리 공지했다. 남성 참가자에게 제공된 정보 중에는 대화 상대인 여성의 사진인 것처럼 폴라로이드 사진 한 장이 슬쩍 첨부되었다. 이 사진은 사실 대화 상대인 여성의 사진이 아니었다. 또한 각 남성 참가자들의 사진도 촬영하면서 그 사진을 대화 상대인 여성 참가자에게 전달할 것이라고 거짓 설명을 했다. 그러나 남성 참가자의 사진을 촬영했다거나 남성 참가자에게 여성의 사진이 제공되었다는 사실은 여성 참가자들에게는 비밀에 부쳐졌다.

남성 참가자들에게 전달된 사진은 인근 대학의 여학생들에게 5달러씩을 지불하고 촬영한 사진이었다. 이 사진은 별도의 남성 그룹의 판정에 따라 외모를 기준으로 매우 매력적인 사진(10점 만점에 평균 8.1점)과 매우 못생긴 사진(평균 2.6점)으로 분류되어 있었다. (사진 촬영에 동의한 여성들은 자신의 사진이 연구 목적에 사용될 것이라는 데에는 서면으로 동의했지만, 외모를 기준으로 점수를 매길 것이라는 설명은 듣지 못했다.) 따라서 각 남성 참가자들은 매우 아리따운 여성 또는 매우 못생긴 여성과 대화를 하게 될 것이라고 믿게 되었다. 제시된 사진들이 얼마나 고정관념의 인상을 잘 형성하는지 알아보기 위해, 연구진은 각 남성 참가자들에게 자신과 대화를 하게 될 상대 여성의 인성적 기질(우호적이다, 열정적이다, 신뢰가 간다 등) 27가지 항목에 대해 평가하도록 했다. 남성 참가자들에게 형성되는 인상은 그들이 전달받은 총체적인 정보를 바탕으로 이루어졌으며, 그 정보에는 실험을 위해 조작된 사진도 들어 있었다는 것을 기억하자.

남녀 참가자들은 한 쌍을 이루어 10분 동안 '서로를 알기 위한' 대화에 들어갔다. 이들은 각자 별도의 방에 앉아서 마이크를 통해 이야기를 하고, 헤드폰으로 상대방의 이야기를 들었다. (51쌍의 참가자들 중 세 쌍은 대화 도중 실험을 중단해야 했다. 남성 참가자가 "아주 크고 아름다운 눈을 가지셨군요. …… 우리 나중에 밖에서 만날까요?" 등의 말을 하면서 사진에 대해서 언급했기 때문이었다.)

대화가 끝난 후, 남성 참가자들은 다시 한 번 대화 상대인 여성 참가자의 다양한 기질에 대한 인상을 피력했다. 반면에 여성 참가자들은 남성 참가자의 기질에 대한 인상과 대화 도중 얼마나 편안하게 느꼈는지, 대화 상대였던 남성의 외모는 어떠할 것이라고 생각하는지, 대화 상대가 남성들이 여성을 대하는 전형적인 태도로 자신을 대했다고 생각하는지에 대해 기술했다. 마지막으로, 남녀 참가자들에게 실험자측의 브리핑이 있었다. 실험자가 참가자들을 속인 부분이 있었으므로 이 단계는 특히 중요했다.

이 단계 다음에서는 별도의 전문가(남성 참가자의 신체적 매력, 여성 참가자의 실제 매력이나 남성 참가자가 인식하고 있는 매력, 이 실험의 가설 등에 대해 전혀 아는 바가 없는)가 대화를 녹음한 테이프에서 남성 참가자의 목소리만, 또는 여성 참가자의 목소리만 들어 있는 부분을 들었다. 이 전문가는 남성 참가자 또는 여성 참가자의 목소리가 얼마나 활기찬지, 얼마나 열정적인지, 또 대화가 얼마나 친밀했는지를 각각 평가했다. 이로써 연구진은 행동적 확증 과정을 세밀하게 진단할 수 있었다.

잘못된 인상도 변화를 가져온다

───────────────────────── 남성 참가자들은 실제로 신체적 매력을 바람직한 인성(사진을 본 후 실제 대화에 들어가기 전 그들이 판정한 바에 따르면)과 연관지었다. 외모가 아름답다고 추정되는 여성들은 상대적으로 상냥하고 사교적이며 침착하고 유머러스하다고 여겨졌다. 반면에 외모가 못생겼다고 추정되는 여성들은 깐깐하고 사교성이 없고 눈치 없고 딱딱하다고 여겨졌다. 실험적 조작이 연구진이 기대했던 인상(신체적

매력 고정관념과 일치하는)을 형성했으므로 여기까지는 괜찮았다.

더군다나 신체적으로 매력적인 여성이 대화 상대라고 생각하고 대화를 나눈 남성 참가자들의 목소리를 평가한 결과, 이들의 목소리는 못생긴 여성이 대화 상대라고 생각하고 대화를 나눈 남성 참가자들에 비해 더 사교적이고, 성적으로 다정한 태도를 갖고 있으며, 대담하고, 유머러스하고, 자신감이 있는 것으로 판정되었다.

마지막으로 가장 충격적인 결과는, 전문가의 평가에 따르면 남성 참가자에 의해 신체적으로 매력적인 대화 상대라고 여겨졌던 여성들은 못생긴 대화 상대라고 여겨졌던 여성에 비해 더 침착하고, 성적으로 다정하고, 활기차며 사교적인 것으로 판정되었다는 것이다. (두 실험 조건에 속한 각 여성들 사이에 실제로는 외모상 차이가 없었다는 점을 다시 한 번 기억하자.) 지성이나 예민성 같이 신체적 매력 고정관념과는 관련이 없는 기질적 특성은 이 두 그룹 사이에 차이가 없었다는 점도 중요하다. 이렇게 해서 행동적 확증의 모든 요소들이 드러났다. 남성 참가자에 의해 애초에 잘못 형성된 인상과 일반화가 그들 자신의 행동에 변화를 가져왔고, 역으로 여성 참가자의 행동에도 그에 상응하는 변화를 유발했던 것이다.

스나이더와 그의 동료들은 그들이 발견한 행동적 확증의 조정자 [mediator, 보다 구체적인 인과요소(casual factor)]를 구별해내려는 시도를 했다. 이들은 남성 인식자가 보여주는 상냥함의 정도가 대상 여성의 교호적인 상냥함을 이끌어내는 핵심 요소라고 추정했다. 전화대화를 통해 전달되는 남성의 행동 외에 무엇이 여성의 행동에 차이를 가져왔겠는가? 여성 참가자들에게 내려진 판정은, 매력적이라고 여겨진 여성들은 자기가 대

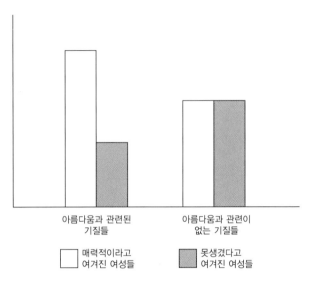

아름다움과 관련된
기질들

아름다움과 관련이
없는 기질들

☐ 매력적이라고
여겨진 여성들

▨ 못생겼다고
여겨진 여성들

상대방이 매력적인 여성이거나 못생긴 여성이라고 믿은 남성과 전화로 대화를 한 여성들에 대한 전문가의 판단. (원 자료에서 중간값이 제시되지 않았으므로, 이 수치는 대략적인 수치이다.)

화한 상대가 가지고 있는 자신에 대한 이미지가 보다 정확하다고(이들의 이미지는 남성에게 전달된 사진에 의해 영향을 받았다는 것을 모르고 있지만) 간주하고 있음을 보여준다. 매력적이라고 여겨진 여성들은 또한 대화 상대인 남성이 자신과 상호작용을 하는 태도가 일반적으로 남성들이 자신을 대하는 태도보다 더 전형적이라고 생각했다. 이러한 인식은 매력적이라고 여겨진 여성들이 남성들의 우호적인 태도에 다정하게 대응하는 데 도움이 되었다. 못생겼다고 여겨진 여성들의 다소 냉담하고 무덤덤한 반응은 아마도 대화 상대가 자신들을 잘못 인식하고 보통의 경우보다 오히려 더 무관심한 듯한 태도를 보인다고 여겼기 때문이라고 추정할 수 있다.

당신을 좋아하게 만드는 방법

──────────── 스나이더를 비롯한 연구 진은 고정관념에 따른 인상의 중요한 잠재적 결과를 보여주었다. 젊은 남성들의 기대는 그들의 자기표현을 지배했고, 그 결과 여성들로 하여 금 그에 맞게 행동하도록 부추겼다. 남성들은 자신이 마주하고 싶었던 바로 그런 행동을 창조해냈던 것이다! 이러한 역학 관계는 아주 작은 노력만으로도 만들어낼 수 있다. 남성 참가자가 전화로 대화를 시작하기 전에 훑어볼 정보들 사이에 눈에 띄지 않게 살짝 끼워 넣은 사진 한 장이 전부였다.

물론 이런 과정도 '현실세계'에서는 더 복잡할 것이다. 현실세계에서는 기대와 행동 모두 양방향으로 일어난다. 여성들도 그들 나름의 기대가 있어서, 남성의 행동을 결정짓게 될 행동을 할 수 있다. 행동적 확증은 서로 주고받는 과정 속에서 일어난다. 신체적 매력 고정관념은 일반적으로 성, 연령, 사회계층, 인종, 민족 등 다른 고정관념과 중첩된다. 일상생활에서 어떤 행동을 유발하고 그 행동들에 대한 반응을 이끌어내는 것은 종종 이러한 인상들이 합쳐진 결과이다.

사실, 행동적 확증이 얻어지는 상황은 매우 다양하다. 커티스(Curtis)와 밀러(Miller)는 누군가가 당신을 좋아한다고 믿는 것만으로도 당신은 호감이 가는 태도를 유지함으로써 그 사람이 당신을 좋아하는 이유를 정당화시키기 위해 노력한다는 것을 보여주었다. 그럼으로써 결국 당신은 그 사람이 정말로 당신을 좋아하도록 만드는 것이다. 그러나 누군가가 당신을 싫어한다고 믿게 되면 그 반대의 일이 일어난다. 그 사람에게 정말로 당신을 싫어할 이유를 만들어주기 때문이다. 마치 꼬리를 물고 순환되는 듯이 보이는 것은 이 과정이 실제로 그렇기 때문이다.

밀러와 그의 동료들은 쓰레기를 아무 데나 버리는 아이들을 관찰했다. 한 학급에서 그런 아이들에게 주변을 깨끗이 하라고 꾸짖었다. 꾸중을 들은 아이들은 쓰레기를 쓰레기통에 버리는 경우가 늘긴 했지만 일시적일 뿐이었다. 그러나 연구진이 8일 동안 계속해서 그 아이들을 관찰하면서 깔끔하게 청소를 잘한다고 칭찬을 했더니 주변환경에 대한 아이들의 관심과 양심적인 행동이 급격히 늘어났을 뿐만 아니라 계속 유지되었다. "선생님은 우리가 정돈과 청소를 잘한다고 생각하셔! 선생님 생각이 옳다는 걸 보여드려야 해!" 우리는 비록 부정적인 꾸짖음에 굴복할 때도 있지만 긍정적인 칭찬과는 평생 함께하려고 노력한다.

스키마(schema)라는 것이 있다. 이것은 조직적으로 체계화된 인지의 집합으로서, 이것을 가진 사람의 지각과 행동에 영향을 미친다. 스키마는 사람이 새로운 정보를 처리하는 방법이나 특정한 자극에 대응하는 방식에 영향을 준다. 어떤 사람이 도사견을 보면, 그 사람의 머리에는 도사견에 대한 여러 가지 생각들이 떠오른다(그 중에는 조심해야 한다는 생각도 있을 것이다). 뿐만 아니라 어떤 개인에 대한 스키마(제일 좋아하는 이모나 삼촌에 대한 스키마처럼)도 있다. 특정한 직업이나 사회적 역할(교도관 또는 무당)에 대한 스키마도 있다. 심지어는 사회적 행사나 사건에 대한 스키마도 있는데, 이런 것들을 스크립트(script)라고 한다. 이를 테면, 웨딩 스크립트, 레스토랑 스크립트, 첫 데이트의 스크립트, 구직 면접 스크립트 등이 있다. 스크립트에는 일반적으로 무슨 사건이 일어나며 주어진 사회적 상황에서 어떤 순서로 일어나는지 등이 포함된다. 이러한 다양한 타입의 스키마는 우리가 묻는 질문, 우리가 유추해내는 추론, 우리가 기억하는 정보, 미래에 대한 우리의 기대 등에 영향을 준다. 또한 우리의 행동에도 영향을 끼친다. 이번 실험에서 남성 참가자들의 기대(대상 여성의 신체적 매력에 대한)는 일종의 스키마로 작용하여 그들의 행동은 물론 상대 여성의 행동에까지 영향을 미쳤다.

스나이더의 연구에서 가장 중요한 의미는 어쩌면 사람의 생각이 행동에 얼마나 큰 영향을 끼치며 한 사람의 행동이 다른 사람의 행동에 얼마나 큰 영향을 끼치는지를 일반적인 상황의 실연으로 보여주었다는 데 있을 것이다. 어떤 남자가 정말 숨이 딱 멎을 정도로 잘 생겼다는 이야기를 들으면 우리의 정신적 방향타가 휘리릭 돌면서 우리의 행동에 영향을 미친다(적어도 그 남자를 직접 볼 때까지는). 어떤 사람이 뭔가 비밀이 많은 듯하고 망상적인 듯하다는 이야기를 들으면 그 사람의 행동에서 비밀스럽고 신경증적인 행동을 이끌어내도록 우리의 정신적 채널이 맞추어진다. 물론, 우리는 행동적 확증의 주체가 되기도 하지만 객체가 되기도 한다. 그렇다면 우리들의 행동, 좀 더 일반적으로 말하자면 현재의 우리는 다른 사람의 인상이나 기대에 의해서 얼마나 많이 형성되어왔을까?

15

좋은 예감

— 텔레파시의 법칙

> "우리는 애매하고 기이한 상황과 마주치면 그와 비슷한 과거의 경험을 길잡이 삼아
> 그 상황을 해석하려고 한다. 그 결과, 확증할 수 없는 추론을 하기도 한다."

어떻게 첫눈에 반할 수 있을까?

──────────────── 사회적 상황에 대한 우
리의 반응은 우리가 그 상황을 어떻게 해석 또는 추론(construe)하느냐
에 달려 있다. 주변 사건에 대한 해석은 우리가 일상생활을 영위해가는
데 충분할 만큼 정확하다. 하지만 이따금씩, 특히 상황이 우리에게 낯설
거나 모호할 때, 그 상황에 대한 우리의 이해에 오류가 생기거나 적어도
그 상황에 대한 다른 사람들의 이해와 맞지 않을 수도 있다.

선뜻 설명할 길이 없는 어리둥절하고 낯선 상황과 마주했을 때, 한 가
지 해결책은 이전에 마주쳤거나 들어본 적이 있는 익숙한 상황을 떠올
려보고, 그 상황이 현재의 상황과 얼마나 비슷한지 생각해보는 것이다.

이렇게 해서 현재 마주하고 있는 상황에 대한 합당한 해석이 이루어지고, 그 상황에 대해 어떻게 생각하고 무엇을 해야 할지도 판단할 수 있게 되기도 한다. UFO 현상이나 손금읽기처럼 어떤 상황들은 처음부터 신비스럽다. 정말 둔했던 친구가 예일대에 합격하는 것도 그런 상황 중의 하나다. 이 장에서 우리는 또 하나의 신비로운 현상인 텔레파시를 분석하고자 한다.

사람에게 텔레파시 능력이 있느냐 없느냐는 누구나 궁금히 여길 만한 의문이며, 인간의 잠재력과 현실의 본질에 대한 질문이기도 하다. 그러나 심리학자에게 똑같은 무게의 호기심으로 다가오는 문제는 사람들이 왜 텔레파시라는 힘이 존재한다고 믿거나 스스로 그런 힘을 가지고 있다고 믿게 되었느냐 하는 것이다. 프레드 아예로프(Fred Ayeroff)와 로버트 에이벌슨(Robert Abelson)은 이러한 믿음을 초감각에 대한 믿음(extrasensible belief)이라고 일컫고, 이러한 믿음은 최소한 부분적으로라도, 익숙하고 성공적이었던 사회적 경험(social experience)과 텔레파시의 경험이 유사할 때 생긴다고 추론했다.

사회적 경험과 텔레파시의 무엇이 비슷하게 보일 수 있는 걸까? 전형적인 텔레파시 장면을 상상해보자. 어떠한 통신수단도 갖고 있지 않은 두 사람이 물리적으로 서로 떨어져 있다. 발신자가 어떤 자극(물체나 생각)의 이미지에 정신적 에너지를 쏟고, 그러면 수신자는 그렇게 투사된 이미지를 인식할 수 있다. 결국, 그 정보가 어떻게 전달되었는지를 자연스럽게 설명할 방법은 없지만, 수신자는 발신자로부터 그 이미지를 수신한다.

보이지 않는 메시지를 발신하거나 수신한 경험은 그다지 낯설지 않은 경험이다. 사회적 상호작용에 있어서 사람들은 종종 서로에게 영향을 미치고 있다는 것을 알고 있지만, 자신이 어떻게 그렇게 하는 건지는 잘 모른다. 두 사람이 대화를 하다 보면, 상대방이 하고 싶은 말을 직감적으로 알고 상대방이 하려던 말을 마무리할 수도 있다. 이를테면, 정말 죽이 잘 맞는 사람들이 그런 것처럼 말이다. 첫눈에 반했다든가 소울메이트를 찾았다는 느낌이라든가, 이런 상황이 바로 그런 경험의 가장 생생한 예일 것이다. 사랑하는 사람과의 설명할 길 없는 커뮤니케이션은 매우 강렬할 수도 있고, 객관적이고 과학적인 분석을 뛰어넘는 것이다. 다른 영역, 이를테면 사업이나 스포츠에서도 어떤 협상에서 금방 합의에 이르거나 사로 멋진 경기를 할 때 바로 이런 마술적인 느낌을 경험할 수 있다. 우리는 사람과 사람 사이의 이런 신비로운 연결과 그들이 만들어내는 마술적인 느낌을 좋은 예감(good vibes)이라고 부른다.

로버트 에이벌슨은 학부생 연구 조교인 아예로프와 함께, 만약 텔레파시 상황에서 좋은 예감을 경험하도록 실험적으로 조작할 수 있다면, ESP(extra sensory perception, 초감각적 지각)에 대한 믿음은 그러한 경험에서 비롯되는 것임을 보여줄 수 있을 것이라고 예측했다. 그러나 ESP 또는 구체적으로 말하자면 본질상 임의의 사건들을 통제하는 개인의 능력에 대한 믿음에 영향을 줄 수 있는 다른 요소들도 인식하고 있었다. 엘렌 랭어(Ellen Langer)는 사람들은 우연히 마주친 상황이 자신에게 익숙한 상황과 비슷할수록 자신이 그 우연한 상황을 통제하고 있다고 믿는 경향이 있다고 주장했다. 랭어는 우연한 상황에 대한 어떤 사람의 역할을 확대하면, 그 역할의 효험에 대한 그 사람의 믿음도 커진다는 것을 보여주었다. 예를 들어, 실험 참가자에게 복권의 번호를 선택할 권한을 주면, 그들은 번호가 이미 선택된 복권을 받은 참가자들보다 자신이 당첨될 확률을 더 높게 예상한다.

그리하여, 아예로프와 에이벌슨은 각각 별도의 실험을 통해 좋은 예감과 상황 개입을 조작했다. 좋은 예감에 대한 실험의 경우에는 좋은 예감이 어떤 역할을 하는지에 초점이 맞추어졌고, 상황 개입 실험에서는 초감각에 대한 믿음을 부추김으로써 상황 개입의 중요성을 보여주는 발견들을 재현하는 데 초점을 맞추었다.

텔레파시 실험

남학생과 여학생이 섞여 있는 32명의 학부생이 실험에 참가했다. 참가자 중에는 ESP를 굳게 믿는 사람도 있고, 노골적으로 냉소를 보내는 사람도 있고, 열린 마음으로 중립적인 태도를 가진 사람도 포함되어 있다. 참가자들에게 실험에 대해 설명하면서, 실험자는 자신은 텔레파시의 가능성에 대해서는 불가지론자라고 주장하면서 참가자들도 텔레파시의 가능성에 대해서는 알 수 없을 거라고 주장했다. 참가자들은 사전조사를 통해 친한 친구들끼리는 같은 조가 되지 않도록 편성했다. 그리고 한 조의 참가자들이 실험실에 들어오면, 누가 발신자가 되고 누가 수신자가 되어 실험을 시작할지 정하는 제비뽑기를 했다.

실험 장소는 복도를 사이에 두고 방음장치가 된 두 개의 방에서 진행되었다. 실험자는 복도에 있는 테이블에 앉아서 한쪽 방에 앉은 발신자와 맞은편 방에 앉은 수신자를 모두 거울로 볼 수 있다. 그러나 발신자와 수신자는 상대방을 보거나 들을 수 없었다. 실험자는 스위치를 눌러 이 두 참가자 사이의 통신 채널을 열 수 있다. 또한 발신자의 책상 위에 놓인 스위치는 수신자의 책상 위에 놓인 조명을 조절하는 장치였다. 수신자는 정신적으로 어떤 인상이 투사되는 몇 초 동안 이 조명을 켜야 했다. 발신자는 한 가지의 구체적인 물체를 그린 카드 한 벌을 가지고 있었다.

실험의 각 시도마다 발신자는 카드에 그려진 기호에 정신을 집중해서 그 이미지를 전달하고, 수신자는 다섯 개의 기호 중 어떤 것이 자신에게 전달되었는지를 판단하는 것이 과제였다. 각 조의 참가자들마다 25회의 텔레파시 시도를 한 블럭으로 네 블럭의 실험을 진행했는데, 두 블럭의 실험이 끝나면 발신자와 수신자의 역할을 바꾸고 새롭게 주어진 역할에 대한 지시사항을 전달하기 위해 짧은 휴식 시간이 주어졌다.

대략적인 브리핑이 끝난 뒤, 각 조의 참가자들은 2×2 설계(두 개의 변수에 각각 두 가지의 수준이 있는 실험)로 짜인 네 가지 조건 중 한 가지에 무작위로 배정되었다. 조작된 두 가지 요소는 앞서 언급했듯이 상황 개입과 좋은 예감이었다.

상황 개입은 다음과 같이 진행되었다. 참가자들에게 과거에 진행되었던 모든 텔레파시 실험은 거의 언제나 제너 카드(Zener card, J. B. 라인과 칼 제너에 의해 개발된 카드로, 초감각 인지 능력을 검증하기 위한 방법 중의 하나다. 십자가, 물결라인, 별, 사각형, 원 등이 그려진 다섯 장의 카드가 한 세트이며, 다섯 세트가 한 벌이다. 텔레파시와 투시 능력 등을 테스트하는 데 사용된다) 한 벌로 진행되었다고 말해주었다. 제너 카드는 아주 단순하고 평범한 기호로 이루어진 카드였다. 그러나 이 기호들은 너무 단순해서 고차원적인 자극을 주거나 유효한 텔레파시의 성과를 얻어낼 수 있을 만큼 풍부하거나 생생한 자극은 되지 못한다는 이야기도 했다. 따라서 이들은 보다 활기찬 새로운 기호, 즉 실크모자, 달걀 프라이, 나이프, 이집트의 피라미드, 호박벌 등을 실험에 도입하기로 했다. 참가자들은 이 아이디어가 그럴 듯하고 해볼 만한 가치가 있는 실험이라고 생각했다. 섞어 놓은 카드 한 벌을 한 장씩 차례로 뒤집어 발신자가 텔레파시로 전달하게 될 자극의 순서를 정했다.

개입 정도가 높은 상황 조건에서는, 실험자가 참가자들에게 10개의 기호가 그려진 카드를 보여주고, 수신자가 함께 있는 자리에서 발신자에게 10개의 기호 중 5개를 고르게 했다. 그런 다음, 5개의 기호가 각각 10개씩 들어 있는 50장짜리 카드 한 벌을 만들었다. 이렇게 해서 발신자와 수신자가 텔레파시로 보내기에 가장 좋은 기호를 목표 기호로 함께 골랐다. 수신자에게는 나중에 역할을 바꿀 때, 파트너와 협조하여 10개의 기호 중 5개를 선택할 수 있을 것이라고 말해주었다. 이 조건에서 발신자에게는 카드를 뒤집어 나오는 기호들을 하나씩 차례로 발신하기 전에 카드를 섞을 수 있는 기회도 주었다. 이와는 대조적으로, 개입의 정도가 낮은 조건에서는 (글로 쓰인 지시사항 안내문을 통해) 제시된 20개의 기호 중 어떤 것 5개를 전송해야 할지를 알려주고, 그 기호들을 발신하기 전에 카드를 섞을 기회는 주지 않았다. 따라서 참가자들 중 절반은 텔레파시로 전송할 기호를 직접 선택하고 그 카드들을 직접 섞을 수 있었지만, 나머지 절반에게는 그런 기회를 주지 않았다.

좋은 예감 실험은 다음과 같이 진행되었다. 참가자들 중 절반은 두 개의 방을 연결한 인터콤을 통해 다섯 차례의 연습을 했다. 발신자는 다섯 개의 기호를 하나씩 전송하는데, 처음에는 그 기호의 이름을 말하고, 그 다음에는 수신자에게 텔레파시가 이루어지는 동안 자신이 떠올린 특정한 시각적, 언어적 인상을 묘사했다. 그와 동시에 수신자는 각각의 시도에 대해 발신자가 전해주는 내용에 어떤 반응을 보이도록 지시했다. 즉, 발신자가 "나는 지금 호박벌에 정신을 집중하려고 합니다. 작은 더듬이가 있고 몸에는 노란색과 검은색 줄무늬를 상상할 거예요. 그리고 금잔화밭 위에서 이리저리 날아다니는 모습을 상상할 거예요. 나의 모든 정신적 에너지를 호박벌에게 집중하고 있습니다"라고 말하는 것이다. 그러면 수신자는 이렇게 반응한다. "호박벌의 이미지가 떠오르고 있어요. 몸에는 흰색과 검은색 가로줄이 있고 꽃밭 위를 날며 꽃송이에 들락거리고 있어요. 기호들 중에서 호박벌의 이미지를 보내고 계신 것 같아요." "맞았어요!" 그리고 두 사람은 텔레파시의 성공률을 더 높이기 위한 전략적인 방법에 대해 논의에 들어간다.

아예로프와 에이벌슨은 이 조건에는 과제와 관련된 인상을 서로 주고받을 뿐만 아니라 성공과 유사한 경험을 미리 나눌 수 있는 조건이었다는 점에 주목했다. 즉, 발신자가 연습을 하면서 자신이 보낼 기호가 어떤 것인지 미리 발표했기 때문에, 만약 수신자가 그 기호를 상상했다면 정신적으로 떠오른 인상이 무엇이었든 그것이 텔레파시를 통해 전달된 것이라고 믿기 쉬웠으리라는 것이다. 다시 말해, 어떤 기호가 전달될 것인지 이미 이야기가 오갔으므로, 그것을 제대로 인식하는 데 실패할 리가 없었다는 뜻이다. 연구진은 참가자들이 이러한 성공을 자신들의 텔레파시 능력이라고 믿을 수도 있으리라고 예측했다.

반대 조건의 참가자들에게는 진짜 텔레파시 과제가 시작되기 전 서로 조율할 수 있는 기회를 주지 않았다. 연습이 진행되는 동안에는 인터콤이 켜진 상태였지만, 메시지를 보내거나 받을 준비가 되었음을 알리는 한두 마디의 대화 외에는 허용되지 않았다. 참가자들은 주어진 이미지들을 혼자서 마음의 눈으로 익혀야만 했다. 이런 상황에서, 발신자와 수신자는 상대방으로부터 좋은 예감을 느낄 기회가 거의 없었다.

연습 시도에서 성공률을 추산하기 위해, 참가자들은 각 시도가 이루어진 후, 텔레파시 메시지의 전달이 성공했는지 실패했는지, 다시 말하면 발신자가 보낸 기호가 실제로 받았다고 한 기호와 일치하는지에 대한 느낌을 솔직히 말하도록 요구했다. 성공이냐 실패냐에 대한 판단을 전하기 위해, 발신자와 수신자 모두 두 장의 카드 중 한 장(성공 또는 실패)을 들어서 복도에 앉아 있는 실험자가 일방향 거울을 통해서 확인할 수 있게 했다. 참가자들은 상대방을 보거나 들을 수 없었다. 각 시도가 이루어진 후, 상대방이 어떤 카드를 들었는지도 알 수 없었다.

연구진은 실제 성공 횟수뿐만 아니라 발신자와 수신자가 주장한 성공 횟수까지 계산했다. 아예로프와 에이벌슨은 두 가지 요소(상황 개입 또는 좋은 예감) 중 하나를 도입했을 때, 참가자들은 텔레파시 시도에 대한 성공 횟수를 과장되게 주장하며 두 가지 요소가 모두 도입되었을 때에는 과장이 더 심해질 것이라고 가정했다. 상황 개입이나 좋은 예감의 경험에 대해 사전에 어느 정도 통제력을 갖게 되는 것이 텔레파시 커뮤니케이션에 대한 환상을 갖게 하는 것으로 예측되었다.

근거 없는 자신감

───────────────────────── 실험 결과를 보자. 우선,
참가자들은 정말 ESP를 보여줬을까? 그렇지 않았다. 아예로프와 에이벌
슨은 16조의 참가자 전체(전체 시도 횟수 1,600회)에서 평균 성공률은 19.25
퍼센트로, 단순한 우연 확률인 20퍼센트보다도 낮다는 것을 발견했다(수
신자들은 매 시도마다 다섯 개의 기호 중 어떤 것인지 직관으로 알아내도록 시도하고 있었다
는 점을 기억하자). 물론, 참가자들 중 한두 조 또는 몇 조는 단순한 추측보
다 훨씬 높은 성공률을 보였을 수도 있다. 그러나 어떤 조도 통계적으로
크게 의미가 있을 정도로 뛰어난 성공률을 보여주지는 못했다.

   그렇다면 본인의 능력에 대한 참가자들의 믿음은 어땠을까? 참가자
들이 주장하는 성공률은 실험적 조작에 따라 크게 달라졌다. 상황 개입
과 성공적인 커뮤니케이션이 동반되었던 조건에서, 참가자들이 주장하
는 평균적인 성공률은 56퍼센트로 매우 높았다. 이 조건에서 실험한 참
가자들은 텔레파시가 가능하다고 믿었던 것이 틀림없다. 그러나 객관적
인 성공률의 세 배에 달하는 주관적인 성공률은 현실과는 매우 동떨어
진 것이다. 게다가, 이 두 가지 요소 중 어느 한 가지가 없는 상황에서는
주관적인 성공률은 50퍼센트로 뚝 떨어졌지만, 여전히 객관적인 실제
성공률의 두 배가 넘는 수치였다. 텔레파시에 도움이 되는 커뮤니케이
션도 없고 심한 상황 개입도 없는 조건에서는, 성공에 대한 자신감이 우
연 확률과 거의 비슷한 수준인 26퍼센트로 떨어졌다.

게다가 발신자가 각 시도마다 평가한 성공 여부와 수신자가 판단한 성공 여부가 서로 일치하지 않으므로, 발신자와 수신자는 서로 제각각 성공 여부를 판단한 것으로 보인다. 다시 말하자면, 발신자와 수신자가 모두 자신들의 성공을 과대평가하는 경향이 있기는 하지만, 언제, 어떤 시도에서 성공했는지는 서로 일치하지 않는다. 더욱이, 아예로프와 에이벌슨은 각 시도별 성공에 대한 자신감과 정확도 사이에는 아무런 연관이 없음을 발견했다. 따라서 참가자들은 기본적으로 이 과제를 수행하는 동안 추측을 했을 뿐이며 자신의 추측이 언제 맞아 떨어졌느냐에 대해서도 추측을 했던 것이 분명하다.

이 연구의 마지막 결론은 아예로프와 에이벌슨이 예상하지 못했던

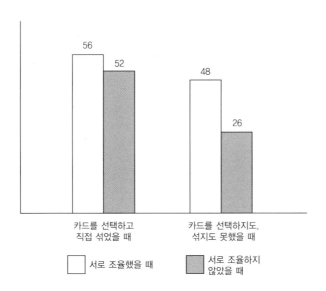

텔레파시의 성공 여부에 대한 참가자들의 판단(%). 카드를 직접 선택하고 섞었을 때, 발신자와 수신자가 '조율'했을 때의 두 조건이 모두 포함되었을 때와 모두 포함되지 않았을 때.

것이었지만, 상황 개입이 성공에 대한 과대평가로 이어지게 만든다는 추정과 일치했다. 발신자는 수신자보다 훨씬 자주 텔레파시 시도에서 성공했다고 판단했다. 그 차이는 5퍼센트에 불과했지만, 충분히 주목할 만한 수치다.

과거의 경험이 만든 선입견

신비로운 현상에 대한 설명은 일상 속에서 일어나는 비슷한 일들에 뿌리를 두고 있는 경우가 많다. 초감각적 능력의 실연에는 주로 아주 약한 신호에 대한 비범한 감각을 보여주는 사례가 많다. 예를 들어, 파수꾼은 어둠 속에서도 의심스러운 움직임을 잘 간파하고, 지휘자는 수많은 오케스트라 단원 중 한 사람이 잘못 낸 음표 하나를 정확하게 지적하기도 한다. 그런데 사실 대부분의 사회심리학자들은 초감각 지각에 대해 냉소적이다. 다른 여러 분야의 순수과학과는 달리, 사회심리학자들은 직업상 사람을 대상으로 한 ESP 실험에 숨어들 수도 있는 여러 가지 유형의 변수에 익숙하다.

텔레파시에 냉소적이었던 한 사람이 언젠가 비꼬는 투로 말했듯이, 텔레파시가 전화를 대체할 수는 없을 것이다. 텔레파시의 효과가 발견된다 하더라도 그 효과는 미미하고 일관적이지 못하다. 만약 진짜 심령적인 영향이 확실하게 밝혀진다면, 인간의 능력에 대한 이해의 근본부터 흔들리게 될 것이다. 한 가지 문제는, 심령 능력을 가진 사람들을 그 능력의 우열에 따라 분류하는 것이 아직도 가능하지 않다는 것이다. ESP 능력의 실연은 당황스러울 정도로 들쭉날쭉이다. 숟가락 구부리기의 대가인 유리 겔러(Uri Geller)조차도 자신의 마술을 미리 정한 시간에, 미리 정한 장소에서만, 예를 들어 다른 마술사나 그의 능력을 불신하는 사람들이 가까이에 있지 않은 상황에서만 보여줄 수 있을 뿐이다. 언제나 한결같게 그 능력을 보여줄 수 있는 심령술사를 찾기란 언제나 모든 학생들의 대입 수능시험 점수를 족집게처럼 맞추는 점쟁이를 찾는 것만큼이나 어렵다. 그런 점쟁이는 해를 거듭할수록 줄어들어서 결국은 한 사람도 남지 않을 것이다. 그것은 그런 사람은 애초에 한 사람도 존재하지 않았다는 것을 의미한다. 심령술사에 대해서도 같은 논리를 펼 수 있지 않을까?

심령현상의 존재에 대한 의문이 풀리지 않고 남아 있기는 하지만, ESP에 대한 믿음과 관련된 요소들을 분석하는 것은 가능하다. ESP에 대한 믿음은 일반적으로 통제된 실험 연구의 결과로는 동요되지 않는다. 데이터 전체가 대단히 모호한 경향이 있으며, 찬반 양측의 사람들 모두가 대부분 동의할 수 없는 결과를 합리화하려고 한다. 더욱이, ESP를 믿는 사람과 그렇지 않은 사람 간의 차이에 대한, 근거가 충분한 논문은 아직 없다. 양측의 차이는 예술적 차원과 과학적 차원의 차이 정도로 해석되고 있다. ESP에 대해서는 감수성이 높고 예술적인 타입의 사람들로부터 높은 점수를 얻고 있는 반면, 냉정하고 비판적인 사람들로부터는 매우 홀대를 받는다. 하지만 이러한 구분도 사실 그다지 흥미로운 것은 아니다. 심령 과정에 대한 실질적인 설명을 내놓지는 못하기 때문이다.

사회심리학자로서 우리는 초감각 경험에 대한 믿음을 부추기는 감각 상황에 대해 더 관심이 크다. 모호하고, 섬뜩하고, 불가사의하지만 한편으로는 통상적인 상황과 공통점도 갖고 있는 그런 상황이야말로 초자연적인 힘의 존재를 암시하기에 딱 좋은 상황이다. 객관적으로 분명하게 해석될 수 없는 상황이라면, 각 개인마다 자신의 과거 경험에 비추어 그에 일치하는 방향으로 그릇 해석하기가 매우 쉽다.

예를 들어, 돌이켜 생각해보면 좋지 않은 생각처럼 보이는 것에 대한 유혹이 어떤 것인지 누구나 잘 안다. 시험 전날 술집에 가자고 불러내는 친구, 불법적인 행위에 끌어들이려고 하는 의심스러운 이웃을 상상해보라. 이번에는, 어느 날 주변에 아무도 없는데 문득 어떤 것에 대한 알 수 없는 강렬한 충동을 느끼는 자신을 상상해보자. 그 충동의 뿌리가 무엇인지 설명할 수 없기 때문에 그 경험은 마음을 어지럽힌다. 마치 그 충동은 어디선가 불쑥 튀어나온 것만 같다. 그러나 과거의 경험들은 반드시 누군가, 어디선가 그 충동이 생겨나는 데 원인이 된 사람이 있으리라고 암시한다(친구나 의심스러운 지인일 가능성이 높다). 만약 종교적인 설명을 구한다면, 아마도 누군가 자신을 유혹하는 존재가 있는 게 틀림없다고 결론지을 것이다. 그러나 그 사람은 바로 우리의 영혼 또는 악마성 속에 숨어 있는 누군가이다. 때때로 과거의 경험은 쉽게 사라지지 않는 선입견을 만들어내고, 사람들은 기본적으로 그 선입견의 틀에서 세상을 본다.

16
눈에 보이는 것만 믿는다

— 수용과 거부의 법칙

"어떤 메시지에 접할 때, 그 내용을 이해하기까지는 그것을 믿을지 말지 결정을 유보하는 것이 상식적이지만, 실제로는 처음부터 믿음이 이해를 동반해서 나타나며 의심은 정신적 자원과 동기가 충족되는 나중에야 따라온다."

백문이 불여일견

──────────────── 사람들이 잘못된 인상을 갖게 되는 한 가지 과정이 있다. 어떤 특정 사상이나 정치인, 상품 등에 대해 대중을 속이고자 하는 사람이 있다고 하자. 어떻게 대중은 거짓말을 진실로 받아들이게 될까? 대니얼 길버트(Daniel Gilbert)의 답은 '언제나, 적어도 처음에는'이다. 사람들은 처음으로 무엇을 듣거나 읽을 때, 자신이 읽거나 들은 모든 것을 믿는다. 그것을 믿지 않게 된다 하더라도 그것은 한참 후의 일이다.

길버트는 사람들이 어떤 진술을 이해하고 그 진리값(truth value)을 평가(그 진술을 참으로 받아들이거나 거짓으로 거부)하는 일련의 과정에 관심을 두었다. 당연히 상식적이라고 판단되는 일반적인 가정은, 주어진 진술(문장)을 먼저 이해한 다음 그것이 참인지 거짓인지를 결정한다는 것이다. 길버트는 이러한 가정을 르네 데카르트까지 거슬러 올라가며 추적했다. 17세기의 수학자이자 철학자인 데카르트는 확실히 알 수 있는 것이 만약 있다면, 그것이 무엇이냐 하는 질문을 던진 것으로 유명하다. 우리의 존재마저도 확신할 수 있는 것인가? 그는 이렇게 대답한다. "나는 생각한다, 고로 나는 존재한다." (우스갯소리 하나: 어느 날, 데카르트는 해가 중천에 떠서야 심한 숙취와 함께 잠에서 깼다. 머리가 지끈거리고 몹시 아팠다. 가까운 레스토랑에 갔더니 종업원이 다가와 늘 마시던 와인을 마시겠느냐고 물었다. "나는 생각하지 않아!" 그는 이렇게 외치더니 홀연히 사라졌다.)

길버트는 어떤 주장의 진실에 대한 추측은 그 주장이 이해된 다음에야 가려질 수 있는 것이라는 데카르트의 주장에 회의적이었다. 그는 네덜란드의 철학자이자 데카르트보다 어린 동시대인, 바뤼흐 스피노자(Baruch Spinoza)가 내세운 또 다른 모델에 더 마음이 기울었다. 스피노자에 따르면, 이해의 과정은 수용의 과정으로부터 분리시켜 생각할 수 없다. 구체적으로 말하자면, 우리는 듣거나 읽는 모든 것을 일단 수용한다. 그러나 잠시 후, 이런저런 수단을 통해 의심스럽거나 거짓인 내용을 깨닫게 될 때에는 그 중 일부를 수용하지 않을 수도 있다. 지금부터 이러한 놀라운(황당하게 보이지 않는다면) 생각을 '스피노자 위의 길버트 가설(Gilbert-On-Spinoza-Hypothesis 또는 줄여서 GOSH)'이라고 부르기로 하자.

이렇게 생각해보자. 그림(언어 문장 대신)의 경우에는 이해와 수용 사이에 구분을 두지 않는다. 그림의 경우, 이해와 수용은 하나이며 같은 것이기 때문이다. 우리는 사물을 자동적으로 '본다'. 그리고 거의 언제나 우리 눈에 보인 그것은 거기에 있는 것이라고 받아들인다. 이것은 상식과도 일치하며 "백문이 불여일견", "내 이 두 눈으로 직접 봤다" 등의 문장 속에도 녹아들어 있다.

우리가 눈에 보이는 것을 믿는 데에는 그럴 만한 이유가 있다. 위험과 마주치면 재빨리 행동하는 것이 중요하다. 100미터 밖에서 어슬렁거리는 동물처럼 보이는 것이 진짜 호랑이인지 아니면 종이 호랑이인지를 판별하기 위해 증거를 저울질하며 머뭇거리지 않는다. 그 동물을 진짜 맹수라고 받아들이고 재빨리 그 자리를 피하는 것이 생존 확률이 높다. 최초의 인류는 목숨이 위태로운 상황을 수없이 많이 만났을 것이 틀림없다. 그러므로 진화론적 우성 인자는 민첩하고, 상대적으로 맹목적인 지각 시스템과 함께 발달했다.

그러나 시각적 지각에서 언어적 처리로 개념상의 도약을 하기에는 뭔가 석연치 않은 점이 있다. 이런 유추만으로는 문장의 이해가 그 문장을 참으로 수용한다는 것을 증명하는 못한다. 앞서 언급한 데카르트의 가능성과 스피노자의 가능성을 구분하기 위한 실험을 할 필요가 있다.

이 두 모델의 예측에는 중요한 차이점들이 있다. 어떤 문장을 읽거나 듣는 순간 온전하게 무의식적으로 수용한다면, 그 후에 그 문장을 찬찬히 뜯어볼 기회가 없고, 따라서 길버트는 그 문장은 수용된 그 상태로 남아 있을 것이라고 예측한다. 그러므로 우리는 판단을 그르칠 위험이 있는 것이다. 그와는 반대로, 상식적인 데카르트의 모델은 이런 일은 일어나지 않는다고 예측한다. 사람은 어떤 문장을 이해하기 전까지는 수용이나 거부를 연기하며 그 문장이 참이냐 거짓이냐에 대한 증거를 저울질한다. 이렇게 서로 다른 예측에서 길버트 등은 이 두 모델을 구분하기 위해 필요한 열쇠를 찾을 수 있었다.

GOSH 실험

———————————————————————— 두 가지가 필요했다. 참과 거짓이 섞인 여러 개의 문장과 이 문장을 처리하는 과정을 방해하는 절차. 참과 거짓이 섞인 문장을 조합하는 가장 우직한 방법은 현실에서의 사실들을 수집한 후, 그 사실들의 일부를 왜곡하는 것이다. 예를 들어, "독일, 이탈리아, 일본은 2차 세계대전 때 미국에 대항해 싸운 나라들이다"라는 문장은 참이다. "마드리드는 멕시코의 수도이다"는 거짓이다. 이 문장들의 진리값은 선생님에게 또는 교과서에서 배우고 종종 암기해서 얻은 정보에 의해 결정된다. 그러나 그렇다면 이 문장들은 기본적으로 새로운 문장 또는 새로운 정보를 보다 일반적으로 처리하는 과정에 중점을 두는 GOSH를 테스트하기에는 적당하지 않다.

이미 잘 알려진 사실들을 피하는 그럴 듯한 전략은 꾸며진 개념들로 사실을 만들어내는 것이다. 이를테면, "그리블은 멍을 먹는다(greebles eat mung)" 같은 문장이 그것이다. 그런 다음, 실험자는 참가자들에게 이런 문장들 중 어떤 것이 참이고 어떤 것이 거짓인지를 말해준다.

그러나 길버트를 비롯한 연구진은 이런 억지스러운 문장을 사용하는 것도 마음에 들지 않았다. 이들은 중요한 결말을 부르는(만약 수용된다면) 문장을 사용하고 싶었다(그리블에 대한 문장에는 그런 결말이 있을 수 없다. 누군가 진짜 그리블인 존재가 나타나지 않는 한). 예를 들어, 만약 배심재판에서 피고에게 일방적으로 유리하거나 불리한 진술로 위증을 하게 되면, 평결을 바꿔 놓을 수도 있다. 즉, 유죄인 피고에게 무죄 평결이 내려지거나 무죄인 피고가 유죄 평결을 받게 될 수도 있는 것이다. 마찬가지로, 피고가 유죄 평결을 받은 경우에는 형량에도 영향을 줄 수 있다. 연구진은 실제로 이렇게 중요한 결과를 가져오는 문장들을 골랐다.

그들은 실험 참가자들(여대생 71명)에게 컴퓨터 모니터에 제시되는, 서로 관련이 없는 범죄 보고서 두 편을 소리 내어 읽게 했다. 그 중 한 편은 서로 처음 보는 사이인데도 차를 태워준 친절을 베푼 사람에게 강도 짓을 한 혐의로 체포된 톰이라는 남자에 대한 보고서였다. 두 번째 보고서는 편의점을 턴 강도 혐의로 체포된 케빈이라는 남자에 대한 보고서였다. 각각의 보고서에는 참인 문장(검은 글씨로 표시)과 거짓인 문장(붉은 글씨로 표시)이 섞여 있었다. 참가자들은 붉은 글씨로 제시되는 문장은 거짓이라는 설명을 미리 들었다. 이 문장들은 서로 관련이 없는 경찰 보고서들 중에서 여러 사실들을 짜깁기한 것으로, 법정에서의 위증에도 종종 참인 내용이 섞여 있는 것과 마찬가지였다. 참가자들에게는 두 편의 보고서를 잘 읽고, 자신이 법정의 판사라고 생각하고 두 명의 피고에게 형량을 구형하라는 과제가 주어졌다.

이 실험의 핵심은 이런 것이었다. 첫 번째 재판에서 거짓인 문장들 중 절반은 피고에게 유리한 진술이었고, 두 번째 재판의 거짓 문장들 중 절반은 피고에게 불리한 진술이었다. 다시 말해, 거짓인 문장이 첫 번째 재판에서는 범죄 사실을 덜 심각해 보이도록 만들었고, 두 번째 재판에서는 더 심각해 보이도록 만들었다. 나머지 거짓 문장들은 그 반대의 효과를 불러왔다. 즉, 첫 번째 재판에서는 범죄를 더 심각해 보이도록 만들고, 두 번째 재판의 범죄는 덜 심각해 보이도록 만들었다. 이렇게 두 가지 사건 보고서의 균형을 맞춤으로써, 이 실험의 결과가 두 범죄 사이의 차이 때문인 것으로 귀결되지 않게 할 수 있었다. 실험에서 얻어지는 결과는 양쪽 범죄 모두 평준화될 수 있기 때문이었다.

두 번째 조작은 GOSH를 테스트하는 데 있어 필수적인 조건이었다. 이 조작은 참가자들이 문장을 처리하는 동안 정신을 분산시키거나 또는 반대로 정신이 분산되지 않도록 함으로써 참가자를 방해하거나 방해하지 않는 것이었다. 한 조건에서는 참가자들이 사건 보고서를 읽는 동안 숫자 찾기 과제를 동시에 수행해야 했다. 참가자들이 소리 내서 읽어야 할 문장 아래에 파란색의 숫자가 뜨는데, 만약 5가 나타나면 그때마다 특정한 키를 눌러야 했다. 반면, 다른 조건의 참가자들에게는 숫자 찾기 과제가 주어지지 않았다. 그들은 모든 인지적 자원들을 붉은 글씨의 거짓 문장이 포함된 두 편의 사건 보고서에만 집중할 수 있었다.

그러므로 두 건의 범죄 사건에 대해 각각 두 가지의 실험이 이루어졌으므로, 이 실험은 2×2 설계였다. 각 범죄의 범인에게 유리하거나 불리한 거짓 증언, 그리고 숫자 찾기로 정신이 분산되거나 그렇지 않은 참가자, 이렇게 설계된 실험이었다.

두 건의 보고서를 읽은 후, 참가자들에게 각 피고에게 0에서 20년의 형량 중 적정한 형량이 얼마인지를 판단하는 과제가 주어졌다. 길버트와 동료들은 그 외의 데이터들, 이를테면 두 범죄의 각 범인에 대한 호감의 정도, 그들이 얼마나 위험한 인물이라고 생각하는지 등과 같은 데이터도 수집했지만, 가장 중요한 변수는 바로 참가자들이 판단한 형량이었다.

수용은 수동적이고 거부는 적극적이다

───────────────────────── 연구진이 발견한 것은 바로 이것이었다. 방해를 받은 참가자들은 거짓 진술이 범죄를 덜 심각하게 보이도록 만든 경우, 형량을 적게 결정(평균 6년)했고, 거짓 진술이 범죄를 더 심각하게 보이도록 만든 경우에는 형량을 더 크게 결정(평균 11년)했다. (참가자가 결정한 형량이 조건별로 두 배 가까이 차이가 나는 것을 주목하자.) 그러나 숫자 찾기로 정신이 분산되지 않았던 참가자들에게는 거짓 진술이 형량의 결정에 준 영향은 무시해도 좋은 정도로 미미했다(각각 6년과 7년). 범인들에 대한 호감의 정도, 그들이 얼마나 위험한 인물이라고 생각하는지 등도 같은 패턴을 보였다. 피고에게 유리한 거짓 진술은 그를 더 호감이 가고 덜 위험해 보이게 만들었고, 피고에게 불리한 거짓 진술은 그를 덜 호감이 가고 더 위험해 보이게 만들었지만, 결정적인 것은 숫자 찾기로 참가자들의 정신을 분산시켰을 때에만 그랬다는 것이다.

종합해보면, 이러한 결과는 숫자 찾기로 부담이 가중되었던 참가자들은 거짓 진술의 상당 부분을 참으로 받아들였다는 것을 의미한다. 아마도 이 참가자들은 대부분의 진술을 처음부터 믿었고, 그 진술들을 믿지 않을 기회가 없었던 듯하다. (만약 당신이 배심원들에게 당신의 의뢰인이 무죄라고 믿게 만들려는 비양심적인 변호사라면, 배심원들이 쓸데없이 복잡하기만 한 증거에 정신을 쏟

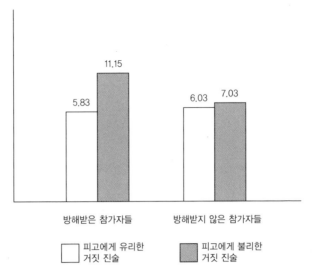

11.15

5.83

6.03 7.03

방해받은 참가자들 　　　　방해받지 않은 참가자들

피고에게 유리한 　　　　　피고에게 불리한
거짓 진술 　　　　　　　　거짓 진술

피고에게 유리하거나 불리한 거짓 진술이 포함된 사건 보고서를 읽는 동안 방해를
받거나 방해를 받지 않은 참가자들이 결정한 형량.

게 만들면서 한편으로는 미심쩍은 거짓말을 늘어놓음으로써 원하는 결과를 얻을 수도 있을 것

이다.)

　　지금쯤 눈썰미가 있는 독자들은 이의를 제기할지도 모르겠다. 어쩌

면 숫자 찾기 과제의 방해는 참가자로 하여금 어떤 진술이 참이고 어떤

진술이 거짓인지를 헷갈리게 함으로써 거짓 진술을 거부하지 못하게 하

는 데에는 그다지 큰 영향이 없었는지도 모른다. 어떤 가정하에서는, 이

미 얻어진 결과의 패턴으로 이끌어갈 수도 있었다. (특히, 만약 피고를 불리하

게 하는 거짓 신술이 그 범죄에 대한 침인 진술보다 더 부정적이었을 때에는 피고에 대한 전반

적인 인상은 더 부정적이 되었을 것이다. 마찬가지로, 피고에게 유리한 거짓 진술이 범죄에 대

한 참인 진술보다 더 긍정적이었다면, 피고에 대한 전반적인 인상은 더 긍정적인 것이 되었을

것이다.)

연구진은 대안적인 설명으로서 가능성이 있는 이러한 설명에 긴장했다. 그 정당성을 테스트하기 위해, 그들은 실험 말미에 인식 기억 과제를 포함시켰다. 참가자들에게 방금 전에 보았던 문장들 중 몇 개를 제시하고 그 문장이 참이었는지 거짓이었는지를 가려내게 했다. 참가자가 단지 숫자 맞추기 과제로 정신이 분산되었다면, 참인 문장을 거짓으로 고르는 만큼 거짓인 문장을 참으로 오인하는 경우도 비슷해야 했다. 그러나 만약 숫자 맞추기 과제가 참가자로 하여금 딱히 거짓 정보를 믿지 않는 능력만을 무력화시킨 것이라면, 거짓 문장을 참으로 오인하는 경우만 나타나야 했다. 관찰된 인식 패턴은 정확하게 이런 식으로 비대칭이었고, GOSH와 딱 맞아떨어졌다.

연구진의 두 번째 연구 결과도 간략하게나마 언급해야 할 것 같다. 이 연구에서는 거짓인 문장의 영향력이 얼마나 오래가는지에 초점을 두었다. 방해를 받으면서 문장을 접한 지 20분쯤 후의 인식 기억은 54퍼센트의 거짓 문장을 참으로 기억했다. 따라서 방해 조작은 참으로 분류되는 거짓 문장의 수를 두 배로 증가시키는 결과를 낳았다. 방해가 없는 상태에서 문장을 접했지만, 거짓 문장의 29퍼센트를 참으로 분류한 것은 아마도 자기 방해의 결과일 것으로 보인다. 많은 참가자들이 특정 문장을 읽은 뒤 정신이 흐트러졌던 것 같다. 이와 비교해서, 참인 문장을 거짓으로 분류한 경우는 매우 적어서, 두 가지 조건 모두에서 4, 5퍼센트에 지나지 않았다.

연구진은 믿음의 본질에 관한 해결되지 않은 철학적 논쟁을 다시 꺼내들었다. 거기서부터 그들은 시험적인 가설을 세우고 증명하는 과정을 시작했다. "수용은 …… 어쩌면 수동적이고 당연한 행동인 반면, 거부는 애초의 수동적인 수용을 무효화하는 적극적인 행동일지도 모른다." 그러고 나서 일련의 멋진 연구를 통해 그들은 참가자들에게 정보를 정상적으로 처리할 능력을 잠식하는 동시적 과제를 주거나 주지 않음으로써 정신적으로 바쁘게 만드는 실험을 진행했다. 앞서 보았듯이, 이런 설계의 실험을 통해 그들은 거부가 정말로 방해가 가능한 적극적인 행동인지를 테스트할 수 있었다. 이들이 이끌어낸 결과는 대담한 문장으로 연구의 결론을 맺을 수 있게 했다.

"사람들은 자신의 판단에 동의하거나, 거부하거나, 유보할 능력을 가지고 있다. 그러나 그것은 자신들이 접한 정보를 먼저 믿은 다음에야 가능하다."

잘못된 정보의 덫

─────────────────────────── 혹자는 데카르트와 스피노자의 명제 사이에서 벌어지는 논쟁을 지적 유희에 불과하다고 조소할지도 모른다. 그러나 길버트의 데이터는 엄청난 영향력을 가지고 있다. 실험실 상황은 비록 세밀하게 만든, 시간도 짧은 상황이고, 현실세계는 통제할 수 없는 상황이 자주 벌어짐에도 그 둘은 서로 잘 맞아떨어진다고 주장할 수 있다. 실험실 상황을 현실상황으로 도약시키는 데 필요한 것은, 중요한 사건은 현실세계에서도 아주 짧은 시간 동안 일어날 수 있음을 인식하는 것이다.

어떤 원인에 의해 주의가 다른 방향으로 돌려지기 직전에 한두 마디의 정보를 무심코 엿듣게 되는 경우가 있다. 실제로 저자들의 동료 한 사람은 정치적 효과를 위해 이런 실험을 해본 적이 있었다. 당시 뉴욕 시의 시장 후보로 나섰던 존 린제이를 싫어했던 그는, 비슷한 생각을 가진 학생들을 모아 지하철 안에서 여럿의 대상 승차객을 번갈아가며 정하고 그 대상 곁에 서서 이야기를 나누게 했다. 정거장에 정차하기 직전에 한 학생이 다른 학생에게 잡담처럼 이야기를 전했다. "린제이 스캔들 알아? 린제이측 사람 하나가 현행범으로 잡혔대. 그런데 린제이는 아무 말도 안 하고 있잖아!" 지하철이 정차하자 사람들이 타고 내리느라 잠시 혼잡했다. 이때 사람들은 주의력이 흐트러지면서 의심할 능력이 손상되었다. 그 선을 넘어서면, 들어오는 정보를 거부할 지식과 자신감이 없기 때문에 어쩔 수 없이 그 정보를 믿는 사람들이 생긴다("모든 사람을 잠깐 동안은 속일 수 있다……").

실제 상황에서 GOSH 효과는 거짓말로부터 멀리 벗어나기 위한 체계적인 공식이자 일반 대중을 향한 오보의 예방책과 다름 아니다. 미국은 물론 다른 여러 나라에서도 놀라울 정도로 많은 오보가 널리 퍼져 있다. 잘못된 정보의 덫에 빠지는 일부 대중의 성향을 넘어서서, 심리학에서 쓰는 말로 '오염된 우물 효과(polluted well effect)'라는 것이 있다. 거짓 정보를 퍼뜨리면 여론의 우물이 오염된다. 대중에게 헛소문처럼 퍼져 있는 의학 상식을 사람들은 정말로 믿고, 확실한 증거는 어디에도 없음에도 하루에 여덟 잔의 물을 마시는 것이 건강에 좋다고 말한다. 또 어떤 사람은 보태고 더해 지어낸 말로 이메일을 보내며, 사업상의 점심 모임에서 들은 이야기를 전달하거나 신문사에 떠도는 소문을 제보한다.

그러면 그 중에서 흥미로운 아이템이 걸러지고, 2차적으로 윤색된 후, 일반적으로 어디에서 인용했는지조차 밝히지 않은 채 그대로 언론에 유포된다. 그 후로 3차, 4차의 윤색과 과장이 계속된다. 그러면서 그 아이템은 공론의 영역에 들어서게 된다. 그 정보의 원천이 어디인지는 거의 아무도 모르고, 그렇게 몇 세대에 걸쳐서 전달되고 나면 그 원천을 역추적하기는 매우 어려워지기도 하지만, 누구도 신경 쓰지 않는 상황이 된다. 더 나아가 그 아이템이 서로 다른 여러 채널을 통해 유포되면, 그 정보가 전해지던 시점에서 그 원천이 편향되고 신뢰할 수 없는 곳이었음이 밝혀졌더라면 그렇지 않았을 것을, 그 무게도 실제의 가치보다 더 중한 것처럼 보이게 된다. 또한 이 정보가 이념적인 스펙트럼의 모든 부분에서 나온다면, 그것을 전달하는 사람의 편향성을 합리적으로 비난할 수도 없게 된다(커뮤니케이션의 가능한 모든 원천에 대한 음모 이론을 정교하게 개발한 사람이 아니라면).

그러나 오염된 우물 효과는 엄격하게 말하면 GOSH 효과는 아니다. 다만 더 구체적이고 심층적인 밑받침이 없이 참이라고 추정되는 메시지라는 점에서, 이 둘은 밀접하게 연관되어 있는 것이다.

함께 가기 위해 묻어가다

— 집단 순응의 법칙

"집단은 구성원들에게 엄청난 규범적 영향을 행사하기 때문에
용감한 영혼을 가진 극소수의 사람들만이 그 규범에 저항할 수 있게 된다."

집단 규범에 순응하다

인간 사회는 집단의 구

성원들이 공유하는, 어떤 믿음과 행동이 합당한가에 대한 규칙인 규범

(norm)에 의해서 구축된다. 규범은 어떤 관행은 허용(이렇게 생각하거나 이렇

게 행동해야 한다) 또는 규제하고 또 다른 관행은 금지(이렇게 생각하거나 행동해

서는 안 된다)한다. 대부분의 사회적 상황은 규범에 의해 좌우된다. 구직 면

접, 첫 데이트, 클래식한 레스토랑에서의 저녁식사, 대학 강의, 결혼식이

나 장례식, 심지어는 엘리베이터를 타는 데에도 규범이 있다. 나도 최근

에 복잡한 엘리베이터에 타서 아무 생각 없이 말했다. "14층이요." 그러

자 반대쪽 구석에 있던 어떤 사람이 14층 버튼을 눌러주었다(내가 있는 자

리에서는 그 사람이 보이지 않았다). 이렇게 간단한 규칙이 사회적 상호작용이라는 바퀴에 기름칠을 해준다. 엘리베이터를 타는 데에도 적어도 네댓 개의 이런 규칙을 떠올릴 수 있다.

규범은 나라 전체 또는 문화 전체에 공통적으로 적용되는 것도 있고, 또 어떤 것들은 거의 전 세계 공통인 것도 있다. 사회적 책임(social responsibility)의 규범은 절박하게 도움이 필요한 사람을 보면 도와줘야 한다는 의무감을 느끼게 한다. 다쳤거나 길을 잃고 우는 아이는 모든 이들의 책임이다. 호혜(reciprocity)의 규범은 누군가로부터 선물을 받거나 호의를 받았으면 그것을 갚아야 한다고 요구한다. 이렇게 보편적인 규범도 있지만, 문화에 따라서 각 집단의 구성원들에게 기대하거나 그 구성원들로부터 받아들이는 것에는 커다란 차이가 있다.

어떤 집단에서는 기민성을 중요시하고("제 시간에 오지 않을 거면 오지 마!"), 또 다른 집단에서는 자발성을 중요시한다("네가 오고 싶을 때 와"). 어떤 곳에서는 연애결혼이 상식이지만, 또 어떤 곳에서는 중매결혼이 상식이다. 한 문화권에서는 여성이 머리부터 발끝까지 덮어 쓰고 살지만, 또 다른 문화권의 여성은 거의 아무것도 입지 않고 산다. 서구 문화에서는 나이프와 포크로 식사를 하지만, 동양권에서는 젓가락으로 음식을 집어 먹고, 또 다른 곳에서는 손가락을 사용한다. 어떤 문화권에서는 악수를 할 때 손을 꽉 잡아야 하지만, 또 다른 문화권에서는 부드럽게 살짝 손을 잡아 악수를 한다. 어떤 나라에서는 신발이나 발의 바닥을 사람을 향해 보이는 것은 그 사람을 모욕하는 행위로 간주된다. 하지만 다른 나라에서는 아무도 그런 것에 신경 쓰지 않는다.

나라마다, 지역마다 권장되는 사람과 사람 사이의 사적 공간의 크기도 다르고, 대화하는 사람들끼리의 적당한 거리도 다르게 인식한다. 이런 차이에 대한 지식이 없는 외국인은 차갑고 쌀쌀맞거나 아니면 지나치게 달라붙으려 하거나 뻔뻔한 사람으로 취급되기 십상이다.

심지어 우리가 먹는 것조차도 규범에 의해 영향을 받는다. 이런 말이 있다. "미국인은 굴은 먹지만 달팽이는 먹지 않는다. 프랑스인은 달팽이는 먹지만 메뚜기는 먹지 않는다. 줄루족은 메뚜기는 먹지만 생선은 먹지 않는다. 유대인은 생선은 먹지만 돼지고기는 먹지 않는다. 힌두교도는 돼지고기는 먹지만 소고기는 먹지 않는다. 러시아인은 소고기는 먹지만 뱀은 먹지 않는다. 중국인은 뱀은 먹지만 인육은 먹지 않는다. 뉴기니의 잘레족은 인육이 맛있다는 걸 안다."

규범은 집단의 크기와 형태에 상관없이 만들어진다. 종교, 직업, 무리, 청중, 가족, 이 모두가 규범을 가진 집단이다. 규범은 개인적인 관계에서도 발견된다. 가까운 두 사람의 관계는 그들 두 사람만의 규범으로 넘쳐나는 '둘 만의 제국'이라고 표현되기도 한다. 우정이나 애정에도 나름의 작용 방식이 정립된다. 여자가 요리를 하면, 남자는 식탁을 치우고 설거지를 한다. 여자가, "2층에 가서 낮잠이나 잘래!" 하고 말하면, 남자는 "나도!" 하고 말한다.

일상에서의 규범을 관찰해보면 규범이라는 것이 얼마나 도처에 편재해 있으며 당연한 것으로 여겨지는지를 알 수 있다. 우리는 대개 아무런 의심이나 의문 없이, 무의식적으로 그 규범들을 지킨다. 집단의 구성원들은 예외 없이 그 집단 공동체의 규범에 순응한다. 여러 가지 방면에서,

우리는 모두 몽유병자다. 자신이 속한 사회의 규범에 의한 영향력을 관통해 걸어가는 몽유병자다.

무자피르 셰리프(Muzafir Sherif)는 규범의 출현과 영속성을 실험실에서 조사한 최초의 사회심리학자였다. 그는 깜깜한 방에 참가자들을 앉혀놓고, 정지된 광원을 2초간 켰다가 껐다. 이렇게 하면 자동운동 효과(autokinetic effect)라는 착시 현상이 일어나 정지된 광원이 튀어 오르는 것처럼 보인다. 참가자들에게 광원이 얼마나 움직였는지 물어보면, 대개 3~25센티미터 정도 사이에서 움직였다고 대답한다(2.5미터나 움직였다고 응답한 참가자도 있었다!).

다음 날, 참가자를 여러 명 모아놓고 광원이 움직였다고 생각하는 거리를 큰 소리로 발표하게 하자, 일종의 규범이 나타났다. 참가자들이 추정한 거리가 점차 비슷한 범위로 좁혀졌던 것이다. 이러한 규범이 만들어지면 집단의 구성원을 새로운 사람들로 바꾸어도 새로운 참가자들 역시 빠른 속도로 이전에 만들어진 규범에 근접했다. 제이콥스(Jacobs)와 캠벨(Campbell)은 공모자를 참가자로 위장시켜 참가자들 사이에 섞어놓은 후, 극단적인 수치를 발표하게 하면, 이 집단의 지각 규범에도 영향을 미친다는 사실을 발견했다. 이 공모자를 진짜 참가자로 교체하고, 그 참가자를 또 다른 참가자로 교체하는 식으로 다섯 번에 걸쳐서 참가자를 교체해도 부풀려진 규범은 그대로 남아 있었다.

셰리프의 연구에서, 참가자들은 불빛이 얼마나 움직였는지 확신할 수 없었다. 앞서서 다른 참가자들이 어림잡아 대답한 거리가 뒤에 남은 참가자들에게는 소중한 정보였고, 그 정보를 각자의 판단에 근거로 삼은 것은 합리적이었다. 따라서 각자의 판단에 따라 생겨난 이 규범은 참가자들이 다른 참가자들의 어림짐작을 내면화(동의)한 결과였을 것이다. 제이콥스와 캠벨은 참가자들이 실제로 이 규범을 내면화했으며 몇 달 후, 각 참가자들을 개별적으로 테스트했을 때에도 이 규범을 준수한다는 것을 보여주었다.

20년 후, 솔로몬 애쉬(Solomon Asch)가 이 주제를 다시 연구했다. 그는 자극이 덜 모호하다면 어떻게 될지 궁금했다. 자명하게 옳다고 보이는 다른 사람의 판단에 실수로 동의하지 않게 되면 어떻게 될까? 사람이 다른 사람의 의견에 동조하는 것은 어느 정도까지이며, 이런 동조의 정도에 영향을 미치는 요소는 무엇일까?

나만 빼고 모두가 공모자

애쉬는 커다란 원탁에 둘러앉은 학부생 일곱 명에게 여러 쌍의 하얀 카드를 제시했다. 한 장의 카드에는 검은색 수직선 하나(기준선)가 그려져 있었다. 다른 한 장의 카드에는 길이가 서로 다른 세 개의 수직선(비교선)이 그려져 있었다. 비교선 중 하나는 기준선과 길이가 정확히 똑같지만, 나머지 두 개는 달랐다. 참가자들은 한 사람씩 세 개의 비교선(a,b,c) 중 어느 것이 기준선과 길이가 똑같은지를 발표했다. 이 과정은 18회에 걸쳐서 반복되었고, 각 시도마다 기준선과 비교선을 교체하며 진행하였다. 여기서 간단한 질문을 하나 던지기로 하자. 과연 참가자들은 몇 번이나 기준선과 정확하게 같은 길이의 비교선을 찾아냈을까?

정상적인 상황이라면, 각 사람마다 99퍼센트의 정확도로 대답했을 것이다. 정답이 눈에 뻔히 보이니까. 그러나 이 상황에는 뭔가 정상적이지 않은 것이 있었다. 일곱 명의 참가자 중에 진짜 참가자는 단 한 명뿐이었던 것이다! 이 외톨이 참가자를 제외한 여섯 명의 참가자는 모두 실험의 공모자로, 사전에 지정된 시도에서 만장일치로 틀린 답을 정답으로 말하기로 정해져 있었다.

첫 번째 시도에서는 여섯 번째 자리에 앉아 있던 진짜 참가자를 비롯해 모두가 기준선과 정확하게 일치하는 비교선을 지적했다. 새로운 카드가 제시된 두 번째 시도에서도 마찬가지였다. 그러나 세 번째 시도에서 처음 다섯 명의 참가자(진짜 참가자는 나머지 여섯 명도 모두 진짜 참가자라고 철썩 같이 믿고 있었다!)들은 아무렇지도 않게, 아주 당당하게 오답을 말했다. 놀라기도 하고 약간 불안해지기도 한 진짜 참가자는 자기 생각대로 정답을 말했다. 마지막 여섯 번째 공모자는 나머지 다섯 명의 공모자와 마찬가지로 오답을 말했다. 그 후에 이어진 15회의 시도 중 10회의 시도에서 공모자들은 한결같이 틀린 답을 말했다. 애쉬는 모든 참가자들에게 이와 똑같은 과정을 겪게 했다.

잠깐 생각해보자. 자신이 소수의 일원이 되었음을 깨달은 사람은 어떤 생각을 하게 될까? 이런 상황에서 당신이라면 어떻게 했을까? 아마 당신이라면 다수를 무시하고 눈에 뻔히 보이는 정답을 말했을 것이다. 어쩌면 당신은 우직하게 자신의 판단을 믿으면서 다른 사람들이 바보 같은 첫 번째 응답자를 아무 생각 없이 따라하는 맹꽁이들이라고 생각했을지도 모른다. 아니면 모두가 착시를 보고 있다고 생각했거나. 어쩌면 그 사람들의 답이 맞을지도 모르지만, 그렇더라도 당신은 스스로 생각하는 정답을 말해야 한다고 느꼈을지도 모른다. 아니면, 자신의 감각이 제시하는 증거를 무시한 채 다수를 따라갔을 수도 있다. 어쩌면 다수의 생각과 다른 자신의 감각에 수치심을 느끼고 숨기려 했을 수도 있다.

애쉬는 자신의 패러다임을 다양한 방향에서 실험했다. 예를 들어, 그는 구성원들이 순응하도록 만들기 위해 더 중요한 요소는 무엇일까를 알아보고 싶었다. 그것이 다수의 수적 크기일까 아니면 의견의 만장일치일까. 애쉬는 우선 참가자 집단의 구성원 수를 달리해보았다. 최소 한 명에서 최대 열다섯 명까지 다양하게 구성했다. 구성원의 숫자가 집단의 뜻에 순응하려는 참가자들의 성향을 이끌어낼까? 또한 그는 참가자들 속에 다수의 만장일치를 방해하기 위해 반대자를 심어놓기도 했다. 이 반대자는 실제 참가자인 경우도 있었고, 항상 옳은 답만을 말하도록 지시를 받은 공모자인 경우도 있었다. 반대자는 참가자가 다수의 의견에 순응하는 정도에 어떤 영향을 끼칠까? 반대자가 있어서 집단의 영향력에 방해가 될까?

애쉬는 반대자가 다수의 의견에 반대함으로써 발생하는 효과가 단지 그가 반대를 했다는 사실에서 오는 것인지 아니면 그의 답이 정답이기 때문인지 궁금했다. 그래서 어떤 조건에서는 반대자에게 다수가 내놓은 오답과는 다른 오답, 때로는 더 크게 틀렸거나 때로는 덜 틀린 오답을 말하도록 사전에 준비했다. 또한 실험 중간에 반대자가 다수의 의견에 동조하는 것으로 주장을 바꾸게 하거나, 아니면 아예 참가자 집단에서 떠나버리기도(예를 들어 학장과의 약속이 있다는 핑계로) 했다. 마지막으로, 애쉬는 기준선과 다른 선의 차이를 체계적으로 조작하여 어느 정도 차이가 날 때 참가자들이 다수의 의견을 황당한 것으로 여기고 그들의 오답을 앵무새처럼 따라하지 않게 되는지도 파헤쳐보았다. 오! 이 연구진은 도대체 지치지도 않나?

왜 솔직하지 못한가?

———————————————— 애쉬는 실험에서 매 시도마다 정답이 눈에 빤히 보이는데도 참가자들은 다수의 의견에 따르는 모습을 자주 보인다는 놀라운 사실을 발견했다. 다수가 틀린 답을 내놓은 결정적인 시도에서, 혼자뿐인 진짜 참가자가 다수의 의견을 그대로 따라하는 경우는 전체의 3분의 1을 넘었다(정확하게 37%). 강압이 없어도 그렇게 높은 확률로 순응적 태도를 보이리라는 것은 아무도 예측할 수 없었다. 참가자들은 왜 그렇게 자주 자기 눈으로 확실히 보이는 것을 솔직히 말하지 못했을까?

물론, 참가자에 따라서 순응의 정도가 달랐다. 참가자의 4분의 1은 한 번도 다수의 틀린 답에 동조하지 않았다. 또 일부는 거의 망설임 없이 다수의 의견에 편승했다(참가자 8%는 결정적인 시도 12회 중 10회나 동조했다). 대부분의 참가자는 이 양극단의 사이에 있었다.

집단의 크기도 중요했을까? 답은 '그렇다'였다. 두 명으로 이루어진 집단에서 나머지 한 명이 틀린 답을 말한 경우, 참가자들은 전체 시도 횟수 중 4퍼센트만 틀린 답에 따라갔다. 세 명의 구성원 중 두 명이 틀린 답을 말한 경우에는 그 비율이 14퍼센트로 껑충 뛰었다. 집단의 크기가 세 명에서 열다섯 명 사이인 경우, 그 비율은 31퍼센트에서 37퍼센트였다. 이 사이에서 구성원 수의 변화는 통계적으로 큰 의미가 없었다. 집단의 크기가 영향을 미치는 정도는 구성원이 3~4명에 이른 후에는 정점에 접근하는 것으로 보인다. 즉, 그 후로는 동조의 정도가 더 심화되지 않는다.

동맹군(다수에 동조하지 않는 또 다른 사람)이 생기면 차이가 나타날까? 그랬다. 애쉬는 다수의 의견 결집을 방해하면 놀라운 효과가 나타난다는 사실을 발견했다. 지원군(집단의 다른 구성원들 사이에 미리 짜인 각본이 있다는 것을 모르는 사람이거나 언제나 정답만을 말하라는 지시를 받은 공모자)이 있으면 다수의 힘도 대부분 약화되고 만다. 지원군이 있을 때의 참가자는 나머지 다수의 의견이 일치되었을 때보다 다수의 의견에 따르는 비율이 4분의 1로 줄어들었다. 집단의 다른 구성원들에 비해 비교적 정확한 답을 말하는 지

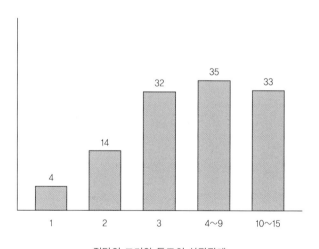

집단의 크기와 동조의 상관관계

다양한 크기의 집단에서, 분명히 길이가 다른 두 선의 길이를 같다고 답한 다수의 의견에 따라가는 참가자의 비율.

원군은 참가자의 순응성을 3분의 1 감소시킨 반면, 더 부정확한 답을 말하는 지원군은 참가자의 순응성을 3분의 2 감소시켰다. 후자의 경우 참가자가 부정확한 답을 말한 비율은 전체의 9퍼센트에 불과했다.

여섯 번의 시도 후, 지원군이 다수의 대열에 합류하자 참가자의 오답률은 지원군이 없었을 때와 비슷한 수준으로 껑충 뛰었다(즉, 참가자가 남은 시도 횟수 중 3분의 1에서 다수의 의견에 동조했다는 뜻이다). 다시 말하면, 지원군이 있을 때, 참가자가 보여주었던 독립적인 태도는 지원군이 사라짐과 동시에 함께 사라졌다. 그러나 지원군이 그룹에서 완전히 빠져나가면, 그가 참가자에게 남긴 대담함의 영향은 그대로 남아 있다. 지원군이 떠나는 순간 참가자의 오답률은 조금 높아지지만, 다수에게 완전히 동조하는 정도는 아니었다.

마지막으로, 다수에 의해 정답으로 선택된 비교선과 기준선의 차이가 15센티미터나 난다면 어떻게 될까? 애쉬는 그런 상황에서조차도 상당수의 참가자들이 다수의 틀린 판단을 그대로 따라간다는 사실을 발견했다.

소수의 집단이라도 강력하다

———————————————— 애쉬의 연구는 집단을 추종하려는 인간의 경향을 그대로 보여준다. 각 시도마다 애쉬의 참가자들이 다수의 주장을 내면화한 것 같지는 않다. 기준선과 비교선의 길이가 일치하느냐 하지 않느냐는 너무나 명백한 문제였다. 이 참가자들은 자신이 참가자라고 믿은 사람들이 말하는 것과 똑같이 답했다. 그 답이 틀렸다는 것을 알면서도 그렇게 했다. 그들은 그야말로 함께 가기 위

해 묻어가기로 했던 것이다.

강력한 다수를 구성하기 위해 분명 많은 것이 필요하지는 않다. 애쉬는 집단의 크기가 서너 명만 되면 다수의 결집력은 최대치에 근접한다는 사실을 발견했다. 다른 연구들도 비슷한 결과를 보여주었다. 예를 들어, 밀그램(Milgram)과 그의 동료들은 뉴욕의 도심에서 1, 2, 3, 10, 또는 15명의 참가자들에게 길을 걷다 말고 멈춰 서서 한 건물의 6층 창문을 올려다보라는 과제를 주었다. 이들의 행동을 그대로 따라하는 행인의 숫자는 참가자의 숫자가 1에서 5까지 증가하는 동안에는 함께 증가했지만, 참가자 집단이 그 수를 넘어서서 더 커지자 따라하는 행인의 숫자는 의미가 있을 만큼 증가하지 않았다. 소수의 참가자들만으로도 그들의 행동에 주의가 산만해진 주변의 행인 80퍼센트가 그들의 행동을 따라하며 위를 올려다보았다. 이 실험에서도 소수의 집단만으로도 강력한 영향력을 발휘할 수 있음이 드러났다. 이후로는 집단 크기가 점점 더 커져도 그 효과는 함께 커지지 않는다.

또 한 가지 애쉬의 연구에서 분명한 것은, 반대자의 존재가 만들어내는 차이다. 의견의 일치를 이룬 다수가 다른 의견을 가진 한 사람에게 거부할 수 없는 영향을 끼치는 경우는 다반사다. 그러나 단 한 명의 반대자라도 곁에 있으면, 개인은 용기를 얻고 그 용기로 사회적 압박에 저항할 수 있게 된다.

그렇다면 사람들은 왜 순응할까? 도이치(Deutsch)와 게라르트(Gerard)는 정보적(informational) 영향과 규범적(normative) 영향을 구분했다. 첫 번째의 경우, 다른 사람들이 우리에게 영향을 끼치는 이유는 우리가 종종 사람들의 주장이 현실을 반영하고 있다고 믿기 때문이다. 우리는 다른 사람들의 영향을 인정하고 옳은 길을 선택하고 싶다는 마음으로 순응한다. 셰리프의 연구에 참여했던 참가자들은 그 불빛이 실제로 얼마나 움직였는지 확실히 알지 못했기 때문에[그들은 말 그대로 암실(暗室)에 있었다]. 다른 사람의 어림짐작을 그대로 따라갔다. 아마도 그들은 부분적으로는 다른 사람들이 어림한 값을 인정하고, 부분적으로는 그 값에 자신이 어림한 값은 맞추었을 것이다(종종 볼 수 있는 타협으로 마무리된다).

그러나 규범적 영향의 경우, 우리는 순응해야 한다는 압력을 어느 정도 느끼기 때문에 다수의 줄에 가서 선다. 다수가 우리의 순응을 요구한다고 느끼는 것이다. 우리는 집단의 규범에 따라서 살고 싶어 하며, 비정형적이거나 남의 눈에 튀어 보이거나, 엇나가거나, 이상한 사람으로 보이는 것을 원치 않는다. 애쉬의 연구에 참여했던 참가자들은 어떤 비교선이 기준선과 같은 길이인지 알고 있었다. 그들이 다수의 판단을 그대로 따랐던 것은 정보가 없어서가 아니라 두드러져 보이고 싶지 않았기 때문이다. 그들은 남들에게 인정받고, 호감을 얻고 싶었다. 애쉬의 참가자들은 옳게 살고 싶다는 바람과 호감을 얻고 싶다는 바람 사이에서 고민했으나 결국은 후자의 바람이 더 강했다.

더 기본적으로 말하자면, 사람들은 스스로 더 나은 사람처럼 보이고 싶은 마음에 다른 사람들의 관행과 인식 또는 믿음에 순응한다. 사실 자존감이란 주로 자신이 사회적으로 얼마나 잘 적응하고 있다고 느끼느냐를 반영하는 것이라는 주장도 오래 전부터 있어왔다. 물론, 사회적으로 적응하려면 그 사회에서 정해진 행동 규범에 맞추어 살아야 한다.

역사적으로, 소수의 관점과 일탈적인 행동은 대개 쉽게 받아들여지지 않았다. 사람들은 자신의 계획을 망치려는 타인에게 베풀 인내심이나 친절을 거의 갖고 있지 않다. 탐욕스런 기업들은 비인간적인 노동조건에 맞서 저항하는 소수의 비협조적인 근로자들을 해고시킨다. 마찬가지로, 파업 중인 노동조합에서는 자신들의 행동에 동참하지 않는 동료들을 공격한다. 집단의 뜻과 다른 행동을 하는 일탈자들이 어떤 제약을 당하거나 심지어는 공공연한 처벌을 받는 것도 드문 일이 아니다. 당당하게 반대의 뜻을 표현하는 사람들이 능력 있고 정직하게 보이는 것은 사실이지만, 대부분 다른 사람들로부터 호감을 얻지는 못한다. 지위가 높은 사람들의 일탈은 대부분 높이 인정받고, 지위가 낮은 사람들의 일탈은 대부분 많은 기대를 받는다. 그러나 중간 계층에 속한 사람들의 일탈은 거의 인정받지 못한다. 이들은 높은 지위의 사람들이 가진 신뢰도 구축하지 못했지만, 낮은 지위의 사람들처럼 잃은 것이 없는 상황도 아니기 때문이다. 규준의 위반은 공공연한 비난을 불러올 뿐만 아니라, 자기 징벌의 결과를 낳기도 한다. 개인이든 집단이든, 사회적 규범을 위반하는 것은 심리적으로도 고통스럽다.

그러나 삶의 어느 영역을 보아도 아웃사이더가 되는 것을 마다하지 않는 사람들이 있고, 어떤 경우에는 자신의 이익이 아닌 사회의 이익을 위해서 그런 것을 감내하는 사람들도 있다. 비틀즈의 멤버였던 존 레논은 자신이 사회에 순응하지 않는 이유를 이렇게 말했다(억센 리버풀 사투리로). "어떤 것에든 순응하기 위하여 내가 보고 느끼는 방식을 바꾸지는 않을 것입니다. 나는 언제나 비정상적인 사람으로 취급받았어요. 평생토록 비정상이었고, 난 그렇게 살 수밖에 없습니다. 난 비정상적인 사람이니까요."

하지만, 일탈이 고통스러운 만큼 순응도 마찬가지로 고통스럽다. 어리석거나 모순된 규범을 지켜야 한다는 데 불쾌감을 느끼는 사람도 있다. 순응이 실질적인 고통을 불러오지는 않는다 하더라도, 무감각하게 만든다는 점에서 유해할 수도 있다. 영국의 소설가 버지니아 울프에 따르면 규범은 개인의 영혼을 죽일 수도 있다. "한 번 순응하기 시작하면, 다른 사람들이 그렇게 한다는 이유로 다른 사람들이 하는 대로 따라하기 시작하면, 무기력이 섬세한 신경과 영혼의 기능을 훔쳐가버린다. 그리하여 겉으로 보이는 것만 남고 안으로는 비어버린다. 둔감하고 무정하고 냉담한 사람이 되어버리는 것이다."

18
한가한 사마리아인

— 상황 우위의 법칙

"대개 작고 섬세한, 언뜻 보기에는 사소해 보이는 변수가
사람의 행동에 종종 더 큰 영향을 끼친다."

기질이냐 상황이냐?

—————————————————— 교회에 다니는 사람이라

면 설교에서 한 번쯤은 들었을 법한 이야기가 있다.

"누가 저의 이웃입니까?" 예수께서 답하셨다. "한 남자가 예리코로 가던 길
에 강도들을 만났다. 강도들은 그 남자의 옷을 벗기고 매질을 한 뒤 그대로
두고 가버렸다. 우연히 한 사제가 그 길을 따라왔다. 사제는 그 남자를 보더
니 길 건너편으로 가버렸다. 레위 사람도 그 곳에 이르러 그 남자를 보자 길
건너편으로 가버렸다. 하지만 길을 가던 사마리아인은 그 남자를 보자 불쌍
히 여겨 그에게 다가가 상처를 동여주고 기름과 포도주를 발라주었다. 그러

고는 자기가 타고 온 나귀에 그 남자를 태우고 한 여관으로 데려가 보살폈다. 다음 날, 사마리아인은 주머니에서 두 데나리를 꺼내더니 여관 주인에게 주며 말했다. '저 사람을 보살펴 주시오. 비용이 더 들거든 얼마가 됐든 돌아오는 길에 내가 드리리다.' 이 셋 중에 너는 누가 강도를 당하고 길에 쓰러졌던 그 남자의 이웃이라고 생각하느냐?" 그러자 남자가 대답했다. "그에게 자비를 베푼 사람입니다." 그러자 예수께서 그에게 말씀하셨다. "가서 그처럼 하라." (《누가복음》 10장 29~37절)

이 이야기를 읽고 어떤 생각이 드는가? 곤경에 처한 사람을 돕는 행동의 중요성? 선행에 대한 경향의 개인차? 우리가 당신을 개종시키려 한다는 의심?

두 명의 저명한 사회심리학자, 존 달리(John Darley)와 대니얼 뱃슨(Daniel Batson)은 이 짧은 《성서》 속 이야기에서 인간 행동에 영향을 끼치는 것으로 알려진 두 가지 유형의 변수를 떠올렸다. 기질적 변수(dispositional variable, 오래도록 남아 있는 한 사람의 성격)와 상황적 변수(situational variable, 일시적일 수도 있고 영구적일 수도 있는 물리적, 사회적 환경)가 바로 그것이었다. 예수는 쓰러진 사람을 도와주지 않은 레위인과 사제, 그리고 그들보다 온정적이었던 사마리아인의 기질 또는 성격상의 차이를 강조하려고 했던 것처럼 보이기는 하지만, 쓰러진 사람을 도와주겠다는 결정에 영향을 미쳤을 상황 그 자체의 특성 역시 이 멋진 시나리오에서 읽어볼 수 있다. 예를 들어, 사제와 레위인은 종교적 역할을 가진 사람들로, 사원에서 행해질 의식과 전례용 성물들 같은 것으로 머리가 꽉 차 있어서 사마리아인에 비해 더 큰 사회적 의무와 바쁜 일정이라는 짐을 지고 있었을 지도 모른다.

선한 사마리아인의 우화를 마음에 두고, 달리와 뱃슨은 타인을 돕는 행동의 기질적 변수와 상황적 변수가 가진 상대적인 효과를 시험해보고 싶었다. 달리와 라탄네(Latané)는 응급상황에서 구경꾼의 개입에 대한 유명한 실험을 한 바 있다. 이 실험은 적어도 한 가지 상황적 요소, 예를 들어 현장에 있었던 사람의 숫자 등이 누군가가 나서서 곤경에 처한 사람을 도와주느냐 마느냐에 커다란 영향을 미친다는 것을 보여준다. 이들이 제시한 '책임의 분산(diffusion of responsibility)'이라는 개념은 응급상황을 목격하는 사람이 많으면 많을수록 누군가가 그 상황에 개입할 확률은 적어지는 이유를 설명해줄 수 있을 것으로 보인다.

달리와 뱃슨은 〈예루살렘에서 예리코까지(Jerusalem to Jericho)〉라는 연구의 면밀한 성서적 해석으로부터 힌트를 얻어, 타인을 돕는 행동에 영향을 미칠 수도 있는 변수들을 이론적으로 확인하고, 독창적으로 조작이 가능하게 만들었다.

달리와 뱃슨은 두 가지의 상황 변수를 조사했다. 사회적 책임이라는 규범(곤경에 처한 사람을 도울 의무)이 참가자에게 분명하게 떠오르는지 그렇지 않은지, 그리고 그 참가자에게 얼마나 긴급한 사정이 있는지가 바로그 두 변수였다. 또한 연구진은 한 가지의 기질적 변수를 조사했는데, 이 변수는 신앙심, 즉 그 사람의 삶에서 종교의 중요성을 말하는 것이었다. 달리와 뱃슨은 이런 의문을 가졌다. 이런 변수들은 남을 돕는 행동에 어떤 영향을 끼치는가? 사마리아인이 강도를 당하고 쓰러진 남자에게 더 좋은 이웃이었던 것은 그가 더 자비로웠기 때문일까. 사제와 레위인은 단지 더 막중한 사회적 책임과 더 바쁜 일이 있기 때문에 예리코로 가던 여행자(옷을 벗기우고 매를 맞고 버려진)에게 사마리아인보다 나쁜 이웃이 되었던 건 아닐까?

쓰러진 환자를 누가 도울 것인가?

━━━━━━━━━━━━━━━━━━━━━━ 실험 참가자들은 프린스턴 신학교(뱃슨 자신도 이 학교에서 목사직에 임명되었고, 또한 박사학위를 받았다)의 학생 67명이었다. 종교 교육과 성직에 대한 연구라고 참가자들에게 설명한 이 연구는 두 부분으로 이루어져 있었다.

첫 번째 부분은 종교적 문제에 대한 그들의 생각과 그들이 신앙을 갖고자 하는 동기가 무엇인지에 대한 설문이었다. 이 설문에 대한 응답을 통계적으로 분석한 결과, 이 질문들이 어느 정도 구분이 되는 세 가지 요소들을 측정했음이 밝혀졌다. 첫 번째 두 가지 요소는 수단으로서의 종교(religion as means)와 목적으로서의 종교(religion as ends)였다. 이 두 요소들은 저명한 인성 심리학자 고든 얼포트(Gordon Allport)가 외연적 종교(extrinsic religion, 주로 이기적이고 현실적인 종교)와 내연적 종교(intrinsic religion, 신앙과 종교적 가치를 중심으로 한 종교)를 구분한 것과 유사하다. 뱃슨이 얼포트의 단순한 두 요소 모델을 반박하기 위하여 내놓은 세 번째 신앙심 요소는 탐색으로서의 종교(religion as quest)로서, 삶의 의미에 대한 인간의 탐색을 가리킨다. 달리와 뱃슨은 내연적 이유로 종교를 갖는 사람들, 또는 삶의 의미를 탐색하기 위해 종교를 갖는 사람들은 곤경에 처한 타인을 돕는 경향이 있는 반면, 외연적 보상을 얻기 위해 종교를 갖는 사람들은 그렇지 않을 것이라고 예측했다.

이 연구의 두 번째 부분은 실험적 조작이 개입된 부분이었다. 참가자들에게 신학교 졸업생이라면 탁월하게 해낼 것으로 생각되는, 3~5분 길이의 연설을 하거나 선한 사마리아인의 우화를 간략하게 이야기하라는 과제를 주었다. 그 후 실험 조교가 간략하게 설명했다.

이 건물의 공간들은 모두 다른 용도로 쓰이고 있기 때문에, 발표 내용을 녹음하기 위해 옆 건물에 있는 빈 공간을 쓰기로 했습니다. 우리가 쓰기로 한 방을 안내해드리겠습니다. (엽서 크기의 카드에 지도를 그리면서 설명한다.) 여기가 스타이너 교수님의 연구실입니다. 이 방 안으로 들어가면, (지도의 한 곳을 가리키며) …… 스타이너 교수님의 또 다른 조교가 나와서 녹음을 준비해드릴 겁니다…….

이 작은 드라마는 실험 조교가 다음 세 가지 대사 중 한 가지를 말하면서 끝을 맺는다. "오, 늦었어요. 벌써 몇 분 전에 들어가셨어야 했는데……. 서두르시는 게 좋겠습니다. 조교가 벌써 기다리고 있을 테니 서둘러주십시오. 여기서 1분 정도밖에 걸리지 않습니다"(긴급도─상 조건). "조교가 기다리고 있습니다. 지금 바로 가보시면 됩니다"(긴급도─중 조건). "몇 분 더 지나야 저쪽에서 준비가 다 끝날 겁니다. 하지만 지금 출발하시는 게 낫겠네요. 저쪽에 가서 기다린다 해도 몇 분 정도일 겁니다"(긴급도─하 조건).

이렇게 해서, 이 실험은 2×3 설계로 계획되었다. 즉, 두 가지 독립변수(선한 사마리아인 이야기와 신학교 졸업생의 설교)가 있고, 또 각 독립변수에는 세 가지 수준(긴급도 상, 중, 하)이 있기 때문이다. 각 참가자는 이렇게 해서 만들어진 여섯 개의 조건 중 한 가지에 무작위로 배정되었다.

두 동의 건물 사이에 있는 좁은 골목을 지나가다가 각 참가자는 어떤 사람(또 한 명의 실험 공모자)과 마주치게 되었다. 이 공모자는 문간에 구부정한 자세로 서서 고개를 숙이고 눈을 감은 채 꼼짝도 하지 않고 기침을 하거나 그 사이 사이에 신음소리를 내고 있었다. 참가자들이 무슨 일이냐고 묻거나 도움을 제안하면, 금방이라도 쓰러질 듯한 모습으로 이 공모자는 다음과 같이 대답한다.

아, 감사합니다. [콜록 콜록] …… 하지만 괜찮습니다. [말을 끊었다가] 기관지가 안 좋아서 [콜록] …… 의사가 약을 주었는데, 방금 한 알 삼켰어요. …… 여기 잠깐 앉아서 쉬면 괜찮아질 거예요. …… 마음 써주셔서 정말 감사합니다. [희미하게 웃는다.]

이 실험은 뉴저지의 추운 12월 어느 날 진행되었기 때문에, 공모자는 더욱 처량하고 불쌍하게 보였다.

이 실험의 종속변수는 참가자가 도움을 주느냐 주지 않느냐, 돕는다면 얼마나 큰 도움을 주느냐 하는 것이었다. 이 변수를 판단하기 위해, 골목길의 공모자는 다음과 같은 등급에 따라 참가자의 행동을 평가했다. 공모자를 전혀 발견하지 못하고 지나가면, 0. 공모자를 발견하였으나 그냥 지나쳐 가면, 1. 공모자를 위해 가던 길을 멈추지는 않았지만 간접적으로 도움을 주려고 하면, 2(예를 들어, 다른 사람에게 도움이 필요한 사람이 있다고 말해주는 정도). 걸음을 멈추고 도움이 필요한지 물어보면, 3. 걸음을 멈추고 공모자를 건물 안으로 부축해 들여다 놓고 가면, 4. 공모자를 건물 안으로 부축해 들어간 후 함께 있으면, 5.

그 후, 옆 건물로 들어간 참가자들에게는 짧은 연설을 준비할 시간을 준 뒤 이어 개인적 윤리, 사회적 윤리에 대한 설문지에 응답하게 했다. 이 설문지에는 이런 문항들이 있었다. "최근에 도움이 필요한 사람을 본 것은 언제입니까?", "최근에 도움이 필요한 사람을 보고 하던 일을 멈추고 도움을 준 것은 언제입니까?" 이 질문들은 참가자가 골목에서 겪었던 상황을 지각하고 있는지 알아보기 위한 것이었다.

상황이 성격을 규정한다

───────────────── 실험 결과, 참가자의 40퍼센트가 크든 적든 도움의 손길을 내밀었다. 중요한 것은 긴급도의 조작이 참가자의 행동에 매우 크게 영향을 미쳤다는 점이었다. 연설 주제 두 가지 모두를 통틀어 관찰하면, 긴급도가 낮은 참가자들 중에서는 63퍼센트가 도움을 주었고, 긴급도가 중간인 참가자들은 45퍼센트, 그리고 긴급도가 높은 참가자들 중에서는 오직 10퍼센트만이 도움의 손길을 내밀었다. 또한 선한 사마리아인의 우화를 주제로 연설을 하기로 되어 있던 참가자들 중에서는 53퍼센트가 도움을 준 반면, 신학교의 직업적 강점에 대해서 연설을 하기로 되어 있던 참가자들 중에서는 29퍼센

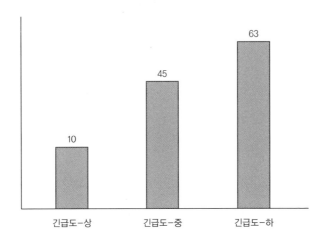

연설을 하러 가던 참가자가 골목에서 아픈 사람을 만났을 때, 긴급도에 따라서 도움을 준 비율.

트만이 도움을 주었다. 이 두 조건의 차이에 대해 달리와 뱃슨은 통계적으로 의미가 없다는 결론을 내렸다.

신앙심은 참가자가 도움을 주느냐 주지 않느냐와 관련이 없었다. 유일한 예외가 있었다면 탐색으로서의 종교였는데, 이 경우에는 예측했던 것과 똑같이 돕는 행동이 나타났다. 그러나 그 방법에 있어서는 달리와 뱃슨이 예측했던 것과 정반대여서, 이들은 이 문제를 논리적으로 다루는 데 애를 먹었다.

달리와 뱃슨은 실험결과를 통해 다음과 같은 도발적인 결론을 이끌어냈다.

바쁜 용무가 없는 사람들은 곤경에 처한 사람을 보았을 때 가던 길을 멈추고 도움의 손길을 내민다. 용무가 바쁜 사람들은 가던 길을 계속 갈 것이다. 역설적이게도, 그 사람이 선한 사마리아인의 우화를 주제로 연설을 하러 가는 도중이라 하더라도 가던 길을 멈추지 않을 것이다. 따라서 무심코 그 우화의 핵심을 확인해주고야 만다. (몇몇 경우에서, 선한 사마리아인의 우화를 주제로 연설을 하러 가던 신학생도 바쁘다는 핑계로 도움이 필요한 사람을 지나쳐갔다!)

달리와 뱃슨의 실험은 아주 작고 미묘한 상황의 요소가 때로는 그 상황과 관련이 있는 인성적 변수에는 영향을 주지 않으면서 결과적인 행동에 영향을 미칠 수 있다는 것을 보여주었다. 따라서 이 실험은 우리가 일반적으로 가지고 있는, 타인의 행동에 대해서는 내면적 귀인을 찾는 성향과 모순된다. 파티에서 조용히 앉아 있는 사람을 보고 그 사람이 원래 얌전한 사람인가보다 하고 생각할 수도 있고, 대형 할인마트 앞에 설치된 구세군 자선냄비에 돈을 넣는 어떤 사람을 보고 원래 도량이 넓은 사람인가보다(내면적 귀인)하고 생각할 수도 있지만, 실은 상황적 요소가 그러한 행동의 원인이었을 수도 있다(파티 음악이 약간 늘어지는 음악이었다거나, 약속했던 친구가 나타나지 않았다거나, 또 자선냄비 옆에 서서 종을 흔들던 구세군 청년이 아주 싹싹했다거나 아니면 쳐다보지 않을 수 없을 정도로 잘생겼다거나). 어떤 행동의 원인을 그 사람 자체보다는 상황에서 찾을 수 있는 경우가 종종 있다. 또, 때로는 행동의 원인을 찾아내기 위해서는 셜록 홈스 같은 날카로운 통찰력이나 엄격한 경험적 과학이 필요할 때도 있다.

19

누구, 나?

— 구경꾼의 법칙

"응급상황이 발생했을 때, 목격자의 수가 많으면 많을수록
그 중 누군가가 나서서 도움을 줄 확률은 줄어든다."

응급 상황의 구경꾼들

〈뉴욕 타임스〉 1964년
3월 27일자에 이런 기사가 실렸다.

장장 38분 동안, 퀸즈 구역의 법을 준수하는 모범 시민들이 큐 가든에서 한
살인자가 어떤 여성을 세 번이나 공격해 살인을 저지르는 광경을 보고만 있
었다. 시민들의 목소리와 갑자기 환해진 불빛에 그 살인자는 두 번이나 멈추
고 도망을 쳤다. 그러나 그때마다 그는 되돌아와 피해자를 쫓아다니며 다시
칼을 휘둘렀다. 살인이 자행되는 동안 아무도 경찰에 전화를 하지 않았다. 피
해자가 사망한 후에야 한 목격자가 전화를 걸었다.

이 참혹한 살인극이 벌어지는 동안, 키티 제노비스는 여러 번에 걸쳐서 도와달라는 비명을 질렀다. "칼에 찔리고 있어요! 도와주세요!" 한 구경꾼이 경찰서에 전화를 하려고 하자, 그의 아내가 말렸다. "그만둬요. 벌써 서른 명은 전화를 했을 텐데." 또 다른 이웃은 어떻게 하면 좋을지 다른 지역에 사는 친구에게 전화를 걸어 물어본 다음, 옥상으로 올라가 지붕 몇 개를 건너서 다른 건물을 통해 아래로 내려가서야 한 노파에게 경찰을 불러달라고 요청했다. 경찰은 나중에 자기 아파트에서 죄책감에 사로잡혀 술에 취한 이 남자를 발견했다

키티 제노비스 사건은 이제 전설적인 이야기가 되었지만, 아무도 영웅이 되기를 원치 않았던 상황은 이 사건뿐만이 아니다. 이와 비슷하게 충격적인 상황들이 심심치 않게 뉴스거리가 되곤 한다.

왜 사람들은 이런 상황에서 도움의 손길을 내밀지 않을까? 그렇게 많은 목격자들이 있다면, 적어도 한 사람쯤은 나서서 돕거나 적어도 911이나 경찰에 전화라도 해주어야 마땅할 것이다. 대도시의 각박한 삶이 관대했던 사람들을 좀비 같은 방관자로 만드는 걸까? 삶에 지친 나머지 같은 인간들에게 그 정도의 관심을 가지는 것조차 힘들어진 걸까? 이런 비극들이 우리 문화를 서서히 물들인 도덕적 부패를 보여주는 건 아닐까?

존 달리(John Darley)와 빕 라탄네(Bibb Latané)는 이러한 현상을 설명하기 위해 자신들의 주머니를 털었다. 그들은 응급상황을 목격한 사람들, 특히 칼부림 같이 소름끼치는 현장을 목격한 사람들은 갈등에 빠진다고 주장한다. 인도주의적 규범과 양심의 속삼임은 그들에게 어서 그 참극을 멈추게 하라고 부추기지만, 합리적인 공포와 비합리적인 공포가 그

들의 발목을 붙잡는다. 어쨌든, 돕는다고 나섰다가 다칠 수도 있고, 대중의 비웃음을 살 수도 있으며, 경찰들의 복잡한 업무 처리에 불려 다닐 수도 있다. 상황의 특성은 어떻게 이런 갈등을 해소시킬 수 있는 길을 가리킬 수 있을까?

달리와 라탄네는 같은 응급상황을 목격하고 있는 다른 사람의 존재가 누군가로 하여금 도움의 행동을 촉구하는 것이 아니라 실제로는 도움의 행동을 가로막을 수도 있다고 추측했다. 여기에는 여러 가지 이유가 있다. 첫째, 아무도 도와주기 위해 나서지 않는 것을 보고는 그 상황이 응급한 상황이 아니라고 판단할 수 있다. 따라서 도와주어야 한다는 의무감도 느끼지 않는 것이다. "그냥 사랑싸움이야." 집단적인 무대응이 더 심한 집단적 무대응을 부른다. 둘째, 다른 사람들이 어떤 반응을 보이고 있는지 알 수 없기 때문이다. 즉, 누군가가 이미 도움을 주고 있는지도 모르니, 자신이 끼어드는 것은 불필요한 일이라고 생각할 수도 있는 것이다. 달리와 라탄네는 이러한 현상을 다원적 무지(pluralistic ignorance)라고 불렀다. 사실, 키티 제노비스가 공격당하는 장면을 지켜본 많은 사람들은 근처의 아파트에서 전등이 켜지고 사람들의 그림자가 움직이자 누군가 다른 사람들도 현장을 목격하고 있다는 것은 알았지만, 그 사람들이 어떻게 반응하고 있는지는 알 수 없었다. 다원적 무지가 널리 퍼져 있었던 것이다. 마지막으로, 응급상황에서 적극적인 개입이 이루어지지 않는 것은 달리와 라탄네가 책임의 분산(diffusion of responsibility)라고 이름붙인 현상 때문일 수도 있다. 누군가를 도와야 할 책임이 그 상황을 목격한 사람들에게 분산되고, 따라서 행동에 나서지 않았기 때문에 받게 될 비난 역시 분산되므로 적극적으로 돕지 않는 것이다. 이 현상은, 역설적이게도, 만약 키티 제노비스가 참혹하게 공격당하는 장면을 여러 사람이 아니라 잠들지 못하고 있던 어떤 사람 혼자만 보았다면, 그래서 그 사람이 그 섬뜩한 범죄 장면을 보고 있는 건 자신뿐이라고 믿었다면, 아마도 이 사건의 결말이 그토록 비극적으로 끝나지는 않았을지도 모른다는 의미이다. 그 상황에 개입해야 한다는 압력이 오직 그 한 명의 목격자에게만 집중되었을 것이다.

공모자의 발작

──────────── 달리와 라탄네의 실험은 약간의 무대와 연극적 요소가 필요했다. 첫째, 응급상황이 발생한다. 둘째, 참가자들끼리의 커뮤니케이션은 차단되어 있고, 다른 참가자들의 행동에 대해서도 알 수 없다. 셋째, 실험자는 응급상황에 대한 참가자들의 대응의 빈도와 속도를 측정할 수 있다. 이런 설계로 실험을 하려면 어떻게 해야 할까?

뉴욕 대학교 남녀 학생 72명이 달리와 라탄네의 연구에 참여했다. 실험 장소에 도착하자마자 참가자들은 여러 개의 작은 방이 늘어선 공간으로 통하는 문 앞에 세워졌다. 실험자 한 사람이 참가자 한 사람을 그 여러 개의 작은 방 중 하나로 데리고 들어가 마이크와 헤드폰이 놓인 테이블 앞에 앉혔다. 참가자들은 서식 한 가지에 필요한 내용들을 채운 뒤, 인터콤을 통해 제시되는 실험자의 지시사항을 들었다.

참가자들에게는 이 연구가 스트레스가 심한 도시 환경에서 살고 있는 보통의 대학생이 가질 수 있는 개인 문제에 대한 것이라고 설명했다. 또한 연구 과정은 참가자가 낯선 사람들과 개인 문제를 이야기하면서 발생할 수도 있는 불편한 상황을 피하도록 설계되었다고 설명했다. 참가자들은 각각 익명으로 남아 있을 것이며, 직접 얼굴을 대면하는 일이 없도록 각자 별도의 방에 앉아 실험을 진행할 것이라고 말해주었다. 또한 밖에서 듣는 사람이 있으면 토론에 방해가 될 수도 있으므로, 실험자도 토론 내용을 엿듣지 않을 것이라고 이야기했다. 실험자는 토론이 끝난 후, 설문을 통해 그들의 반응을 알아보게 될 것이라고 말했다. 참가자들에게 각자 순서대로 마이크를 통해 복도 반대편 방에 앉아 있는 다른 사람에게 개인 문제를 털어놓으라고 말했다. 그다음, 각 참가자는 상대방이 한 말에 대한 코멘트를 하고, 마지막으로 공개적인 토론으로 이어지게 되어 있었다.

여기서 중요한 것은, 대화의 흐름이 통제되게 되어 있다는 것이다. 즉, 각 참가자의 마이크는 해당 참가자의 순서가 되면 2분 동안만 켜져 있다가 순서가 상대방에게 넘어가면 꺼지게 되어 있으므로, 한 번에 한 사람만 발언하거나 들을 수 있었다.

그러나 참가자는 모르지만, 참가자의 상대방이 하는 말은 2분 길이로 미리 녹음된 내용이었다. 다시 말하면, 참가자들은 다른 참가자가 현장에서 하는 말을 듣고 있는 것이라고 생각했지만, 사실 '상대방'은 단지 녹음된 대본일 뿐이었다. 이러한 '상대방' 중 한 사람이(우리는 잠시 후 밝혀질 이유 때문에 이 사람을 '희생자'라고 부른다) 먼저 이야기를 시작했다.

그는 뉴욕과 학교에 적응하면서 고생한 이야기 등 아주 일상적인 문제들로 이야기를 시작했다. 그러면서 약간 주저하는 듯, 부끄러운 듯이 자신은 가끔 발작을 겪는데 공부를 많이 하거나 특히 시험 때 그런 일이 일어난다고 말했다. 한 사람씩, 다른 '참가자'들도 자신이 갖고 있는 문제를 털어놓았다. 하지만 아무도 앞에서 언급된 간질 발작에 대해서는 말하지 않았다. 그러자, 이 정교한 그림자 연극에 대해 아무것도 모르고 있는 진짜 참가자들이 개인적 기질이나 시련에 대해서 털어놓기 시작했다. 그러다가 '희생자'가 말할 차례가 되자, 처음에는 조용히 몇 마디 이야기를 하다가 점점 목소리가 커지면서 우왕좌왕하는 말투가 되어갔다.

저는 어…… 만약에 어…… 누가 어…… 저를 조금만…… 어…… 지금 힘드니까…… 조금만 어…… 도와…… 어…… 준다면 지금…… 어…… 어…… 도와 어…… 지금…… [헉 헉] 누가…… 좀…… 도와…… [헉 헉]…… 주세요. …… [발작] 어…… 어…… [헉] [조용해진다]

사회심리학은 나름대로의 멋진 순간이 있다는 걸 인정해야 할 것 같다!

이 '발작'이 일어난 순간부터 참가자가 방에서 달려 나와 복도 끝에 대기하고 있던 실험자에게 알릴 때까지의 시간을 기록했다. 이 과정이 주요 종속변수였다. 참가자가 응급상황이 발생했음을 알리자마자, 또는 6분이 지나도록 아무 움직임이 없으면, 실험을 중단하고 이 실험의 진짜 목적에 대한 브리핑이 시작되었다(참가자가 느꼈을지도 모를 불쾌한 감정에 대한 사과의 뜻도 전달되었다).

그리고 참가자는 설문지에 응답을 작성했다. 이 설문지는 마키아벨리아니즘(Machiavelianism, 냉담하고 무자비함), 아노미 현상(anomie, 개인적 가치의 부족), 권위주의(authoritarianism, 권위에 대한 복종, 권위의 실추에 대한 경멸), 사회적 바람직함(social desirability, 인정받고자 하는 경향), 사회적 책임(social responsibility, 사회적 동정심과 유용성) 등을 측정하기 위한 것이었다. 이렇게 설문지를 통한 평가를 덧붙임으로써, 타인을 돕는 행동에 있어서 인성적 요인과 상황적 요인의 영향을 비교해볼 수 있었다.

독자는 대개 실험에서는 하나 또는 그 이상의 독립변수가 정교하게 조작된다는 것을 알고 있으므로 이 연구에서는 정확하게 무엇이 조작되었는지 궁금할 것이다. 그렇다면, 달리와 라탄네의 책임감의 분산 가설을 생각해보자. 응급상황의 목격자가 많으면 많을수록 목격자가 도울 확률은 떨어지고 행동도 느려진다. 이 가설을 바탕으로 달리와 라탄네는 크기를 조작했다. 이들은 실험이 시작되기 전 조교의 전달 내용과 그룹 토론이 시작된 후 처음 한 차례 이야기가 돌아갈 때 들리는 목소리의 수를 달리했다. 참가자들은 토론 참여자가 둘(참가자 자신과 피해자), 셋(또 한 명의 참가자와 피해자), 또는 여섯(네 명의 다른 참가자와 피해자)으로 이루어져 있다고 믿었다. 토론의 진짜 참여자는 오직 참가자 본인 한 사람뿐이었고, 나머지 음성은 모두 녹음된 것들이었다.

3인조 그룹 토론의 구성 역시 조작되었다. 한 구성에서는 녹음된 구경꾼의 목소리가 여성의 음성이었고, 다른 구성에는 남성의 음성이었고, 또 다른 구성에서는 구경꾼이 남성이었는데 공교롭게도 이 사람은 이따금씩 응급실에서 진료를 돕는 의예과 학생(갑작스러운 발작 환자를 돌볼 수 있도록 훈련을 받은 사람)이었다. 따라서, 주요 독립변수는 집단의 크기와 집단의 구성이었으며, 주요 종속변수는 참가자가 피해자를 돕기 위해 응급상황의 발생을 실험자에게 알리느냐 알리지 않느냐, 알린다면 얼마나 빨리 알리느냐였다.

목격자가 적을수록 적극적으로 개입한다

참가자들은 피해자의 응급상황이 정말이라고 믿고 영향을 받은 것 같았다. 피해자를 돕기 위해 행동에 나서든 나서지 않든, 참가자들은 갑작스러운 발작이 실제 상황이며 정말이라고 믿은 것이 분명했다. "어머나! 발작인가 봐!" 또는 "어머나, 어떻게 하지?" 이런 말들이 참가자들에게서 쏟아져 나왔다. 참가자들은 모르고 있었지만, 그들이 하는 말을 실험자는 인터콤을 통해 모두 듣고 있었다. 또, 복도 끝에 앉아 있는 실험자에게 참가자들은 이렇게 말하기도 했다. "저기요! 1번이 많이 아픈 것 같아요. 발작이 일어나거나 그런 것 같아요." 실험자가 상황을 알아보고 와서, "괜찮습니다"라고 말하자 "누가 돌봐주고 있는 건가요?", "그 분 지금은 괜찮은가요?"라고 묻기도 했지만, 모두들 안도하는 표정들이었다.

참가자들이 믿고 있던 다른 참가자들의 수는 그들이 도움에 나서느냐의 여부와 행동의 신속도에 매우 큰 영향을 끼쳤다. 특히, 도와줄 사람이 자기 혼자라고 믿은 참가자들의 85퍼센트는 피해자의 목소리가 끊기기 전(약 2분 이내)에 응급상황을 실험자에게 알린 반면, 자기 말고도 네 명의 참가자가 더 있다고 믿은 참가자들은 31퍼센트만이 돕기 위해 나섰다. 더욱이, 2인 구성일 때의 참가자는 100퍼센트가 응급상황을 알렸지만, 6인 구성일 때의 참가자들은 62퍼센트만이 응급상황을 알렸다. 어떤 시점에서든, 응급상황을 알린 참가자들은 3인 구성일 경우보다는 2인 구성의 참가자가, 6인 구성일 경우보다는 3인 구성의 참가자가 더 많았다. 또한 참가자의 수가 적다고 생각될수록, 행동에 옮기는 속도는 더 빨랐다.

흥미로운 사실은, 3인 구성일 경우 자신과 피해자를 제외한 나머지 한 명의 참가자가 여성이든 남성이든, 의학적 능력을 가진 사람이든 상관없이 똑같이 신속하게 대응했다는 점이다. 또한 일반적으로 응급상황에 대처하는 임무는 남성의 몫으로 치부되거나 응급상황에서 누군가를 구조하는 역할은 남성에게 더 어울리는 것처럼 보이곤 하지만, 이 연구

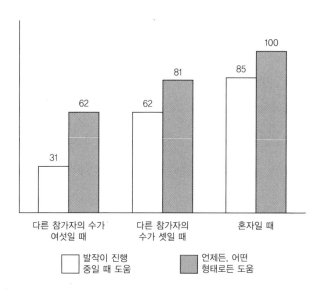

간질 발작을 연기한 가짜 피해자를 도와주러 간 참가자의 비율. 응급상황을 같이 듣고 있는 참가자의 수가 여섯, 둘 또는 자기 혼자라고 믿고 있을 때.

에서는 도움 행동을 보인 남성 참가자가 여성 참가자보다 더 많지도 않았고 그 행동이 더 빠르지도 않았다.

참가자가 인식하는 요소들 중에 돕는 행동에 있어서 집단의 크기가 미치는 영향을 설명해줄 수 있는 것이 있지 않을까? 그렇지 않은 것 같다. 참가자들은 응급상황이 진행되고 있는 동안 어떤 생각을 했는지 표시했다(예를 들어, "무슨 일인지 확실히 모르겠어", "어떻게 해야 할지 모르겠다"). 세 조건의 참가자들 모두 어떤 생각을 했는지에 대해서는 두드러지는 차이가 나타나지 않았다. 3인 구성일 때와 6인 구성일 때의 참가자들은 자신이 듣고 있는 응급상황을 다른 참가자들도 듣고 있다는 것을 잘 알고 있었지만, 그것이 자신의 행동에 큰 영향을 주지는 않았다고 주장했다. 그러나 연구 결과를 보면, 사람들은 자기가 한 행동의 진짜 이유를 모르는 경우가 많다. 실험의 좋은 점 중 하나는, 실험에서는 무엇이 무엇의 원인이 되는지를 정확히 구별할 수 있다는 점이다. 이 경우, 비록 참가자들은 그 영향을 제대로 인식하지 못하고 있지만, 다른 참가자의 수를 알고 있다는 것 외에 그들이 피해자를 돕기 위한 행동에 차이를 보인 이유를 찾을 수 없다.

마지막으로, 상황의 힘을 보여주는 몇 편의 고전적인 연구에서와 마찬가지로, 참가자의 반응 속도나 돕는 행동의 가능성은 참가자 개인의 인성적 요소와는 큰 관계가 없었다. 사실, 집단의 크기 외에 한 가지의 변수만이 돕는 행동의 속도와 관련이 있었다. 참가자가 속해 있는 집단의 크기가 크면 클수록, 돕는 행동에 나설 확률은 적어진다는 것이었다. 그러나 더 중요한 결과는, 자기가 판단하기에 정말 죽을지도 모르는, 금방이라도 숨이 넘어갈 듯한 학우를 위해 어떤 행동을 할까를 결정하는 것이 사람의 안에 있는 어떤 것(사회적인 책임감을 가진 사람이 되겠다는 성향)이 아니라 사람의 밖에 있는 어떤 것, 즉 같은 상황을 목격하고 있는 다른 사람의 숫자라는 점이었다.

달리와 라탄네에 따르면, 이 연구의 참가자들은 회피-회피 갈등 (avoidance-avoidance conflict)을 경험했다. (누구나 피하고 싶은 유형의 갈등이다!) 참가자들은 말까지 더듬는 피해자를 분명 걱정했고, 만약 그 상황에서 아무런 조치도 취하지 않는다면 스스로를 부끄러워했을 것이다. 그러나 한편으로는 섣부른 판단을 내림으로써 조롱거리가 되고 싶지도 않았다. 2인 구성일 경우("다른 방에서 숨이 넘어가고 있는 저 사람과 나 둘 뿐이야")에서는 이 갈등을 쉽게 해소할 수 있다. "이 상황에서는 내 도움이 생사를 결정해." 그러나 다른 사람도 있다고 믿는 사람들("저 사람이 넘어가고 있다는 걸 듣고 있는 사람이 나 말고도 네댓 사람이나 더 있어")은 도와주겠다고 나섰다가 오히려 머쓱해질 수도 있다는 걸 알고 있었고, 어쩌면 도움은 필요하지 않을 수도 있다는 것도 알고 있었기 때문에 인류애적인 본능을 억제함으로써 내면적인 갈등은 더 증폭되었다. "저 사람이 정말 죽을지도 모르는데 저대로 두어야 할까, 아니면 창피당할 것을 무릅쓰고 실험자에게 이 상황을 알려야 할까?" 참가자들이 의식적으로 그 상황에 개입하지 말자고 결정했던 것은 아니었다. 오히려 그들은 두 개의 부정적인 대안 사이에서 갈등을 겪었지만 결국 아무것도 실천하지 못했던 것이다. 그러는 사이에 몇 분이 지나자 이제는 돕는다는 것이 불합리해지거나 너무 늦어버렸던 것이다.

달리와 라탄네의 연구 결과는 목격자의 방관에 대해 냉담이나 무관심을 중심으로 설명하는 것에 대해 의문을 제기한다. 그러한 설명은 누군가가 바로 자기 눈앞에서 고통을 겪고 있는데 다수의 사람들이 그저 구경만 할 뿐 아무런 조치도 취하지 않는다면, 그것은 그 사람들이 그저 우리와 다른 사람들이기 때문이라고 주장하는 것과 같다. 현대 문명에 의해 감수성이 줄어들었거나 천성적으로 남의 일에 무감각한 사람이기 때문이라는 것이다. 그렇지 않다면, 자기 눈앞에서 누군가가 흉기로 난도질당하며 죽어가고 있는데 그저 멀뚱히 쳐다만 보고 있을 수 있겠는가? 그러나 이런 식의 성격론적 설명은 너무나 편리해서, 무결점의 성격 또는 무한대의 자비를 가진 인간인 우리는 그러한 상황에서 피해자를 돕지 못했다는 죄책감에 죽을 때까지 시달릴 것이라는 점을 부정하는 격이다. 사실, 이번 실험에서는 그렇게 적절하고 자기방어적인 설명에 관련된 인성 변수 중 어떤 것도 참가자가 위기에 처한 타인을 돕기 위한 행동에 나서는지의 여부, 얼마나 빨리 행동에 나서는지 등과 전혀 상관이 없는 것으로 나타났다.

키티 제노비스의 비극적 사건과 같은 끔찍한 사건의 피해자들은 그들을 공격한 비인간적인 가해자들의 피해자일 뿐만 아니라 다원적 무지, 또는 책임의 분산, 또는 그 둘 모두가 어떤 응급상황의 성격을 규정할 때 상황이 인간의 의사결정에 미칠 수 있는 영향의 피해자이기도 하다. 이러한 역학관계는 심심치 않게 볼 수 있고, 따라서 우리의 이해가 필요하다. CPR(심폐소생술)을 배우고 플라스틱을 재활용하도록 교육받듯이, 남을 돕는 행동을 억제하게 만드는 상황의 압력을 이해하고 그 압력

에 저항하도록 배울 수는 없을까? 방관자도 상황에 대응할 필요가 있고,
다수의 대중도 도움의 손길을 내밀 필요가 있다.

20

네 이웃을 사랑하느냐,
너 자신을 사랑하느냐?

― 선한 행동의 법칙

"감정이입에 의해 마음이 움직일 때, 사람들은 궁극적인 이타적 목적으로 돕는다."

감정이입의 비밀

―――――――――――――――――― 어떤 행동을 하는 동기
는 언제나 결국 이기적인 것일까? 스스로에게 물어보자. 친구가 당신에
게 생일선물을 준 이유는 정말로 당신을 행복하게 해주기 위해서였을
까? 아니면 자신이 당신에게서 사랑받고 싶어서 그랬던 것일까? 그것도
아니면 그저 마땅찮은 마음이지만, 해야 할 도리를 하기 위해서였을까?
그 친구가 진정으로 당신이 생일날 행복하기를 바라는 마음으로 선물을
했다고 생각하기로 하자. 그 친구는 자신이 기대한, 행복해하는 당신의
모습에서 자극을 받았을까? 아니면 자신이 당신을 행복하게 해줄 수 있
다는 데서 뿌듯함을 느낄까? 솔직히 말해서, 그 친구가 순수하게 당신의

행복을 비는 마음을 갖고 있었다는 걸 어떻게 확신할 수 있을까?

여기서 핵심 주제는, 타인의 행복을 위하는 것이 우리의 궁극적인 이타적 목표를 위해서인가 아니면 자신의 이기적인 욕망을 충족시키기 위한 목표를 위해서인가 하는 것이다. 우리는 아주 잠시라도 사욕이 없는 이타주의자가 될 수 있을까? 아니면, 비록 정도의 차이가 있을망정 이기적인 동기에 의해 움직이는, 이런저런 유형의 영원한 이기주의자로 살다가 죽을 운명일까?

먼저, 일상적인 관찰에서 얻을 수 있는 증거가 있다. 누군가 다른 사람을 도와주면 즐겁고 만족스러운 반면, 도움이 필요한 사람을 외면하면 고통과 죄책감을 느끼게 된다는 것이 그 증거다. 따라서 정서적인 측면에서 본다면, 우리는 누군가에게 도움의 손길을 내어줌으로써 얻는 만큼 그 손길을 내어주지 않음으로써 잃는 것이 있다.

실제로, 기분이 좋지 않을 때 기분 전환을 위해 다른 사람을 돕는다는 연구 결과도 있다. 한 연구에서, 참가자들이 그들 자신 또는 외부인들이 사고로 실험 공모자를 다치게 했다고 믿게 했다. 이러한 조작은 참가자들을 당황스럽게 만들었다. 이후, 그들이 가치 있는 명분에 더 많이 자원봉사를 하게 만들었다. 그런데 첫 번째 조작 후에 칭찬이나 금전적 보상을 받은 참가자들이 나중에 다시 자원봉사를 할 확률은 첫 번째 조작에 접하지 않았던 대조군의 확률과 비슷했다. 이 연구는 앞서 기분을 전환시켜줄 다른 계기가 없을 경우, 스스로 기분이 좋아지기 위한 욕심(전적으로 이기적인 동기)이 선행을 베풀게 한다는 것을 확인시켜주었다.

이렇게 보면 이타주의의 옹호자들에게는 매우 비관적인 상황인 것 같다. 일상적인 관찰의 결과와 경험적인 연구 결과 모두 남을 돕는 것은 이기적인 이유에서라는 점이 분명하니 말이다. 그러나 그런 증거들은 결정적이지 않다.

사회심리학 실험을 통해 이러한 인과관계의 매듭을 풀 수 있을 것 같기도 하지만, 이기주의든 이타주의든 한쪽을 뒷받침하는 증거를 제시할 수 있는 패러다임을 만들기란 매우 어려운 일이다. 그렇다면 무엇이 필요할까?

첫째, 이타주의적 동기의 근원을 밝혀야 한다. 이타적 행동을 유발하는 심리 상태는 어떤 걸까? 오랜 세월, 사상가들은 감정이입이 그 답일 가능성이 높다고 이구동성으로 노래를 불러왔으며 사회심리학자들도 그 노래를 따라 불렀다. 감정이입은 남의 일을 그 사람의 관점에서 보게 함으로써 동정심을 느끼게 하고 다른 사람을 불쌍히 여기는 마음을 갖게 만든다. 감정이입이 이타적 행동을 촉진한다는 가설을 감정이입-이타주의 가설(empathy-altruism hypothesis)이라고 부른다.

둘째, 감정이입을 느끼는 사람들이 왜 돕는 행동에 나서는지에 대해서는 잠재적인 몇 가지 이기적 이유를 먼저 살펴볼 필요가 있다. 그런 사람들(간결하게 '감정이입자'라고 부르기로 하자)은 자신의 기분을 전환하기 위해, 자존심을 강화하기 위해, 아니면 불편감을 해소하기 위해 남을 돕는 걸까? 각각의 이기적 이유는 감정이입, 즉 이타주의 가설과 맞서는 이기주의 가설(egoistic hypothesis)을 구성한다.

마지막 단계는 감정이입-이타주의 가설과 이기주의 가설 중에서 어느 쪽이 맞는지를 결정하기 위한 실험을 설계하는 것이다. 이타적 행동의 이유가 매우 많다는 사실을 감안하면, 감정이입-이타주의 가설을 테스트하기 위해 아주 많은 연구가 필요하다. 그럼에도, 그 과정의 한 시점에 이르러 감정이입-이타주의는 부인되고 그 경쟁 가설인 이기주의 가설이 뒷받침될 수도 있다. 그러므로 감정이입-이타주의 가설이 그 가설의 부당성을 증명하려는 여러 가지의 시도들을 모두 물리치고 살아남는다면, 또한 그럴 듯한 이기주의 가설이 남아 있지 않게 된다면, 그때에는 그 이유가 바로 감정이입-이타주의 가설의 잠정적인 증거가 될 것이다. 셜록 홈스의 말을 빌리면, "불가능한 것들을 제외하고 나서 남는 것들, 아무리 아닐 것 같아 보여도 그것들이 진실이다."

그리고 나서 이타주의의 존재를 입증하는 실험적 발견들을 요약하기로 한다. 그러나 지금은 감정이입-이타주의 가설에 대한 하나의 대안과 관계된 발견들만 생각하기로 하자. 그 대안은 이렇다. 다른 사람에게 감정이 이입될 때마다 우리는 그들을 돕지 않을 경우 갖게 될 죄책감을 피하기 위해 그들을 돕는다.

이 특정한 경쟁 가설의 옹호자들은 사람들은 대개 개인적인 행동의 원칙을 어길 때마다 자신을 심하게 비난한다고 지적한다. 이들은 그러한 원칙을 어기지 않으려는 의지가 자기 검열의 고통을 피하고자 하는 자연스러운 바람으로부터 나온다고 주장한다. 곤경에 처한 다른 사람을 돕는 행동은 대부분의 사람들이 지키고자 하는 행동 원칙이다. 그러므로 감정이입자는 미래의 죄책감이라는 고통을 피하기 위해 다른 사람을 돕는다. 다시 말해, 사람들이 남을 돕는 동기는 곤경에 처한 그 사람의 행복을 걱정하는 이타적인 관심이 아니라 자신의 미래의 행복을 염려한 이기적인 관심이라는 것이다.

감정이입-이타주의 가설의 옹호자들은 이 주장에 동의하지 않는다. 그들은 감정이입자들이 다른 사람을 돕는 궁극적인 목적은 곤경에 처한 사람을 이롭게 하려는 것이라고 주장한다. 그 과정에서 그들이 피하게 되는 죄책감은 애초에 생각지도 않았던 보너스라는 것이다. 과연 어느 쪽의 주장이 맞을까?

왜 다른 사람들을 돕는가?

───────────────────────── 대니 뱃슨(Danie Batson)

과 그의 동료들은 곤경에 처한 다른 사람을 보고 감정이입된 사람이 미래에 갖게 될지도 모를 죄책감을 피하기 위해 그 사람을 돕고자 나섰을 때 한 가지 결과가 나타나고, 만약 그 외의 다른 이유로 돕는 행동에 나섰을 때에는 다른 결과가 나타나도록 실험 상황을 구성했다.

연구진이 고안한 실험은 다음과 같다. 그들은 어떤 사람이 곤경에 처한 사람을 돕지 않았을 때 느끼게 될 죄책감의 정도는 그 사람이 지키고자 하는 개인적인 행동 원칙의 함수일 뿐만 아니라 그 사람이 스스로 자신이 속해 있다고 판단하는 사회적 상황과의 함수라고 생각했다. 예를 들어, 오랫동안 가족을 위해 애쓴 어머니를 돕기 위해서는 저녁 설거지라도 해야 한다는 것을 모두가 알고 있다. 그렇게 하지 않고는 나중에 죄책감을 느낄 것이다. 당신의 형제자매가 자주 설거지를 한다거나, 아니면 어쩌다 한 번씩 설거지를 도와드린다고 해보자. 후자의 경우라면 당신은 아마도 죄책감을 덜 느낄 것이다. 어머니를 도와드리지 않는 데 대한 그럴 듯한 구실이 있으니까. 언니(또는 형)도 안 돕는데 내가 왜? 심리학 실험에서는 사회적 배경 역시 죄책감의 정도를 심하게 하거나 덜어주기 위해 명시적으로 조절될 수 있다.

연구진은 세 가지 연구를 별도로 수행했다. 각각의 연구에서, 참가자들에게는 돕지 않는 데 대해 서로 다른 구실을 주었다. 우리는 여기서 그 세 가지 연구 중 첫 번째 연구에 초점을 두는데, 그 연구에서는 참가자들이 자기 동료들 중 소수(다수가 아니라)가 이전에 비슷한 상황에서 타인을 도왔다고 믿게 만들었다. 연구진은 참가자들이 자신의 행동 기준을 연구진으로부터 들은 행동에 기초해서 조절하리라고 예측했다.

캔자스 대학교 학생 120명이 이 실험에 참여했다. 치밀한 준비에 따라, 남성 참가자 60명과 여성 참가자 60명이 동등하게 모든 조건에 배정되도록 계획했다.

참가자들에게는 이 연구의 목적이 지역 대학 라디오 방송국의 새로운 프로그램을 만들기 위한 테스트라고 설명했다. 참가자들이 듣게 될 프로그램 두 편 중 하나에는 '인성적 측면의 뉴스'라는 제목이 붙어 있었는데, 케이티 뱅크스라는 대학생의 인터뷰로 구성된 프로그램이었다. (나머지 하나의 프로그램은 밋밋한 정보 프로그램이었는데, 이 프로그램을 끼워 넣은 것은 연구진이 설명한 커버스토리를 더욱 그럴 듯하게 보이도록 하기 위해서였다.) 인터뷰가 진행되는 동안 최근에 케이티에게 큰 불행이 있었다는 것이 알려졌다. 부모가 모두 자동차 사고로 사망했고, 케이티는 두 동생을 보살피기 위해 고군분투하고 있었다. 케이티의 부모는 생전에 들어둔 생명보험도 없었기 때문에, 대학 4학년인 케이티는 학업마저 포기하고 동생들을 돌보아야 했다. 그렇지 않으면 동생들을 입양 보내는 수밖에 없었다.

테이프를 틀기 전에, 실험자는 참가자들에게 각 프로그램을 두 가지 측면 중 한 가지에 치중해서 듣도록 지시했다. 먼저 '인터뷰 대상자가 자신이 겪은 일에 대해 어떻게 느끼고 있는지, 그 일이 그 사람에게 어떤 영향을 주었는지를 상상하면서' 듣거나, '방송의 기술적인 측면에 초점을 두고' 듣는 것이었다. 이렇게 서로 다른 지시는 감정이입을 실험적으로 조작하기 위해서였다. 전자의 지시는 참가자들이 케이티와 동일시하도록 부추긴 것이었고, 따라서 참가자들이 높은 감정이입 상태가 되도록 했다.

테이프가 끝나자 실험자는 참가자들에게 나눠줄 설문지가 잘못 복사되었다는 사실을 '발견'하고, 다시 복사를 하러 가기 위해 잠시 자리를 비웠다. 복사를 하러 나가면서 실험자는 이번 연구를 지도하는 교수가 참가자들에게 전달하라고 지시한 편지 두 통을 나눠주었다. 첫 번째 편지는 교수가 직접 쓴 것이 분명해 보였다. 그 편지에서 교수는 테이프를 듣게 되면 참가자들이 케이티를 돕고 싶어 할지도 모른다고 생각한다고 썼다. 그는 케이티에게 만약 참가자들이 돕고 싶은 마음이 있다면 어떻게 하는 게 좋을지 직접 편지를 써보라고 말했다고 썼다. 두 번째 편지는 케이티가 쓴 것처럼 꾸몄다. 이 편지에서 케이티는 참가자들이 그녀를 도울 수 있는 몇 가지 방법을 설명했다. 예를 들어, 어린 남동생과 여동생을 몇 시간씩 돌보아준다든지, 교통 편의를 제공해준다든지, 기금 모금에 힘을 보태준다든지 하는 것이었다.

이 편지와 함께 참가자들이 어떻게, 어느 정도까지 케이티를 돕고자 하는지를 표시할 수 있는 회신서가 들어 있었다. 참가자들은 0시간에서 10시간까지 선택해서 케이티를 도울 수 있었다. 각 회신서에는 여덟 개의 칸이 있었는데, 그 중 일곱 칸에는 이미 다른 참가자들이 칸을 채웠기 때문에 진짜 참가자가 채울 수 있는 칸 하나만 남아 있었다. 그 이유는 참가자들이 자신의 응답을 다른 참가자들이 보는 것을 원치 않을 수 있고, 그런 바람 때문에 응답이 왜곡될 수도 있기 때문이었다.

케이티를 돕지 않을 구실은 도움을 청하는 케이티의 편지에 대해서 앞선 참가자들이 몇 명이나 반응을 보였는지 그 숫자를 조절하는 방법으로 조작되었다. 돕지 않을 구실을 준 조건에서는 일곱 명의 참가자 중 두 명의 참가자만이 케이티를 돕겠다는 표시를 했다. 반면에 구실을 주지 않은 조건에서는 일곱 명 모두가 돕겠다는 표시가 되어 있었다. 또 하나의 통제 조건은 회신서에는 단 하나의 서명만을 할 수 있게 되어 있다는 점이었다. 이런 조건을 둔 목적은 연구진으로 하여금 감정이입된 참가자들이 다른 학생들이 케이티를 돕는지의 여부에 대해 감정이입이 없었던 참가자들보다 더 많은 정보를 가질 수 없게 하기 위해서였다.

실험자가 돌아오자마자 참가자들에게는 두 장의 설문지가 배부되었다. 설문지의 문항은 대부분 가짜였지만, 몇 문항은 실험의 조작이 연구진의 의도대로 작용했는지를 확인하기 위한 문항이었다. 두 문항은 감정이입 조작의 효과를 평가했다. 그 중 첫 번째 문항은 참가자에게 그 테이프의 기술적 측면에 얼마나 초점을 두고 들었는지를 물었다. 두 번째 문항에서는 인터뷰 대상자의 감정에 얼마나 초점을 두고 들었는지를 물었다. 또 다른 문항에서는 제시된 구실의 효과를 평가했다. 참가자들에게는 다른 학생들이 어느 정도나 케이티를 도와야 한다고 생각하는 것 같으냐고 물었다. (연구진은 의무에 대한 동료의 판단이 의무에 대한 본인의 판단과 밀접한 연관이 있을 것이며, 그 두 가지는 모두 케이티를 돕지 않을 구실의 유용성을 반영할 것이라고 보았다.) 마지막 문항은 참가자들에게 케이티가 얼마나 도움이 필요한 위치에 있다고 생각하는지를 물었다. 이 지필 측정을 완료한 후, 연구진은 참가자들에게 이 실험에 대해 설명하고 귀가시켰다.

살아남은 가설

────────────────── 사전조사에서 두 가지의 조작이 애초에 의도했던 대로 작용했음이 확인되었다. 감정이입이 큰 조건의 참가자들은 테이프의 기술적인 측면보다 케이티의 감정에 더 집중했다고 보고한 반면, 감정이입이 적은 조건의 참가자들은 그 반대로 보고했다. (성별에 따른 차이도 주목할 만하다. 전반적으로 여성이 남성에 비해 케이티의 감정에 더 집중했다.) 또한, 구실이 제시된 조건의 참가자들은 구실이 제시되지 않은 조건의 참가자들에 비해 케이티를 도와야 한다는 필요성을 덜 느꼈다. 이와 동시에, 케이티에게 얼마나 긴급하게 도움이 필요한지에 대해서는 각 조건의 참가자들 사이에서 큰 차이가 나타나지 않았다. 감정이입의 정도가 크든 작든, 돕지 않을 구실이 제시되었든 제시되지 않았든, 이 부분에서는 별다른 영향을 미치지 못했다. 이렇게 해서 이 연구의 결과는 비교적 간단하게 해석될 수 있었다.

연구진은 참가자들이 표시한 도움의 수준을 두 가지 방법으로 수량

화했다. 첫째, 어떤 형태로든 도움을 주겠다는 의사를 표시한 참가자의 비율을 계산했다. 둘째, 참가자들이 케이티를 돕기 위해 봉사하겠다고 제시한 시간의 수에 주목했다

그렇다면, 연구진이 발견한 것은 무엇이었을까? 연구진이 예상했던 대로, 케이티에게 감정이입이 적게 되었을 때, 케이티를 돕지 않을 구실이 있는 참가자들은 그러한 구실이 없는 참가자에 비해 봉사하겠다는 시간의 수가 훨씬 적었다. 그러나 케이티에게 감정이입이 많이 된 참가자들 사이에서는 전혀 다른 상황이 나타났다. 케이티를 돕지 않을 충분한 구실이 있는 참가자들도 그런 구실이 없는 참가자들과 견주어 거의 비슷한 시간을 봉사하겠다고 했던 것이다. 사실 그 차이는 우연의 확률보다도 크지 않았다. 이것은 구실이 있든 없든, 감정이입이 많이 된 참가

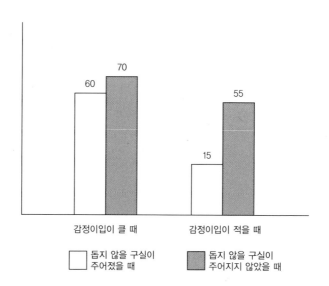

케이티를 돕고자 한 참가자들의 백분율. 감정이입이 클 때와 적을 때, 돕지 않을 구실이 주어졌을 때와 그렇지 않을 때로 구분되어 있다.

자들이 케이티를 돕겠다고 나서는 데에는 영향을 미치지 못했다는 의미이다.

두 번째 수치인 참가자들이 봉사하겠다는 시간의 수는 대략 비슷한 패턴의 결과를 보였다. 감정이입이 적고 돕지 않을 구실까지 가진 참가자들이 봉사하고자 하는 시간의 수는 나머지 세 가지 조건의 참가자들보다 훨씬 적었다. 또한 나머지 세 조건의 참가자들은 봉사하겠다는 시간의 평균적인 숫자와 큰 차이가 없었다.

이러한 결과를 어떻게 해석해야 할까? 감정이입이 적을 경우 구실 조작의 효과가 크고 감정이입이 클 경우에는 그 효과가 적다는 것은, 죄책감을 피하는 것이 감정이입이 되지 않은 사람들에게는 궁극적인 목적이지만, 감정이입이 된 사람들에게는 그렇지 않다는 것을 의미한다. 따라서 죄책감 회피 가설은 그 부당성이 증명되었으며, 감정이입-이타주의 가설은 그 부당성을 증명하려는 시도를 넘고 살아남았다.

지금까지 설명한 연구에서, 타인을 돕지 않을 구실은 참가자로 하여금 비슷한 상황에서 다수가 아니라 소수의 학생들만이 도움의 손길을 주었으리라고 믿게 만들었다. 죄책감 회피 가설을 배제하도록 설계된 두 가지의 비교 연구에서, 연구진은 돕지 않을 또 다른 구실을 제공했다. 두 연구의 결과들은 본 연구의 결과와 아귀가 딱 들어맞았다. 그러므로 감정이입된 사람들이 타인을 돕는 이유에 대한 설명으로 죄책감 회피 가설이 맞지 않음을 증명하는 증거들이 얻어진 셈이다.

감정이입 외에 이타주의의 근원으로 또 무엇이 있을지를 생각해보는 것도 흥미롭다. 뱃슨은 두 가지 가능성을 생각했다. 한 개인이 자신과 동일시하는 집단의 이익을 위해 사심 없이 헌신하는 집단주의(collectivism), 그리고 도덕적 원칙 그 자체를 지키고자 하는 동기를 말하는 원칙주의(principlism)가 그것이었다. 예를 들어, 집단주의는 애국자로 하여금 나라를 위해 자신의 생명(또는 개인의 영달)조차 기꺼이 포기하게 만든다. 원칙주의는 간통은 그 자체로 옳지 않은 일이라 믿기 때문에 간통을 저지르지 않으려고 노력하는 유부남을 예로 들 수 있다(어쩌면 이 사람은 간통을 저지르고서는 살 수 없기 때문에 간통을 저지르지 않으려고 하는 것인지도 모른다).

이타주의의 또 다른 근원이 존재하는가의 여부에 대한 문제가 중요한 이유는, 이타주의의 근원으로서 감정이입의 정당성에 대해서는 많은 찬성론이 있었음에도 두 가지 중요한 결점이 있기 때문이다. 우리는 여기서 그 결점들을 강조하는 것으로 이 글을 마치기로 하겠다.

첫째, 감정이입은 감정에 호소하는 측면이 매우 강하다. 따라서 감정이입은 우리가 선택할 수 있는 것이 아니라 우리에게 일어나는 어떤 것이다. 물론, 이번 실험의 참가자들처럼, 의도적으로 다른 사람의 관점으로 보려고 노력할 수는 있다. 그러나 일상생활에서 이런 일은 매우 드물다. 대부분의 경우 우리는 자신에 대해서 어떤 생각을 하지 않고 즉각적으로 다른 사람을 도우려는 선한 감정에 수동적으로 사로잡힌다. 그러나 그러한 감정은 종종 상황적인 요소에 의해 생겨나고 그 대부분은 기회의 문제일 뿐이다(예를 들어, 곤경에 처한 사람이 우리를 닮았다거나, 그 사람이 어떤 곤경에 처해 있는지 확연히 보인다든가). 대개의 경우가 이러한데, 감정이입에 의한 이타적 행동에 얼마나 큰 칭찬을 해줄 수 있을까? 타인을 돕는 행동이라 하더라도 그 동기가 부분적으로는 우리가 제어할 수 없는 요소들의 결과라면, 순수한 동기였다 하더라도 굳이 칭송을 할 만한 것은 못 될지도 모른다.

그러나 원칙주의에 의한 이타적 행동은 이러한 바탕에서 비판할 수는 없다. 오로지 도덕적 원칙에 따르고자 하는 행동에는 의식적이고 의도적인 의지가 필요하다. 어쩌다가 우리에게 일어나는 일과는 다르다. 오히려 인간의 가장 깊은 내면에 자리 잡고 있는 심성의 표현일 수 있다. 따라서 우리는 원칙주의에 의한 이타적 행동을 불러온 자유의지가 단순한 인지적 환영이 아닌 이상, 그러한 모든 행동에 대해서는 그 정당성을 충분히 인정하고 신뢰할 수 있을 것이다.

감정이입의 또 다른 결점은 공정함이라는 도덕적 원칙에 위배되는 행동을 부를 수 있다는 것이다. 우리로 하여금 감정이입을 불러일으킨 사람이 언제나 객관적으로 우리의 도움을 절실히 필요로 하는 사람이라는 보장이 없다. 내 친구들과 내 가족의 복지까지 낯선 사람에게 가져다주는 것은 부당하게 보일 수도 있다. 윤리적으로 더욱 걸리는 것은 소수의 필요에 대한 감상적인 묘사가 다수의 필요에 대한 편파성 없는 묘사보다 감정이입을 더 잘 불러올 수 있다는 점이다. 그 때문에 우리는 바싹 야윈 굶주린 아이들에게 베풀어야 할 자선을 학대받은 귀여운 애완동물들에게 더 많이 베풀기도 하는 것이다.

원칙주의적인 이타주의의 장점은 그 영역이 편협하지 않다는 점이다. 보편적인 인권에 대해 열정적으로 헌신하는 사람은 더 많은 개인들에게 더 공평하게 이익을 나눠주려고 할 것이다. 그러나 추상적인 원칙은, 적어도 대부분의 사람들에게 있어서, 구체적이지 않기 때문에 감정이입보다 더 강한 동기가 되지 못할 수도 있다. 독재자 스탈린은 감정이입의 본질이 가지고 있는 아이러니에 대해 이렇게 간파했다. "한 사람의 죽음은 비극이다. 백만 명의 죽음은 통계 숫자다."

21

다만 명령에 따를 뿐

— 복종심의 법칙

"상황의 힘은 사람으로 하여금 권위자에게 기꺼이 복종하게 만들고
그 결과 때로는 가장 추악하고 경악스러운 행동까지 자행하게 만든다."

누가 그들을 복종하게 만들었는가?

——————————————————— 다른 사람이 시키는 대

로 무언가를 할 때, 우리는 그것을 '복종'이라고 한다. 복종은 종종 좋은

결과를 가져오기도 한다. 사회가 유연하게 기능하게 하고 위계적인 조

정이 필요한 대규모의 목적을 이루는 데 도움을 준다. 고대 그리스의 철

학자 소크라테스는 국가에 대한 복종의 중요성을 역설했다. 심지어는

독약을 마심으로써 자신이 속한 사회의 질서를 받아들였다. 그러나 복

종이 언제나 좋은 결과만 가져오는 것은 아니다. 플라톤은 정의롭지 못

한 법에 복종하는 것이 과연 지혜로운 일인가 의문을 제기했다. 역사는

비극을 부른 복종의 통절한 사례로 가득 찼고, 우리 시대의 계몽가들은

권위에 대한 모든 형태의 복종을 경계하고 있다.

베트남 전쟁이 한창일 때, 미육군 브라보 중대는 아무런 저항도 하지 않고 저항할 여력도 없는 오지 마을, 마이 라이에 쳐들어가 닥치는 대로 주민들을 학살했다. 마을 주민들이 적과 내통하고 있다는 혐의가 있었기 때문이다. 마을을 침공한 병사들 중 한 명은 훗날 남녀노소를 불문하고 그 마을 주민들을 숲속으로 몰아넣은 뒤 총을 쏘았다고 증언했다. 그는 지휘관의 명령에 따랐을 뿐이다. 그 지휘관, 벤자민 캘리 중위는 자신도 역시 명령에 따랐을 뿐이었다고 자신의 행동을 변명했다.

1978년, 짐 존스 목사를 추종하는 인민 사원(People's Temple) 신도 900명 이상이 자살을 하라는 명령을 받고 청산칼리가 든 음료를 마셨다 (그 중 몇몇은 자신을 겨눈 총부리 앞에서 어쩔 수 없이 독극물을 마셨지만, 대부분의 신도들은 기꺼이 그 음료를 마셨다).

1993년에는 데이비드 코레쉬를 추종하는 광신도들이 접근하는 군과 경찰들에게 사격을 가하라는 명령에 복종하면서 텍사스의 와코에 있는 본거지에 바리케이드를 치고 수 주간을 버텼다. (물론 이들을 공격한 군인과 경찰도 상관의 명령에 따르기는 마찬가지였다.) 정부와 광신도들의 대치 상황은 건물이 잿더미로 변하고 80명에 달하는 다윗파 교도들(그 중 20명은 어린아이였다)이 타죽고서야 끝났다.

이 사례들은 다음과 같은 인용문을 상기시키는 통탄할 만한 역사적 사건들의 극히 일부분에 불과하다. "길고 우울한 인간의 역사를 돌이켜보면, 반역의 이름으로 저질러진 범죄보다 복종이라는 이름으로 저질러진 범죄들이 훨씬 더 많고 훨씬 더 잔인했다는 것을 알 수 있다."

스탠리 밀그램(Stanley Milgram)은 인류 역사상 가장 수치스런 사건을 설명하고자 했다. 예일 대학교의 젊은 조교수였던 그는 뉘른베르크 전범 재판을 보고 넋을 잃었다. 특히 유럽의 유대인을 말살하려는 히틀러의 끔찍한 계획을 직접 수립했다는 혐의를 받은 아돌프 아이히만은 겉으로는 지극히 정상적인 남자였고, 예루살렘의 재판정에서 자신은 오로지 명령에 따랐을 뿐이라는 말만 되풀이했다. 아이히만의 태도는 한나 아렌트가 1965년에 '악의 평범성(vanality of evil)'에 대한 글을 쓰게 만든 전형적인 태도였다. 아이히만의 호소는 밀그램의 관심을 사로잡았다. 아이히만은 보통사람으로서는 이해할 수 없는 악인이었을까, 아니면 단지 명령에 복종한 것이었을까? 아이히만은 형언할 수 없는 사악한 열정, 유대인에 대한 반감이라고 알려진 광적인 이념에 의해 지배된 것일까, 아니면 자기도 모르는 사이에 증오와 자부심, 그리고 복수의 회오리에 사로 잡혀버린 보통사람에 불과한 것일까? 악은 어디까지 평범할 수 있을까?

사회심리학 실험을 통틀어 가장 유명한(또는 가장 악명 높은) 주제의 시작은 그 설계자의 단순한 관찰이었다.

1933년부터 1945년까지 수백만 명의 무고한 사람들이 명령에 따라 조직적으로 학살당했다는 사실은 정설이 되어 있었다. 가스실이 만들어졌고, 간수들은 죽음의 수용소를 지켰으며, 마치 도구를 생산하는 공장에서 효율성을 다투듯이 매일 나와야 할 시체의 숫자가 할당되었다. 이러한 비인간적인 정책은 단 한 사람의 머리에서 나왔을 수도 있지만, 많은 수의 사람들이 그 명령에 따르지 않았다면 그렇게 막대한 규모로 실행되지는 못했을 것이다.

이 단순한 관찰이 몇 가지의 당연한 의문을 불러왔다. 유대인 학살을 실행한 사람들이 그토록 극악무도한 명령에 복종하도록 만든 것은 무엇이었을까? 더 일반적으로 말해서, 권력자에게 복종하는 사람들은 어떤 경향을 가졌으며 그러한 경향을 완화하거나 강화하는 요소는 무엇일까?

밀그램은 애초에 문화적 차이를 굳게 믿는 사람이었다. 그는 2차 세계대전 당시의 나치에 대한 맹목적인 복종이 매우 드물게 볼 수 있는 현상이기는 하지만 독일인들의 매우 독특한 특성에 기인한다고 생각했다. 이 점을 보여주기 위해, 그는 복종에 대한 독특한 척도를 고안했다. 구체적으로 말하자면, 그는 학습에 있어서 체벌의 효과를 파악하기 위한 실험이라는 상황에서, 교사의 역할을 하는 한 개인이 권력자의 명령에 따라 학습자 역할을 하는 또 다른 사람에게 기꺼이 줄 수 있는 충격의 강도로 복종을 조작할 수 있게 했다(즉, 그는 측정할 수 있는 척도로 복종을 정의했다). 이렇게 복종의 척도를 고안한 밀그램은 아주 극소수를 제외하면 참가자 대부분이 타인에게 강력한 충격은 고사하고 약한 충격을 주는 것도 꺼려할 것이라고 생각했다. "아주 극소수의 참가자들만이 충격발생기의 상한선까지 갈 수 있을 것이고, 그들은 병리학적으로 극단적인 부류에 속하는 사람들일 것이다"라고 메이어(Meyer)는 주장했다.

밀그램은 예일대 주변 지역의 성인들을 연구하는 데서부터 출발했다. 그 사람들은 전체적으로 보았을 때 대표적인 인구 표본이라고 보기에 합당했다. 이 참가자들은 나중에 독일 참가자들(더 권위적이거나 나치와 비슷한 성격을 가졌을 것으로 예상되는)과 비교할 수 있는 기준이 되었다. 그러나 결국 밀그램은 독일인을 대상으로 한 연구는 실행하지 못했다. 미국인을 대상으로 얻은 연구 결과가 너무나 충격적이었기 때문이다.

밀그램의 복종 실험

밀그램은 예일 대학교의
화려한 실험실에서 학습에 관련된 연구에 참여하는 대가로 40명의 참
가자(연령층은 20~50대이며 직업도 다양했다)들에게 각각 4.5달러(1960년대 초라
는 배경을 생각하면 상당히 큰돈이었다)를 지불했다. 참가자들은 온화하고 붙임
성 있어 보이는 47세의 회계사이자 제2참가자라고 소개된 한 남성과 거
의 비슷한 시간에 실험실에 도착했다. 실험자는 회색 실험복을 입은 엄
격하게 보이는 고등학교 생물 교사(31세, 남성. 밀그램 본인은 아니었다)로서, 두
사람에게 체벌과 학습 사이의 관계를 밝히는 것이 이 실험의 목적이라
는 커버스토리를 설명했다.

인간을 대상으로 체벌에 대한 실험을 한 적이 없기 때문에 우리는 학습에 있
어서 체벌의 효과에 대해 아는 것이 맥우 적습니다. 예를 들어, 어느 정도의
체벌이 학습에 가장 효과적인지 우리는 알지 못합니다. 누가 체벌을 하느냐,
성인의 경우 자신보다 어린 사람에게서 배우는 것과 더 나이가 많은 사람에
게서 배우는 것 사이에 차이가 있느냐 등과 같은 문제에 대해 아는 것이 없
습니다. 그러므로 우리는 이 실험에 서로 다른 직업을 가진 다양한 연령의 참
가자들을 참여시키려고 합니다. 그 참가자들 중 일부는 교사의 역할을, 또 다
른 일부는 학습자의 역할을 하게 됩니다. 교사와 학습자로서 서로 다른 사람
들이 서로에게 어떤 영향을 미치는지를 확인하는 것이 이 실험의 목적입니

다. 또한 이런 상황에서 체벌이 어떤 효과가 있는지도 밝히고자 합니다. 그러므로 두 분 중 한 분이 오늘 밤 이곳에서 교사의 역할을 해주시고, 한 분은 학습자의 역할을 해주시기 바랍니다.

여기서 두 명의 참가자(한 명은 진짜 참가자, 한 명은 참가자를 가장한 공모자)가 제비뽑기로 각자의 역할을 정한다. 그러나 이 제비뽑기는 항상 진짜 참가자가 교사의 역할을 맡도록 사전에 조작되어 있다. 제비뽑기가 끝난 후, 두 참가자는 옆방으로 들어갔다. 그 방에는 불행한 학습자(실험자의 협력자)가 두 손이 고정된 채 앉아 있었다.

실험자는 학습자가 갑작스럽게 움직이거나 탈출하려는 시도를 막기 위해 팔을 묶은 것이라고 설명했다. 옆방의 충격발생기와 연결된 것으로 보이는 전극봉이 학습자의 손목에 부착되어 있고, '화상이나 물집이 생기는 것을 막기 위해' 전극봉과 학습자의 피부 사이에는 전극풀이 발라져 있었다. 참가자들을 더 완벽하게 속이기 위해, 학습자는 매우 긴장한 모습으로 실험자에게 이 충격이 아프냐고 묻고, 실험자는 좀 아프기는 하지만 지속적인 손상은 남기지 않는다고 무덤덤하게 대답했다. (이어진 연구에서, 학습자는 지나가는 말로 자신은 '심장질환'을 갖고 있다고 말했다.) 따라서 진짜 참가자는 그다지 부러워할 것이 없는 학습자의 처지를 충분히 이해할 수 있었다.

그다음, 실험자는 참가자에게 수행해야 할 과제를 설명했다. 참가자는 옆방의 학습자에게 마이크를 통해 단어의 쌍이 나열된 목록(blue-sky, nice-day, wild-duck……)을 읽어준다. 학습자의 과제는 그 단어의 쌍들을 암기하는 것이었다. 그리고 참가자가 각 단어 쌍의 첫 번째 단어를 다른 네 개의 단어와 함께 읽으면(blue…… ink, sky, box, lamp), 학습자는 앞에 놓은 네 개의 버튼 중 하나를 눌러 그 나머지 네 개의 단어 중 첫 번째 단어와 쌍을 이루었던 단어를 표시한다. 그러면 참가자가 앉아 있는 옆 방에서 응답상자의 조명 네 개 중 하나에 불이 들어오면서 학습자의 응답이 표시된다. 응답상자는 정말 진짜처럼 보이는 충격발생기 바로 위에 놓여 있었다.

충격발생기의 계기판에는 모양이 똑같은 레버 스위치 30개가 달려 있고, 각각의 스위치에는 발생 전압이 표시되어 있었다. 첫 번째 스위치(맨 왼쪽)에는 15볼트라고 쓰여 있고, 두 번째 스위치에는 30볼트, 세 번째 스위치에는 45볼트라고 쓰여 있었다. 처음 세 개의 스위치 위에는 '미세한 충격'이라고 쓰여 있었다. 오른쪽으로 가면서 스위치 세 개마다 '중간 충격' '강한 충격' '매우 강한 충격' '강렬한 충격' '극도로 강렬한 충격' '위험: 극심한 충격'이라고 쓰여 있다. 그리고 마지막 두 개의 스위치에는 무시무시하게도 'XXX'라고 쓰여 있었다. 스위치를 누를 때마다 표시등에 불이 들어오고 전기가 통하는 소리가 들리면서 파란색 조명(전압충전기에 표시된)이 반짝거렸다. 그와 동시에 전압계의 바늘이 오른쪽으로 움직였다.

이 상황을 더욱 진짜처럼 보이게 하기 위해 모든 참가자들에게 실험을 시작하기 전에 전기충격을 체험하게 했다. 전극을 각자의 손목에 대고 세 번째 스위치를 누르면, 진짜 45볼트의 충격이 가해졌다. 참가자들의 반응으로 보아 그 충격이 상당히 강했음이 분명했다. 사실 이 참가자들은 자신이 받은 전기충격이 실제로는 더 큰 전압이었을 거라고 추측하기도 했다. (이들은 학습자가 자신이 받은 충격의 10배까지 감당할 수 있을 거라고 계산하기도 했다!) 참가자들에게 학습자가 틀린 답을 말할 때마다 충격을 주도록 했다. 처음에는 15볼트에서 시작해서 틀린 답이 나올 때마다 한 단계씩 오른쪽으로 옮겨가면서 충격의 크기를 증가시키는 것이었다.

단어 쌍의 리스트 전체를 여러 번 반복해야 하는 경우가 발생하더라도, 참가자는 학습자가 모든 단어 쌍을 올바로 짝지을 때까지 질문을 반복하면서 이런 식으로 충격을 계속 증가시켜야 했다. 그러나 참가자만 모르고 있을 뿐, 학습자는 미리 정해진 각본대로 응답하고 있었다. 전체 리스트 중 4분의 1만 옳게 대답했던 것이다. 더욱이, 이 연구에서 학습자는 300볼트의 충격을 받은 후 벽을 두드리고는 그 후로 더 이상 대답을 하지 않았다. 실험자는 학습자로부터 반응이 없자 놀라고 당황하는 참가자에게 반응이 없을 때는 답이 틀린 것으로 간주하고 충격을 315볼트로 증가시키라고 지시했다. 315볼트의 충격을 받은 학습자는 다시 벽을 두드리고, 이것을 마지막으로 다시는 아무런 소리도 내지 않았다. 그리고는 무거운 침묵이 이어졌다.

참가자는 본능적으로 실험자를 돌아다보며 어떻게 해야 할지 지시를 기다렸다. 어떤 참가자는 아무 반응이 없는 학습자에게 더 이상 충격을 주기를 거부했다. 실험자는 미리 순서를 정해둔 다섯 개의 문장을 정중하지만 단호한 어조로 말한다. "계속해주십시오." "계속하십시오." "실험을 계속해야만 합니다." "계속하시는 것이 절대적으로 중요합니다." "다른 선택의 여지가 없습니다. 계속해야 합니다." 학습자의 신체 상태에 대해 우려를 표시하는 참가자가 있으면, 실험자는 아주 현실적인 어조로 응답했다. "충격이 고통스럽기는 하겠지만, 신체적인 손상은 없습니다. 그러니 계속하십시오." 참가자가 실험을 중단하겠다고 말하면, 실험자는 이렇게 반박했다. "학습자가 싫어하든 좋아하든, 당신은 저 학습자가 모든 단어 쌍을 정확하게 암기할 때까지 계속해야 합니다. 어서 계속해주십시오."

밀그램은 이 연구에서 다양한 데이터를 수집했다. 때로는 일방 거울을 통해 참가자의 사진을 촬영했고, 실험자는 계속 메모를 했다. 때로는 제3의 관찰자가 참가자의 특이행동을 기록했다. 학습자가 응답한 순간부터 참가자가 충격발생기의 스위치를 누를 때까지 걸린 시간도 기록되었다. 그러나 가장 중요한 종속변수는 참가자가 더 이상의 실험을 거부하기 직전에 학습자에게 어느 정도의 충격까지 주느냐 하는 것이었다. 밀그램의 일차적인 목적은 참가자가 실험자(이 상황에서 권력자인)에게 어디까지 복종하는지를 보는 것이었다.

모든 실험이 끝난 후, 참가자는 설문지를 작성하고, 교사로서 자신의 경험에 대해 잉크 얼룩 테스트 같은 투사기법(projective measures) 측정과 태도 변화를 측정했다. 그 후에 참가자에게 이 실험의 진짜 목적에 대한 설명이 있었다. 학습자가 자신의 정체를 다시 소개하고 사실은 아무런 고통도 당하지 않은, 이 실험의 공모자였음을 밝혔다. 사실이 밝혀지는 순간을 촬영한 영상을 보면, 참가자들이 얼마나 놀라고 충격을 받았는지가 생생하게 드러났다.

이토록 인간은 잔인한가?

───────────── 밀그램은 무엇을 발견했을까? 다양한 배경, 다양한 성격을 가진 100명의 사람들이 밀그램의 실험에 참가했다고 상상해보자. 100명 중 몇 명이 실험자의 명령에 복종하여 자신과 비슷한 다른 참가자에게 15볼트의 충격을 주었을까? 100명 중 몇 명이 30볼트, 34볼트, 60볼트로 점점 충격의 강도를 올렸을까? 학습자가 그만 놓아달라고 애원하고, 벽을 두드리고, 끝내는 침묵에 이른 후에도 계속 강도를 올려서 급기야 극단적으로 강렬한 충격까지 갔던 참가자는 몇 명이나 될까? 450볼트의 'XXX' 등급까지 버텨냈던 참가자는 몇 명일까? 밀그램이 동료들과 예일대 심리학과 학생들에게 이런 질문을 던지자 대부분이 '매우 강한 충격'까지 갔던 참가자는 소수일 거라는 대답을 내놓았고, 최고 수준의 충격까지 가는 참가자는 극소수 (0~3%)에 불과할 거라고 대답했다. (인근 의과대학의 정신과 의사 40명은 이와 유사한 실험을 계획하면서 고작 참가자의 1%, 즉 심하게 성격이 뒤틀리고 가학적인 사람들만이 최고 수준의 충격을 줄 거라고 예상했다) 보통사람들에게 이런 상황에서 자신이라면 어떻게 행동할지를 예측하게 하자, 가장 미미한 수준의 충격을 넘어선 정도의 충격을 타인에게 가할 수 있으리라고 예상한 사람은 한 사람도 없었다.

일반적인 예측이 이러한 가운데, 밀그램의 실제 결과는 경악스러운 것이었다. 학습자가 벽을 두드리는 소리가 분명하게 들렸던 300볼트의 충격에 이르기까지 실험을 중단한 참가자는 단 한 명도 없었다. 이 시점에서 다섯 명의 참가자가 실험을 계속하기를 단호하게 거부했다. 315볼

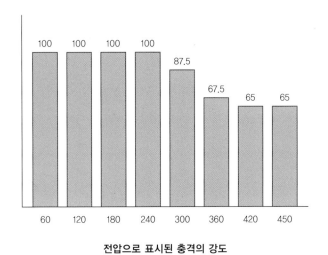

전압으로 표시된 충격의 강도

충격의 강도를 높이면서 '학습자'에게 충격을 주라는 실험자의 명령에 복종한 참가자의 백분율.

트에서 학습자는 다시 한 번 벽을 두드렸으며, 여기서 네 명의 참가자가 또 실험의 진행을 거부했다. 330볼트에서 두 명의 참가자가, 345볼트, 360볼트, 그리고 학습자가 아무런 반응을 보이지 않기 시작한 375볼트에서 각각 한 명씩의 참가자가 실험을 포기했다. 나머지 26명의 참가자들은 390, 405, 420, 435, 450볼트까지 충격을 계속 주었다. 다시 말해, 65퍼센트의 참가자들이 학습자에게 (단어 쌍을 올바로 암기하지 못했다는 이유로) 가장 치명적인 단계의 충격('위험: 극심한 충격', 'XXX')까지 주었다는 뜻이다. 이 참가자들도 종종 공포, 주저, 분노 등의 부담감을 표시하긴 했지만, 일부 참가자들은 끝까지 침착했다. 밀그램은 실험이 진행되는 동안 참가자들의 태도에 대해 이렇게 평가했다.

실험자가 실험의 중단을 명령하자 복종적이었던 많은 참가자들이 안도의 한숨을 내쉬며 이마를 닦거나 눈을 문지르거나, 떨리는 손으로 담배를 물었다. 어떤 참가자는 고개를 절레절레 저으며 후회하는 모습이 역력했다. 그러나 일부는 실험의 처음부터 끝까지 시종일관 침착한 태도를 잃지 않았으며 긴장하는 듯한 모습도 극히 미미했다.

그 뒤로 연이어진 밀그램의 여러 연구에서 발견된 사실들도 주목할 만하다. 앞서 언급했듯이, 밀그램은 예상치 못했던 결과가 나오자 자신의 전체적인 패러다임 안에서 참가자들의 복종에 영향을 미쳤던 요인들을 하나씩 분리하려는 시도를 했다. 예를 들어, 이 연구를 후원하는 기관(즉, 예일 대학교)의 명성이 그러한 드라마틱한 결과를 이끌어내는 데 일조를 했을지도 모른다고 추측했다. 그래서 코네티컷 주의 브리지포트 시내에 있는 허름한 상업건물로 실험장소를 옮겼지만, 여기서도 절반이 넘는 참가자들이 끝까지 충격의 강도를 높이며 실험자의 명령에 복종한다는 결과를 얻었다.

밀그램은 학습자와 교사 또는 실험자 사이의 물리적 또는 심리적 거리가 결과에 영향을 미친 것은 아닐까 하는 생각도 했다. 그래서 한 연구에서는 실험자가 참가자와 동석한 상태에서 실험을 지시하게 하지 않고 별도의 공간에서 전화 또는 녹음기로 지시하도록 해보았다. 이런 상황에서는 16퍼센트의 참가자만이 실험을 끝까지 진행했다(그리고 일부 참가자들은 지시받은 대로 충격을 주지 않고 더 낮은 강도의 충격을 주는 식으로 실험자를 속였다).

또 다른 연구에서는 학습자를 참가자와 같은 방에서 10여 센티미터 차이만 두고 거의 붙어 앉게 했다. 애초 연구에서 학습자가 괴로워하는 소리만 들을 수 있게 했던 데서 더 나아가 시각적으로도 볼 수 있게 했던 것이다. 이 상황에서는 65퍼센트가 아닌 40퍼센트의 참가자들만이 최고 강도의 충격까지 진행했다. 교사 역할의 참가자가 학습자의 손을 직접 잡아다가 충격판(교사는 충격을 받지 않도록 플라스틱 방패막이가 부착된)에 대고 있게 한 또 다른 실험에서는 그보다 훨씬 적은 숫자의 참가자만이 실험을 끝까지 진행했다(그러나 여전히 상당히 많은 숫자였다).

지칠 줄 모르는 호기심으로, 밀그램은 세 명의 교사(그 중 두 명은 사실 이 연구의 공모자였다)가 함께 충격을 가하는('우연히' 진짜 참가자가 충격발생기의 스위치를 직접 누르게 했다) 방식으로 복종에 대한 집단의 압박 효과도 테스트했다. 다른 두 명의 교사가 실험자의 명령에 순종적으로 복종하면서 고통받는 학습자에 대해 아무런 동정도 보이지 않으면, 진짜 참가자도 똑같은 태도를 보였다(72%의 참가자가 최고 강도의 충격까지 주었다). 그러나 다른 두 명의 교사가 실험자에게 저항하자(150볼트와 210볼트에서 각각 실험을 거부했다), 진짜 참가자도 다른 상황에서의 경우보다 훨씬 더 분명하게 자신의 의사를 표현했다(오직 10%의 참가자만이 최고 강도의 충격까지 실험을 진행했다).

흥미롭게도, 원래 연구에서 마지막 단계까지 실험을 진행했던 참가자로 하여금 학습자가 틀린 답을 말할 때 주는 충격의 강도를 본인이 스스로 결정하게 하자 40명 중 단 한 명만이 450볼트까지 진행했다. 그러나 다른 참가자(실제로는 연구의 공모자)가 충격발생기의 스위치를 누르고, 자신은 그 옆에 서서 구경만 하는 보조적인 역할을 맡길 경우, 최고 강도까지 가는 참가자의 백분율은 놀랍게도 65퍼센트에서 93퍼센트로 껑충 뛰었다. 수동적인 역할을 맡은 참가자들은 학습자에게 가해지는 충격을 중단시키기 위한 실질적인 행동으로 나서는 경우가 매우 드물었다. 이로써 2차 세계대전 당시 나치가 조직적인 학살을 자행하는 동안 평범한 독일인들이 침묵을 지키고 방관했던 이유를 설명할 수 있지 않을까?

마지막으로, 이런 상황에서 개인의 도덕적 용기나 성격이 중요하다고 믿고 싶은 사람들에게는 유감스럽게도, 밀그램은 인성적 특질과 인구통계학적 변수는 전체적인 결과에 큰 영향을 주지 못한다는 사실을 발견했다. 권위주의적(권위를 엄격하게 보호하고 약자와 저항자에 대한 동정이 없는) 기질이 다분한 참가자들의 복종 성향은 그러한 기질을 적게 가진 참가자들보다 아주 약간 높았을 뿐이다. 로마 가톨릭 신자들의 복종 성향도 개신교나 유대교 신자들보다 약간 더 높았다. 교육수준과 소득수준이 낮은 참가자들이 고학력, 고소득자들보다 약간 더 높은 복종 성향을 보였다. 그러나 기본적으로, 밀그램의 실험실에 등장했던 사람들 대부분의(남녀를 불문하고) 개인적인 차이는 그들이 정말 진짜처럼 보이는 충격발생기가 놓여 있고 독선적인 실험자가 함께 있는 그 실험실에서 보여주었던 행동과 거의 아무런 상관이 없었다.

인간은 생각보다 자주적이지 않다

1963년에 밀그램이 발견한 사실들은 학계는 물론이고 온 세상에 큰 충격을 던져주었다. 밀그램의 연구 결과는 인간의 본성에 자극을 주어 잔인하게 변하도록 만드는 것은 어렵지 않으며 비인간적인 행동 역시 악의적인 권력자가 존재하는 상황에서는 쉽게 나타날 수 있다는 결론으로 이어졌다. 밀그램의 말을 빌리면, "대단히 많은 사람들에게 명령이 주어지고 그 명령이 합법적인 권력(권위)으로부터 나왔다고 인식되는 한, 사람들은 그 명령에 따른 행동의 내용이나 양심의 한계에 상관없이 명령 받은 대로 행동한다."

밀그램의 연구 결과는 도덕적 자기만족의 해독제로, 우리는 독일 나치 세력의 아돌프 아이히만이나 마이 라이에서 캘리 중위, 또는 가이아나 존스타운의 자살 피해자와 같은 행동을 하지 않을 거라고 스스로 확신하기 어렵게 만든다.

우리는 스스로를 상황의 압력에 대해 상대적으로 강한 자주적인 행위자라고 생각하고 싶어 하지만, 사실은 그렇지 않다는 것이 분명하다. 밀그램의 연구는 상황이 한 사람의 행동에 얼마나 큰 영향을 줄 수 있는지를 분명하게 보여주었다. 이러한 결과는 입에 쓴 약과 같고, 보통사람으로서는 받아들이기 쉽지 않다. 저명한 소설가인 커트 보네거트 주니어는 이렇게 말했다. "만약 내가 독일에서 태어났다면, 나도 나치가 되어 눈밭에 부츠 자국을 찍고 돌아다니며 마치 내가 고고한 도덕성을 가진 양 고결한 척하면서 유대인과 집시와 폴란드인들을 배척하고 학대했을 것이다." 그러나 그러한 솔직한 고백은 역사의 우울한 단면을 보여준다. 역사의 밝은 면을 보기 위해서는 그러한 상황이 얼마든지 있을 수 있다는 가능성을 인식하고 그러한 상황의 발생을 막을 수 있는 능력을 키워야 할 것이다.

또한 확연히 다른 방법을 이용한 다른 학자들도 비슷한 결론을 의미하는 비슷한 결과를 얻었다는 점도 주목해야 한다. 예를 들어, 한 연구에서는 어떤 의사가 간호사에게 전화를 걸어 환자에게 통상적으로 쓰이지 않는 약물을 안전한 기준보다 두 배나 많은 양으로 주사하라고 지시했다. 22명의 간호사 중에 한 명을 제외한 나머지 간호사 전부가 의사의 지시대로 하려고 했고, 마지막 순간에 연구 조교의 제지를 받고서야 주사를 멈추었다. 밀그램의 연구 결과는 다른 나라에서도 비슷하게 나타났다. 이러한 모든 경향들은 권력(권위)에 대한 복종이 1960년대 뉴 헤이븐(밀그램이 실험을 진행했던 곳의 지명)에서도 있었다는 결론을 더욱 공고하게 해주었다. 밀그램의 연구 결과는 결코 헛된 것이 아니었던 것이다.

22

두건을 쓴 폭도

― 익명성의 가면 법칙

> "집단에 흡수될 경우 매우 충동적인 상태가 된다. 또한 익명성을 느끼고, 자기 인식이 축소되며 다른 사람들의 행동을 무의식적으로 따르게 된다. 이러한 탈개인화 상태는 억제되지 않은 종종 공격적이고 파괴적인 행동으로 이어진다."

정상적인 사람들의 악마 같은 행동

절망에 빠진 한 사람이 10층 건물 옥상의 난간에 걸터앉아 있다. 지나가던 사람들이 그 사람을 보고 위험천만한 상황을 경고한다. 섬뜩한 호기심에 사로잡힌 또 다른 사람들은 난간 위에 앉은 사람의 투신 결심을 부추긴다. 혼잡한 러시아 위의 길거리에서 구경꾼들은 순식간에 500명으로 불어난다. 경찰이 현장에 도착해서 자살하려는 사람을 구조하고 상황을 종료시키기 위해 분주하다. 그런데 갑자기 어둠과 군중 속에서, "저 바보 자식 얼른 뛰어내리라고 해!" 하는 소리가 들려온다. 금방이라도 폭발할 듯한 군중 사이에서 누군가가 더욱 강요조의 목소리로 "뛰어내려!" 하고 소리친다. 앰

뷸런스가 도착하고, 옥상으로부터 흙부스러기 같은 것들이 떨어진다. 조롱과 야유가 터져 나오고, 얼마 지나지 않아 합창을 하듯 사람들이 소리친다. "뛰어내려! 뛰어내려!"

여기서 궁금증이 생긴다. 왜 정상적인 양심을 가진 사람들이 이런 악마 같은 행동을 할까? 일반적으로 말하자면, 왜 사람들은 지배적인 사회적 규준을 위반하고 직접적으로 또는 간접적으로 주변사람들에게 상처를 주는 걸까? 왜 자신의 윤리와 도덕적 기준을 외면하고 부도덕한 행동을 하는 걸까? 이런 궁금증에 대한 답들이 가능성 있는 원인들의 놀라운 조합들을 보여준다. 유전적 결함, 도덕적 결함, 언론의 영향, 사회의 붕괴 등이 그 원인이다.

르봉(Le Bon) 등 몇몇 사회심리학자들은 커다란 집단 속에 들어가는 것만으로도 충동적이고 무자비한 행동을 하기에 충분하다고 주장해왔다. 르봉 역시 군중 속에 몰입된 사람이 '어떻게 문명의 계단에서 서너 칸을 추락하게 되는지'를 설명했다. 페스팅거와 그의 동료들도 이 주제를 선택해, 방종하고 반사회적인 행동은 종종 일시적으로 자기 스스로의 눈이나 다른 사람의 눈에 '한 개인으로서의 사람'으로 간주되지 않는 집단의 일원에 의해 저질러진다는 주장을 내놓았다. 이러한 탈개인화(dedindividuation)의 상태에는 여러 가지 특징이 있다. 자기인식의 축소, 익명성, 자발적 충동의 증가, 환경의 변화에 대한 예민한 반응, 충동적 행동에 대한 내적 통제의 붕괴 등이 그것이다.

짐바르도(Zimbardo)는 한 실험으로 탈개인화를 설명하고자 했다. 그는 여성 참가자들로 하여금 다른 여성 참가자들(실은 이 참가자들은 진짜 참가자가 아니라 공모자였으며, 실제로는 전기충격을 전혀 받지 않았다)에게 전기충격을 주고 있다고 믿게 만들었다. 참가자들은 혼자서, 또는 집단으로 다른 참가자(공모자)에게 전기충격을 주었다. 연구진은 집단으로 과제를 수행할 때에는 참가자들 중 누가 공모자에게 전기충격을 주는지 자신도 알 수 없다고 말해주었다. 더욱이, 참가자들은 마치 KKK 단원의 복장과 비슷하게 본인의 신체 크기보다 훨씬 큰 실험복을 입거나(익명성을 보장), 평상복을 입거나, 본인의 이름을 적은 명찰을 달고 있었다(참가자의 신원을 금방 파악할 수 있도록). 마지막으로, 일부 참가자들은 성격이 좋은 공모자를 대상으로 전기충격을 주었고, 다른 참가자들은 불쾌한 느낌을 주는 공모자를 대상으로 전기충격을 주었다.

짐바르도는 집단에 끼어서 실험복을 입었을 경우 참가자가 공모자에게 전기충격을 주는 시간이 길고, 이는 탈개인화의 개념과 일치한다는 것을 발견했다. 그러나 혼자서 익명성이 보장된 참가자의 경우에는 그 반대의 효과가 나타났다. 이 경우, 무례한 공모자에게 충격을 주는 시간이 짧아졌다. 또 한 가지 의미심장한 것은, 신원을 밝히고 있는 참가자들은 상냥한 공모자보다 무례한 공모자에게 더 긴 시간 충격을 주었지만, 익명성을 보장 받은 참가자들은 상냥한 공모자나 무례한 공모자나 충격을 주는 시간의 길이에 차이가 없었다는 점이다. 익명성이 보장되자 적개심이 증가했을 뿐만 아니라 상대에 대한 징벌의 의식도 강해졌던 것이다.

모든 사회심리학자들이 짐바르도의 실험에서 참가자들이 탈개인화 그 자체를 경험했다는 데 동의하지는 않을 것이다. 일부 학자들은 왜 집단 속의 개인은 반사회적인 행동을 하는 경향이 있는가에 대한 새로운 설명을 찾고자 했다. 어쩌면 모델링(modeling)이 결정적인 메커니즘일지도 모른다. 구성원들이 로봇처럼 기계적으로 서로에게 충동적인 행동을 촉발시키는 집단 속에서 사악함은 전염이 되는 걸까? 쇼핑몰에서 갑자기 전력이 끊겨버렸을 때, 누군가가 광포한 행동을 하는 것을 보면 자신도 값비싼 상품을 약탈하게 되는 걸까? 학자들은 또 책임(responsibility)의 역할을 궁금해 했다. 예를 들어, 집단에 속한 구성원들의 책임에 의도적으로 변화를 주면(집단 속의 누군가에게 명시적으로 책임을 집중시키면), 다른 구성원들의 무분별한 반사회적 행동은 더욱 극단적으로 치닫게 될까? 에드워드 디너(Edward Diener)와 동료들의 연구는 바로 이 문제를 파헤친 것이었다.

익명성의 가면 뒤에서

─────────────────────────── 이 실험은 할로윈 데이에 시애틀 전역의 가정집 스물일곱 곳에서 1,352명의 어린이들이 참가해 진행되었다. 27곳의 가정은 모두 비슷하게 꾸몄다. 정문을 열고 들어가면 낮은 테이블이 있고, 테이블 한쪽 끝에는 한입 크기의 막대 사탕이 여러 개 담긴 커다란 그릇이 놓여 있다. 그 반대편에는 1센트짜리 동전과 10센트짜리 동전이 든 커다란 그릇이 놓여 있다. 아이들은 할로윈 밤이면 대개 혼자든 떼를 지어서든 사탕을 얻으러 다닌다. 한 여자(사실은 공모자)가 친절하게 아이들을 맞이하며 아이들이 입은 의상을 칭찬한다. 아이들(혼자 오는 아이든 여럿이 함께 온 아이든) 중 몇몇에게 조심스레 이름을

물어본다. 여자는 그 아이의 이름과 사는 곳을 물어보고, 아이들의 대답을 자신도 반복한다. 다른 아이들에게는 이름도, 사는 곳도 물어보지 않는다. 나머지 아이들은 익명인 상태로 두는 것이다. 여자는 이제 아이들에게 사탕을 한 개씩만 집어가야 한다고 말한다. 아이들이 동전이 든 그릇에 대해서 물어보면, 그냥 사탕을 한 개씩만 집어가야 한다는 것만 다시 한 번 강조한다.

몇몇 가정에서는 가장 어린 아이(아이들이 여럿이 함께 온 경우)에게 다른 아이들이 사탕을 하나씩만 집어가도록 감독할 책임을 맡겼다. 이 실험에서 책임의 이전(Shifted responsibility)에는 세 가지 유형이 있었다. 책임을 맡은 아이까지 포함해 무리를 이룬 아이들 모두가 익명의 상태를 유지한 경우, 책임을 맡은 한 아이만 이름을 밝히고 나머지 아이들은 익명 상태를 유지한 경우, 책임을 맡은 아이를 포함한 모두가 이름을 밝힌 경우였다. 가장 어린 아이에게 책임을 맡기면 규칙을 위반하기가 더욱 쉬워질 터였다. 더 큰 아이들은 자신이 한 짓이 발각되어도 책임을 진 아이를 탓할 수 있기 때문이었다.

이렇게 다양한 조작이 설정된 후, 아이들을 맞이한 여자는 다른 방으로 돌아가 할 일이 있다고 말했다. 하지만 연구 조교 한 사람이 장식물 뒤에 몸을 숨긴 채 엿보기 구멍으로 방 안을 관찰하면서 사탕을 몇 개 집어가고 동전은 몇 개를 가져가는지 기록하고 있다는 것을 아이들은 모르고 있었다.

결과는 어땠을까? 약 3분의 1에 해당하는 아이들이 동전을 집어가거나 사탕을 하나 이상 집어가거나 또는 그 두 가지 규칙을 모두 위반했다. 익명성과 집단의 일원이라는 점 두 가지 모두가 중요한 주 효과(main effect)로서 작용했다. 즉, 그 두 가지가 각각 모두 아이들이 규칙을 위반하는 데 영향을 주었다(그 두 가지가 함께 존재하는 경우 규칙을 위반한 수가 증가했다). 그러나 더욱 주목할 만한 발견은 이러한 요소들이 서로 상호작용을 했다는(한 가지 요소의 효과가 다른 요소의 효과에 의존했다는) 점이다. 혼자서 온 아이들의 8퍼센트가 사탕을 하나 이상 더 집어가거나 동전을 집어갔다. 혼자서 왔지만 이름을 밝히지 않았거나 무리지어 온 아이들의 경우 21퍼센트가 그 두 가지 중 한 가지 규칙을 위반했다. 무리지어 왔으며 이름도 밝히지 않은 아이들의 경우 57퍼센트가 사탕을 더 집어가거나 동전을 집어갔다. 따라서 아이들은 익명성이 보장되면 사탕을 더 집어가거나 동전을 집어갔지만, 특히 무리를 이룰 경우 그 정도가 더 심했다.

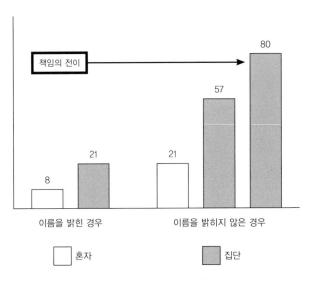

할로윈 밤에 사탕을 얻으러 간 아이들이 규칙을 어긴 사례(백분율). 혼자일 경우와 집단일 경우, 이름을 밝힌 경우와 밝히지 않은 경우.

또 한 가지 충격적인 발견은, 책임의 전이 효과와 익명성이 함께 보장되면 그 두 가지 중 한 가지만 보장될 때보다 훨씬 더 그 효과가 커졌다는 점이다. 이 경우 80퍼센트의 아이들이 동전을 집어가거나 사탕을 하나 이상 집어갔다.

연구진은 집단에 속해 있을 때의 효과가 모델링에 귀인하는지 판단하고자 했다. 집단에 섞여 있는 것이 그 사람으로 하여금 보다 자유롭게 규칙을 위반하도록 만드는 것인지, 아니면 그 집단의 다른 사람이 규칙을 위반하는 것을 관찰함으로써 집단의 효과가 개인의 행동에 영향을 미치는 것인지 결정하고자 했다. 연구진은 후자의 경우가 확실하다는 증거를 발견했다. 규칙을 위반하는 비율은 무리지어 사탕을 얻으러 와서, 가장 먼저 사탕을 집어간 아이가 규칙대로 하나만 집어간 경우보다 첫 번째 아이가 하나 이상의 사탕을 집어간 경우가 훨씬 높았다. 또한 혼자 사탕을 얻으러 온 아이보다 무리지어 와서 제일 먼저 사탕을 집어간 아이가 규칙을 위반하는 경우 역시 규칙을 위반하는 아이들이 훨씬 더 많다는 사실도 발견했다. 이는 집단의 규칙 위반율이 높은 이유가 오직 모델링 때문만은 아니라는 것을 의미한다. 익명의 집단 내부에서는 모델링 외에도 다른 현상(이를테면 탈개인화)이 일어나면서 아이들로 하여금 반사회적인 행동을 하도록 부추기고 있었다. 익명성과 집단의 일원이라는 사실이 첫 번째 아이의 행동에 영향을 주었고, 그 아이의 행동은 그 집단에서 뒤를 이어 사탕을 집어간 아이들이 따르는 행동의 규준이 되었던 것이다.

걷잡을 수 없이 커지는 군중 행동

디너를 비롯한 연구진은 특정 변수, 즉 집단의 일원이라는 사실, 익명성, 책임의 전이 등의 상호작용이 어떻게 금지된 행동의 분명한 상승효과를 일으키는지를 보여주었다. 끼리끼리 소수로 떼를 지어 몰려다니면서 마녀, 미이라, 해적의상 (당시는 〈슈렉〉이나 〈스크림〉 의상이 등장하기 훨씬 전이었던 1970년대였다) 등으로 다분히 익명성을 누리게 되자, 각각의 아이들은 허용된 것보다 더 많은 사탕을 몰래 집어 들거나 바로 옆에 놓인 동전그릇에까지 손을 댔던 것이다. 이 아이들은 다른 아이가 그 비행의 책임을 지게 되는 경우 더욱 대담해졌다.

이렇게 사소한 규칙 위반은 보다 심각한 범죄의 모델이 된다. 탈개인화는 실제로 매우 심각한 문제를 야기하기도 한다. (십중팔구 탈개인화 현상이 일어났을) 군중 행동의 역사적인 사례는 매우 많다. 1900년대 초, 미국에서 흑인들을 대상으로 자행되었던 자경단원들의 린치 행위와 폭력에서부터 1938년 나치 깡패들이 유대인의 재산을 약탈하고 그들의 회당을 불사른 일, 1960년대 백인 우월주의에 대한 반감으로 와츠, 할렘, 뉴어크 등에서 일어난 폭동까지 수도 없이 많다. 한껏 감정이 고조된 록콘서트장은 한곳으로 우르르 몰린 관중 때문이 난장판이 되기 일쑤고, 수십 명이 다치거나 심지어는 사상자(이 경우는 탈개인화 못지않게 흥분이 원인이겠지만)까지 생긴다. 스포츠팬, 특히 하키, 축구, 미식축구 팬들은 큰 소란을 일으키는 것으로 악명이 높고, 그들의 소란은 종종 비극적인 군중 행동으로 끝난다. 심지어 흥겨워야 할 승리의 축하 행사까지도 재앙으로 끝난다. NBA 리그에서 챔피언이 된 팀의 연고지에서는 도시 전체가 갑자기 광란의 도가니가 되어 음주와 파괴, 약탈, 방화, 폭행 사건까지 일어난다. 이와 비슷하게, 법원의 판결에 불만을 품은 군중이 도시 전체를 아수라장으로 만드는 경우도 있다. LA에서 아무런 방어력도 없는 무고한 흑인 시민(로드니 킹)을 폭행한 장면이 비디오로 촬영되어 체포되었던 경찰들이 무죄로 석방되자 폭동이 일어났던 사건을 생각해보자. 이런 사건들은 어느 정도 예측이 가능하므로, 경찰력을 강화하는 등 예방적인 조치를 취할 수 있다. 그러나 많은 경우에 광포한 군중 행위는 예측할 수 없이 순식간에 일어난다. 이러한 사회적 소동은 사전예방보다는 사후약방문으로 끝나기가 더 쉽다.

맨(Mann)은 과거의 기록을 추적하여 자살을 부추기는 행동(이 장의 서두에 설명한)에 대한 아주 흥미로운 연구를 진행했다. 맨은 〈뉴욕 타임스〉와 〈시카고 트리뷴〉의 15년치 기사 중 자살 기도자가 자살을 하겠다고 위협하는 현장에 군중이 있었던 경우와 실제로 높은 곳에서 투신해 자살한 경우를 취재한 기사들을 뒤졌다. 캔은 이 사건들의 발생 장소, 자살자의 위치, 하루 중의 시간대, 사건이 지속된 시간, 군중의 크기 등을 변수로 삼아 자살 기도자가 실제로 자살을 감행한 경우와 그렇지 않은 경우를 비교했다. 여기서 그는 자살을 부추기는 행동에 몇 가지 상관 요소들이 있음을 발견했다. 특히, 실제로 자살을 감행하는 비율은 군중의 크기가 클 때 더 높았다(300명 이상). 이 경우에는 군중 속에서 자살을 부추기는 개인과 경찰 사이에 충분한 익명성이라는 방패가 있었고, 이 사람들은 점점 더 충동적이 되어가는 반면에 자기인식은 점점 감소하는 것을 경험했다. 또한 어둠이 내린 시간에 자살 감행률이 높았다(실제로 자살을 감행하는 경우 대다수가 밤에 일어났다). 이 경우 역시 자살을 부추기는 사람들의 익명성은 더욱 높아졌다. 자살 기도자와 군중 사이의 거리 역시 실제로 자살을 감행할 것인가를 예측할 수 있는 상관 요소였다. 자살을 부추기는 전형적인 조롱과 야유는 자살 기도자와 군중 사이가 너무 가깝거나 (지상에서 2~3층 정도) 너무 멀면(지상에서 아주 높거나 다리 위인 경우) 나오지 않았다. 자살을 부추기는 행동이 나오려면 최적의 거리(자살을 하려는 사람의 관점에서는 '최적'이라는 말이 어울리지 않겠지만)가 필요했다. 마지막으로, 자살을 부추기는 행동은 사건의 지속 시간이 길수록(두 시간 이상 계속될 경우) 더 심했다. 아마도 그 시간 동안 탈개인화가 이루어져서 탈선적인 행위가 더욱 상승작용을 하기 때문인 것으로 보였다. 또한 시간이 길어질수록 군중의 불만과 짜증이 늘어나고 빨리 끝을 보고 싶다는 조바심까지 나기 때문이라고 보는 것도 타당하다. ("이 등신아, 빨리 뛰어! 난 집에 가서 저녁을 먹어야겠어!")

사람이 다른 사람의 자살을 부추기는 행동에 휩쓸리는 데에는 여러 가지 요소들이 개입되는 것이 분명하다. 그런 행위를 하는 사람은 냉혈한 새디스트라고 단정 짓고, "나라면 절대로 그런 짓은 하지 않을 거야"라고 말하기 쉽지만, 전염성이 강한 사회적 상황의 힘을 무시해서는 안 될 것이다.

밤손님을 보는 눈

— 행위자-관찰자의 법칙

> "우리는 물리적, 사회적 환경의 요소에 주목해야 할 때에도
> 어떤 사람의 행동이 그 사람의 기질과 태도를 반영하는 것이라고 가정한다.
> 반면에 자신의 행동에 대해서는 상황의 압력을 더 크게 인식하는 경향이 있다."

행위자와 관찰자의 차이

당신은 슈퍼마켓에서 알록달록한 사탕들의 유혹을 거부하며 계산대 앞에 서서 순서를 기다리고 있다. 계산대 앞에 진열된 신문의 헤드라인(웨딩 케이크를 먹어버린 애완용 돼지)을 읽고 있는데, 바로 앞에서 계산을 하고 있던 한 여자가 작은 소란을 일으킨다. 그녀는 이미 할인이 적용된 상품에 추가할인을 해달라고 떼를 쓰고 있다. 계산원은 규정상 그럴 수 없다고 설득한다. 그러나 여성 고객은 자신의 뒤로 계산을 기다리는 사람들의 줄이 점점 더 길어지고 있는데도 꿈쩍도 하지 않고 매니저를 불러달라고 요구한다. 그러더니 고객 서비스가 어떻고 다른 슈퍼마켓의 정책이 어떻고 하면서 두서없이

이야기를 늘어놓는다. 그녀의 목소리가 올라갔다 내려갔다 하는 동안 당신은 한두 발짝 뒤로 물러선다. 저 여자는 무슨 구경거리를 만들려고 저러는 걸까? 혹시 정신적으로 문제가 있는 걸까, 아니면 정말 정의감에 불타서 저러는 걸까? 생각이 꼬리에 꼬리를 물고 따라온다. 저런 식으로 행동을 하게 된 이유가 뭘까?

그날 저녁, 당신은 다른 사람들이 보기에는 슈퍼마켓의 그 여성 고객과 똑같아 보일 수도 있는 상황을 연출한다(물론 당신은 그렇게 보지 않겠지만). 학생인 당신은 교재를 샀지만 필요 없는 책이라는 사실을 깨닫고 환불을 하려는 것이다. 책은 서점에서 담아 준 쇼핑백에 그대로 담겨 있지만, 이런저런 일로 바쁘다 보니 좀 더 일찍 환불을 하러 오지 못했다. 계산원은 '30일 내 환불 규정'에서 벗어났다고 이야기한다. "다시 한 번 말씀드리겠습니다. 환불하시기에는 너무 늦으셨어요. 죄송합니다!" 하지만 겨우 일주일 늦었을 뿐인데, 거기다 일요일과 월요일이 서점의 휴무일이었던 것을 계산하면, 규정에서 벗어난 날은 그보다 더 짧다. 지나치게 까다롭고, 어쩌면 불법적일 수도 있는 서점의 규정에 당신은 화가 난다. "미안하면 다요? 매니저랑 얘기할 테니 매니저를 불러줘요. 그전에는 여기서 한 발짝도 못 움직여요!" 당신의 분노가 활활 타오르면서 그 분노를 표출할 타겟을 찾는 동안, 당신 뒤에 서 있던 고객들은 슬금슬금 물러난다. "불친절한 계산원에다가, 다른 서점보다 비싼 책값이라니, 자본주의 사회의 전형이군!" 그러나 고객들은 당신의 입장을 그다지 동정하지 않는다. 그들은 당신을 무책임하고, 무분별하고, 호전적인 사람이라고 생각한다. 슈퍼마켓에서 당신의 관심이 바로 앞에 있던 그 여성 고객

에게 집중되었던 것처럼, 이제 서점 고객들의 관심은 당신에게 집중된

다(물론 지금 당신의 관심은 화가 치미는 그 상황에 집중되어 있지만).

지금까지 묘사한 두 가지 작은 사건들은 우리에게 잘 알려진 '행위

자-관찰자의 편견(actor-observer bias)'이라는 개념을 생생하게 보여준다.

존스(Jones)와 니스벳(Nisbett)은 행위자(어떤 행위를 행하는 사람)와 관찰자(다른

사람이 어떤 행동을 하는 것을 목격하는 사람)는 종종 서로 다른 인과관계의 귀인

(causal attribution, 설명)을 가리킨다는 주장을 가장 먼저 내놓은 학자들이

다. 행위자는 자기 행동의 원인을 환경 탓으로 돌리는 경향이 있다. 반드

시 그렇다고 할 수는 없는데 자신의 의도나 감정, 사건의 진행, 외부 자

극 등에 대해 남들보다 더 많은 정보를 가지고 있다고 믿기 때문이다.

이와는 대조적으로, 관찰자는 행위자의 행동을 그의 인성 탓으로 돌

리는 경향이 있다. 이는 아마도 관찰자는 그 행위를 둘러싼 주변상황보

다는 행위자 그 자체에 초점을 맞추기 때문으로 보인다. 우리는 종종 자

신을 짓누르고 있는 압박감은 잘 인지하지만, 다른 사람이 느끼는 압박

감은 인지하지 못한다. 이런 편견의 일면을 근본적 귀인 오류(fundamental

attribution error)라고 일컫는데, 사회적으로 지각하는 존재로서, 우리는 다

른 사람의 행동을 상황적인 요소보다는 개인적인 기질이라는 측면에서

설명하는 경향이 있다.

스티븐 웨스트(Stephen West)와 동료들의 연구는 행위자-관찰자의 편

견을 가장 극적으로 보여준 연구일 것이다. 그들은 온 나라를 흔들며

뉴스의 헤드라인을 점령했던 워터게이트 스캔들에 큰 관심을 가졌다.

1972년, 다섯 명의 남자들이 워싱턴 DC 워터게이트 아파트의 민주당

중앙위원회 본부에 무단으로 침입한 혐의로 체포되었다. 실패로 끝난 무단침입과 이 사건을 은폐하려는 어설픈 시도들은 그해 대통령 선거 기간 내내 집중 조명을 받았다. 의회에서는 탄핵 청문회가 이어졌고, 결국 1974년에 닉슨 대통령이 사임하기에 이르렀다. 이 사건은 긴 설명이 필요한 초대형 사건이었다. 언론에서는 이 범죄의 원인을 닉슨 행정부의 공포심과 부도덕성 탓으로 돌렸고, 반면에 닉슨의 추종자들은 급진 좌파의 악질적인 목적에 대응하기 위한 불가피한 선택이었다고 이 범죄 행위를 감쌌다.

하나의 사건을 두고 내부자와 외부자의 서로 다른 의견이 잇따랐다. 이에 흥미를 느낀 웨스트 등은 실험 참가자들로부터 워터게이트 사건과 비슷한 행동을 하도록 유도한 다음, 그러한 행동에 대한 해당 참가자의 변명과 다른 참가자들의 설명을 들었다. 실제로도 행위자들은 상황주의(situationalism, 행동의 원인을 외부적인 힘으로 돌리는)로 기울고, 관찰자들은 성향주의(dispositionalism, 행동의 원인은 행위자 내부에 있다고 믿는)로 기울었을까?

광고대행사 침입 계획

연구진은 두 가지 연구를 수행했다. 첫째, (해당 지역의 사립탐정으로 위장한) 실험자는 범죄학과 학생들 80명(남녀가 섞인)과 연락을 취해 자신의 집이나 가까운 식당에서 만나 자신이 참여하고 있는 프로젝트에 대해 논의하자고 청했다. 실험자가 접촉한 학생들은 의심스러워 보일 수도 있는 이 초대를 모두 받아들였다.

이 비밀스런 만남에는 공모자(연구 협력자)가 실험자와 동행했다. 마치

B급 영화에서처럼, 사립탐정은 그 지역의 한 광고대행사에 침입할 세부적인 계획이 들어 있는 서류가방을 들고 있었다. 아무런 의심도 없는 참가자들은 다음의 네 가지 조건 중 한 가지에 무작위로 배정되었다.

첫 번째 조건에서는, 국세청이 이 음모를 지원하고 있다고 설명했다. 평판이 좋은 이 광고대행사는 이중장부를 만들어 매년 정부에 납부해야 할 세금 수백만 달러를 해외로 빼돌리고 있다는 혐의가 있다고 말했다. 그 광고대행사는 간판만 광고대행사일 뿐이지 실제로는 마이애미의 한 투자회사 소유라는 것이었다. 국세청에서는 이 회사가 감추고 있는 진짜 장부의 복사본이 필요했다. 그래서 이들은 국세청이 압수영장을 받을 수 있도록, 이 회사에 숨어들어 장부의 사진을 찍어 와야 했다. 실험자는 참가자들에게 혹시 잠입이 발각되어 체포당하더라도 국세청에서 면책권을 약속했다고 이야기했다. (지금 우리가 들으면 터무니없는 헛소리로 들리지만, 담배 연기 자욱한 어두운 레스토랑의 한 구석에서 빨간 가죽을 둘러친 부스에 앉아 정말 대단한 사업가처럼 보이는 사립탐정과 마주앉은, 향학열에 불타는 범죄학도에게는 그렇지 않았다!)

두 번째 실험 조건은 발각될 경우 면책권이 보장되지 않는다는 것만 빼면 첫 번째 조건과 동일했다.

세 번째 조건에서는, A 광고대행사에서 개발 중인 광고 전략을 복사해오면 B 광고대행사에서 비밀리에 8,000달러를 준다는 조건이었다. 잠입과 복사에 성공하면, 참가자에게 돌아갈 몫은 2,000달러였다(재정적으로 빈곤했던 1970년대 중반의 대학생에게는 무시할 수 없는 금액이었다).

마지막 실험 조건에서는 참가자들에게 무단으로 침입을 하되 아무것도 훔칠 필요는 없고 다만 사립탐정이 세운 잠입 계획이 성공할 수 있는 지만 알아보자는 것이었다. 참가자 중 단 한 명도 그들 앞에 제시된 범죄의 공모에 이의를 제기하지 않았다.

이 모든 조건에서 실험 공모자는 잠입 팀의 일원으로 활동할 것으로 소개되었다. 공모자의 할 일은 밖에서 망을 보는 것이었다. 사립탐정(진짜 실험자)은 그 건물 내부의 한 사무실에서 경찰의 전화통화 내용을 모니터할 계획이었다. 팀의 세 번째 멤버(그는 이 만남에는 동석하지 않았다)는 자물쇠와 금고 전문가인데 군정보 계통의 전문적인 훈련도 받았다고 설명했다. 참가자는 내부에서 망을 보는 역할과 실제로 서류를 촬영하는 일을 해야 했다.

실험자와 공모자는 참가자에게 해당 건물과 인근 지역의 항공사진, 경찰 순찰차가 지나가는 경로와 시간, 건물의 청사진 등을 보여주었다. 이런 모든 것들이 참가자에게는 치밀하게 계획된 전문적인 작업처럼 보였다. 질문의 기회가 주어진 참가자들은 대부분 이 계획의 기술적인 측면에 대해 물었다. 이제 두 번째 만남 약속이 정해졌다. 참가자에게는 이 범죄에 가담할 것인지 말 것인지 심사숙고할 시간을 주었다. 연구자의 가설을 알지 못하는 또 한 명의 공모자가 이 음모에 가담할 것인지 말 것인지에 대한 참가자의 결정과 그 이유를 기록하기 위해 가까이 있었다.

윤리관념이 강한 사람이라면 이 잠입 계획이 실행에 옮겨지지 않았다는 데 안도를 느낄 것이다. 참가자가 이 음모의 가담에 동의했는지 거부했는지의 여부, 그들이 제시한 이유는 중요한 종속변수였다. 이런 정보가 입수되자 실험자는 이 실험과 참가자들을 속인 이유에 대해 조심스럽게 설명했다.

얼마나 치밀한 계략인가! 만약 몰래 카메라로 촬영했더라면 더 완벽했을 텐데. 이 첫 번째 연구만으로도 복종을 설명하기에는 충분했을 것이다. 그러나 행위자-관찰자의 편견을 조사하기 위해서는 두 번째 연구가 반드시 필요했다. 행위자의 행동과 그 이유를 기록했으니, 이번에는 관찰자의 인식에 대한 데이터를 얻을 필요가 있었다.

두 번째 연구에서는 238명의 참가자(심리학 개론 수업을 듣는 학생들)에게 첫 번째 연구에서 활용되었던 네 가지 조건에 대해 상세하게 설명했다. 그리고 이런 질문을 던졌다. "만약 100명의 학생들에게 이런 제안을 제시했다면, 몇 명이나 가담하겠다고 대답했을 것으로 생각하는가?" 그리고 두 번째 질문은 "당신이라면 가담했겠는가?"였고, 이 두 질문에는 각각 예와 아니오로 대답하고 그러한 대답을 한 이유를 설명해야 했다. 참가자 중 절반에게는 다음과 같은 시나리오가 주어졌다. "플로리다 주립대학교(이 연구가 진행된 대학교)의 학부생인 존은 이 제안에 대한 설명을 들은 후, 음모에 가담하겠다고 대답했다. 존이 왜 그런 결정을 했을지에 대한 당신의 생각을 두세 문장으로 짧게 기술하라." 또 나머지 절반의 참가자들에게는 존이 음모에 가담하기를 거절했다는 시나리오가 주어졌다.

이 연구의 목적은 어떤 회사의 정보를 훔쳐오기 위한 잠입 작전에 가담하기로 동의하거나 거절한 다른 사람의 행동에 대한 관찰자로서의 설명을 조사하는 것이었다. 첫 번째 연구에 참여했던 참가자의 설명과 두 번째 연구에 참여한 관찰자들의 설명을 비교해보면, 행위자-관찰자의 편견을 직접적으로 조사할 수 있게 된다.

상황적 요인과 성향적 요인

————————— 첫 번째 연구의 전반적

인 결과는 1970년대 중반 대학생들의 윤리기준에 대한 우려가 기우가

아니었음을 보여주는 것이었다. 음모에 가담하라는 유혹을 받은 참가자

들 상당수가 썩 내키지는 않지만 이 잠입 작전에 가담하기로 결정했다.

그러나 그 비율은 조건에 따라서 달랐다. 20명의 참가자들 중 2,000달

러의 보상이 따르는 조건에서 네 명, 잠입 계획의 성공 가능성만을 알아

보기 위한 조건(대조군)에서는 두 명, 정부에서 지원하지만 면책권은 보

장되지 않는 조건에서는 단 한 명이 회사에 잠입해 원하는 서류를 촬영

하는 계획에 가담하기로 동의했다. 이 세 조건에서 가담에 동의한 참가

자의 숫자상 차이는 통계학적으로 유의미하지 않다(참여자가 적기 때문에 의

미 있는 차이를 포착하기 위한 연구로서의 의미는 없었다). 그러나 정부의 지원과 면

책권이 약속된 조건의 참가자 20명 중 9명의 참가자들(거의 절반)이 가담

에 동의했다. 참가자들은 네 가지 조건에 무작위로 배정되었으므로, 또

한 이 실험의 목적과 무관한 모든 외부 변수들은 세심하게 통제되었으

므로 마지막 조건에서 훨씬 더 많은 동의가 이루어진 것은 조건 그 자체

때문이라고 가정할 수 있다. 면책권이라든가 정부의 지원 같은 요소들

은 이 계획이 얼마나 중요한 계획인지 인식시키는 데 큰 역할을 한 것이

틀림없다.

관찰자들에게도 행위자들과 똑같은 조건이 제시되었다면, 이 계획에

가담했을까? 나타난 결과를 보면, 가담할 것이라고 응답한 관찰자가 너

무 적기 때문에 연구진은 의미 있는 분석을 하기 위해 '그럴지도 모르겠

다'라는 응답을 '그렇다'라는 응답과 병합해서 다루었다. 관찰자들은 자신이라면 다른 조건보다 정부의 지원과 면책권이 약속된 조건에서 더 많이 이 계획에 가담했을 것이라고 생각했다. 흥미롭게도, 잠입에 가담하겠다고 동의한 참가자의 비율은 남녀 사이에 차이가 거의 없었다(어떤 사회에서나 남성의 범죄율이 여성의 범죄율보다 몇 배나 높다는 것을 감안하면 흥미로운 결과가 아닐 수 없다). 그러나 이런 상황을 글로 읽어보기만 한 경우, 자신이라면 이런 계획에 동참하겠다고 대답한 응답자는 여성보다 남성이 두 배나 많았다(남성의 범죄율이 훨씬 높다는 현실과 맞아 떨어진다).

행위자는 관찰자보다 상황적 요인에서 원인을 찾는 경향이 많았다. 이와 달리, 관찰자들은 행위자보다 성향적 요인에서 원인을 찾는 경향이 컸다. 이러한 효과는 정부의 지원이 있지만 면책권이 있는 경우와 없

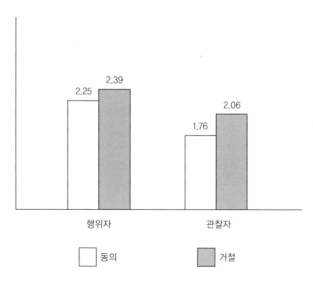

행위자와 관찰자가 행위(무단침입에 동의하거나 거절)의 귀인을 성향적 요인보다는 상황적 요인에서 찾는 상대적 비율.

는 경우, 보상이 있는 경우 또는 대조군인 경우 등 조건에 따라서 약간씩 달랐지만, 이 범죄 모의의 가담 여부에 대한 귀인에 있어서 전반적으로 크게 나타나는 행위자-관찰자 사이의 차이를 줄이지는 못했다.

행위자-관찰자 편견의 여러 사례

정부가 지원하고 기소 면책권을 약속하는 상황에서는 참가자(범죄학을 전공하는 학생들이면서도) 중 거의 절반이 불법임이 분명한 행위, 즉 한 사기업의 본사에 잠입해 기밀 서류를 훔쳐오는 일에 가담하겠다고 대답했다. 어째서? 어쩌면 이들의 결정은 프리드먼(Freedman)과 프레이저(Fraser)가 설명한 단계적 요청 현상(foot-in-the-door phenomenon)의 한 사례일지도 모른다. 이 연구에서, 안전운전위원회 위원들이 집에 있는 주부들에게 접근해 〈운전 조심〉이라고 쓰인 볼썽사나운 입간판을 그 집 앞에 세우는 것을 허락해달라고 요청했다. 이들의 요청을 수락한 주부는 17퍼센트에 불과했다. 그러나 먼저 상원에 보낼 청원서에 서명을 한 주부들을 대상으로 2~3주 후에 같은 요청을 하자 55퍼센트가 동의했다. 먼저 작은 것부터 승낙을 얻는 것이 더 큰 일에 동의를 이끌어내는 효과적인 전략임이 분명하다. 웨스트의 연구에서도 사립탐정과의 만남(그의 집이나 레스토랑의 어두운 구석에서)에 동의한 것은 음험한 어떤 행위에 가담하겠다는 동의한 것과 거의 비슷한 행위였을 것이다.

그러나 단계적 요청 전략의 개념으로는 웨스트의 연구에서 나타난 동의의 패턴을 설명할 수 없다. 음모에 가담한 비율은 오직 한 가지 조건(국세청의 지원과 면책권의 약속)에서만 뚜렷하게 높았다. 이 조건과 단계적 요청 전략이 워터게이트 사건과 비슷한 행위의 무대를 마련해준 것이 분명하다.

가담 여부와는 별도로, 이 연구에서 분명하게 나타난 행위자-관찰자의 편견은 어떻게 설명할 수 있을까? 존스와 데이비스의 상응적 추론 이론(theory of correspondent theory)은 사람의 행동이 가감 없는 솔직한 것(범죄적 탈선행위에 대한 탐닉)일 때, 자신의 본래적인 역할로부터 벗어난 것(무단 침입과 절도는 정상적인 대학생에게 요구되는 행동이 아니다)일 때, 그리고 아무런 제약 없이 자유롭게 선택한 것일 때, 관찰자들은 그 행동이 행위자의 성향적 특징에서 기인하거나 그에 상응하는 것이라고 믿는 경향이 있다고 주장한다. 그러나 이 이론은 우리가 우리 자신에 대한 판단보다 다른 사람들에 대한 판단에 있어서 상응적 추론을 더 많이 한다고 주장하지는 않는다. 그러나 웨스트의 연구를 비롯한 많은 연구들이 사람들은 보통 자신보다 타인의 행위에 대해 더 자주 상응적 추론을 한다는 사실을 밝혀냈다.

존스(Jones)와 해리스(Harris)의 연구는 근본적 귀인 오류의 사례로서 자주 언급되는 고전적인 문헌이다. 실험자는 참가자들에게 토론팀에 소속된 다른 학생들이 썼다는 에세이를 보여주었다. 에세이는 쿠바의 피델 카스트로의 정책을 지지하거나 반대하는 내용이 담긴 것이었다. 에세이 작성자들이 카스트로에 대한 찬반 의견을 스스로 정해서 썼다고 설명을 들은 참가자들은 그에 상응하게 각 에세이 작성자들이 카스트로 지지자이거나 카스트로 반대자라고 판단했고, 이러한 판단은 충분히 그럴 만한 판단이었다. 그러나 에세이 작성자들이 토론 교사의 지시에 따라 카스트로에게 찬성하는 에세이를 쓰거나 반대하는 에세이를 썼다는 설명을 들은 참가자들도 각 에세이 작성자들이 그 에세이 내용에서처럼 카스트로 지지자이거나 카스트로 반대자일 것이라고 판단한 것은 이해하기 힘든 일이다. 이 참가자들은 에세이 작성자들에게 선택의 여지가 없었다는 상황을 무시한 것으로 보인다.

TV 퀴즈게임을 시뮬레이션한 로스(Ross)와 그의 동료들의 연구는 더욱 일반적인 행위자-관찰자의 편견을 보여주었다. 참가자들은 무작위로 질문자와 응답자로 배정되었다. 질문자는 까다롭지만 정당한 문제를 10문항씩 출제했다. 응답자들은 최대한 많은 질문에 대답했다(대개 4~10개의 정답을 내놓았다). 흥미로운 것은, 응답자들은 질문자가 자신보다 훨씬 많은 지식을 갖고 있다고 판단했고, 관중조차 그런 인상을 받았다는 사실이다. 하지만 이들의 생각은 말이 되지 않는다. 참가자들은 그 두 가지 역할에 무작위로 배정되었다. 철저히 우연의 결과였을 뿐, 질문자도 응답자들도 누가 더 지적이거나 누가 덜 지적이라고 할 수 없었다.

또 다른 연구에서는 교도소에 수감 중인 죄수들에게 왜 범죄를 저질렀는지 질문했다. 죄수들은 상황적 요인들("난 실업자였다. 그래서 은행을 털었다" 또는 "악마가 시켰다")을 강조했다. 그러나 이들의 변호를 맡았던 변호사들은 죄수들의 인성적 요인("그는 반사회적 인물입니다" 또는 "그녀는 충동적입니다")을 지적했다. 더욱이, 니스벳과 동료들의 연구에서는 남자 대학생들에게 현재의 여자친구를 좋아하는 이유와 그들의 가장 친한 친구가 그들의 현재 여자친구를 좋아하는 이유를 물었다. 그러자 이 남학생들은 자기가 현재의 여자친구를 좋아하는 이유에 대해서는 여자친구의 인성(상황의 일부)을 꼽았지만, 자기 친구가 그의 여자친구를 좋아하는 이유에 대해서는 그 친구의 인성을 꼽다. 행위자-관찰자 편견의 사례는 끝이 없다.

그렇다면, 이 편견은 무엇으로 설명할 수 있을까? 짧게 정리하여 말하자면, 두드러지게 보이는 것, 사람의 관심을 끄는 것에 의존한다고 말할 수 있다. 예를 들어, 앞서 언급했던 로스의 연구에 따르면, 응답자와 외부 관찰자 모두 질문자가 다소 어려운 문제의 정답도 모두 알고 있다고 생각했다(그들은 질문자가 출제한 문항은 각자의 전문분야에서 출제한 문제들이라는 것을 잊었던 것 같다). 응답자는 자기 자신이, 질문자는 응답자가 답을 찾느라 애쓰는 것으로 보았으며, 열 번 중 여섯 번은 오답을 내놓았다. 앞서서 두 가지 역할 중 하나에 무작위로 참가자들을 배정했다는 사실은 무시되었다. 일반적으로 외부 요소에 더 치중하는 행위자인 응답자조차도 그 상황의 선택적 측면(알쏭달쏭하고 어려운 질문이나 겸손한 척하지만 우월감이 드러나는 질문자의 미소 같은)만 지각하는 것이 분명했다.

행위자-관찰자의 편견에 대한 다른 어떤 사례에서도 마찬가지이다. 자신의 행동에 대해 생각할 때, 우리는 그 배경에 더 관심을 갖는다. 행동에 앞서서 어떤 사건이 있었는가, 지금 당장 나는 무엇에 반응하고 있는가, 상황은 나의 반응에 어떻게 반응하는가 등이 그것이다. 우리에게 미치는 외부 세계의 영향은 주관적이지만 분명하다. 기질적 지표(trait label)가 일반적으로 자신에게는 적용되지 않는다고 믿는 이유 중의 하나가 바로 이것이다. 다른 사람에게는 기질이 있고, 나에게는 상황이 있다고 믿는 것이다. 다른 사람의 행동을 볼 때면 상황은 고려 대상에서 제외된다. 그들의 삶의 이력이나 현재의 상황에 대한 정보가 부족하다 보니, 그 사람의 행동이 그 사람의 됨됨이를 반영한다고 반사적으로 가정하는 것이다.

하지만 여전히 의문은 남는다. 그래서 그게 어떻다는 건가? (이 질문은 언제나 정당한 질문이다. 특히 사회심리학 연구의 소비자들에게는 말이다.) 그렇게 해서 우리는 자신의 행동과 타인의 행동을 다르게 설명하게 되었다는 것이다. 자신의 행동에 대해서는 외부의 영향 탓으로 돌리고 타인의 행동에 대해서는 그 사람의 내면적 요소 탓으로 돌리는 경향이 있는 것이다. 그리하여 우리는 자신이 설명하고 있는 행동의 행위자를 일부러 강조하고자 할 때조차도 근본적인 귀인 오류를 저지른다.

사회심리학의 금언 하나를 생각해보자. "사람은 현실과 상호작용하지 않는다. 사람은 현실에 대한 자신의 지각과 상호작용한다." 이 금언이 맞는 말이라고 가정한다면, 한 개인으로서 또는 사회로서, 만약 우리가 자신의 행동의 주요 원인이자 책임져야 할 대상으로 다른 사람들(설령 그들도 어쩔 수 없이 그렇게 되었더라도)을 지목한다면 어떻게 되겠는가? 우리가 스스로의 행동을 상황의 산물이라고만 변명한다면(그 행동의 실질적인 주요 원인이 자신임에도) 어떻게 되겠는가? 성폭행 피해자, 노숙자, 가난한 소수자 들이 처해 있는 곤경을, 불공정하게도 기질의 우열이라는 관점에서만 바라본다면 어떻게 되겠는가? 행위자-관찰자의 편견이 사람의 온정을 메마르게 하고 사회가 아닌 인간을 변화시켜야 한다는 고정관념을 낳지 않을까? 행위자-관찰자의 편견이 독선과 사회적 냉담을 고착시키지 않을까?

그러나 그 반대의 편견 역시 우리를 그에 못지않게 무모하게 만들 수도 있다. 행동의 책임을 사람에게서 찾는 것이 바람직할 때 그것을 외면하는 경우이다. 관찰자는 언제나 틀리고 행위자는 언제나 옳다는 것이 진실일까? 예를 들어, 사회적 약자들은 자신의 열악한 상황에 대해 부분적으로라도 책임이 있는 게 사실일까? 이런 모든 상황에서 문제는 원인과 책임에 대한 진실이 명확히 선을 긋기 어렵다는 데 있다. 그럼에도 우리 자신과 타인을 잘 이해하고 행동에 정당한 보상과 벌을 주는 것이 어떤 식으로든 우리 삶의 중심이라면, 어떤 종류의 것이든 귀인의 편견을 제대로 이해하고 저항할 때는 저항하는 것이 관건이다.

24

바퀴벌레와 인간

— 경쟁과 수행능력의 법칙

"단지 다른 사람의 존재만으로도 간단한 과제 수행의 능력은 강화된다.
그러나 복잡한 과제의 수행 능력은 약화된다.
이러한 현상은 복잡한 인지 조정이 없이도 일어날 수 있다."

타인의 존재

──────────────────────────────── 이 장에서 다룰 주제는
1898년 노먼 트리플릿(Norman Triplett)이 당시 미국에서 막 발간된 〈미
국 심리학 저널〉에 게재한 "경쟁에서 속도 조절의 역동유전학적 요인"
이라는 논문에서 시작된 연구의 일부이다. 트리플릿에 대해서는 두 가
지 기억할 만한 것이 있다. 첫째, 그는 자전거 경주를 좋아했다. 직접 대
회에 참가하기를 즐겼고, 관중으로서의 역할도 좋아했다. 사실을 말하
자면, 사이클 선수가 다른 선수와 경쟁할 때의 기록이 혼자 달릴 때의
기록보다 더 좋다는 사실에 관심을 갖게 된 계기도 1897년 아메리카 휠
만 리그(League of American Wheelman)의 레코드북을 보고 난 후였다. 트리

플릿은 이것이 '다른 선수의 존재가 경쟁 본능을 자극하고 혼자서는 발산하기 힘들었던 에너지를 분출하는 수단'이 되었기 때문이라고 결론지었다.

두 번째로 기억할 만한 사실은 트리플릿이 타고난 실험가였음이 분명하다는 것이다. 일반적인 관찰과 고찰을 넘어서서, 그는 이웃집 아이들 40명에게 릴낚싯대의 낚싯줄을 최대한 빨리 감아올리게 하는 실험을 했다. 어떤 때는 한 아이 혼자서, 어떤 때는 두 아이가 함께 하도록 시켰다. (이웃사람들이 그를 보고 어떤 생각을 했을지 상상해보라!) 그가 예측했던 대로, 한 아이가 혼자서 낚싯줄을 감아올렸을 때보다 둘이 짝을 지어 감아올렸을 때 훨씬 그 속도가 빨랐다. 다른 아이가 함께 낚싯줄을 감아올린다는 사실만으로도 수행능력이 증가했던 것이 분명했다. 수행능력에 있어서 사회적 영향에 대한 트리플릿의 관심과 그러한 영향을 실험적으로 조사하고자 하는 그의 시도는 그가 사회심리학의 중요한 선구자였음을 말해준다.

트리플릿의 연구를 뒤이어, 주어진 과제에 있어서 타인의 존재와 한 개인의 수행능력 사이의 관계를 규명하려는 수백 편의 연구가 이루어졌다. 본드(Bond)와 티투스(Titus)는 241편의 이러한 연구 결과들을 모아 메타분석(meta-analysis, 정량적 요약)을 실시했다. 단순한 산술문제 풀기, 복잡한 계산문제 풀기, 옷입기, 무의미한 음절 암기하기, 손가락 미로, 모음 지우기, 포켓볼, 심지어는 먹기 게임까지 다양한 유형의 수행능력들이 조사되었다. 이 연구들은 공동행위자(coactor, 똑같은 과제 또는 다른 과제라도 동시에 수행하는 다른 사람)의 영향과 과제수행 시 관중의 효과에 초점을 맞추었다. 이 분석을 통해 분명해진 것은 타인의 존재는 수행능력을 강화(사회적 촉진이라 일컫는다)시키는 경우도 있지만, 때로는 수행능력을 손상(사회적 억제)시키는 경우도 있다는 사실이다. 예를 들자면, 신문 칼럼에서 모음을 지워나가는 게임을 하는 참가자는 다른 참가자와 함께 이 게임을 할 경우 속도가 더 빨라지지만, 다른 참가자와 함께 무의미한 음절을 암기하는 게임에서는 속도가 떨어진다. 오랜 세월 동안, 연구진은 이렇게 일관되지 못한 연구 결과에 당혹스러워했다.

그러다가 1965년에 로버트 자이언스(Robert Zajonc)가 이 퍼즐의 멋진 답을 제시했다. 자이언스는 타인의 존재가 각성을 고조시키는 데 기여한다고 주장했다. 더 나아가, 학습의 행동주의적 원칙을 되살려서, 주어진 상황에서 고조된 각성은 우성(dominant, 간단히 말하자면 잘 학습된) 반응은 촉진시키지만, 비우성(nondominant, 복잡하고 특이한) 반응은 억제한다고 주장했다. 예를 들어, 숙련된 타이피스트에게는 타인이 존재가 자극제가 되어 타이핑 능력이 더 능숙해진다. 반면에 느리고 서툰 타이피스트라면, 누군가 어깨 너머로 훔쳐보고 있다는 느낌만으로도 손가락이 식은 프렌치프라이처럼 더 뻣뻣하게 굳어버린다!

지금까지 수많은 연구들이 이 독특한 상호작용(우성 반응의 사회적 촉진과 비우성 반응의 사회적 억제)을 증명해주었지만, 그 중 가장 고전적인 연구는 자이언스와 세일즈(Sales)의 1966년 연구일 것이다. 이들은 남학생들에게 열 개의 터키어 단어(사실 그 중 일곱 개의 단어는 무의미한 단어였다)를 암기하게 했다. 연습을 위해, 그 열 개의 단어 중 두 개는 한 번, 두 개는 두 번, 두 개는 네 번, 두 개는 여덟 번, 두 개는 열여섯 번을 보여주되 모두 무작위로 제시했다. 그 뒤, 참가자들은 식역하 지각 단계로 들어갔다. 순간 노출기를 이용해 이 단어들을 아주 짧은 시간 동안 보여준 뒤, 참가자로 하여금 제시된 단어를 알아맞히게 하였다. 각 단어가 제시된 시간은 10분의 1초에 불과했다. 그럼에도 참가자들은 90퍼센트에 가까운 정답률을 보여주었다. 비언어(불규칙적인 검은 선의 31가지 조합)도 보여주었지만, 이 제시물은 100분의 1초만 보여주었다. 이 속도는 실제 단어를 알아보는 것이 우연의 일치에 가까울 정도로 빠른 속도였다. 검은 선을 제시한 것은 참가자들의 추측 경향을 측정하기 위한 자극이었다. 종합해보면, 참가자들은 41개의 단어들로 이루어진 네 개의 블록을 보았다. 10개의 가짜 터키 단어와 31개의 가짜-가짜 터키어 단어였다.

　어떤 참가자들은 혼자서 이 테스트를 받았고(자동 슬라이드 프로젝트와 녹음기를 이용했기 때문에 실험자가 함께 있을 필요가 없었다), 어떤 참가자들은 서로 알지 못하는 학생들과 함께 1미터 정도 떨어진 곳에 앉아서 테스트를 받았다. 이 학생들은 사실은 이 실험의 협력자로, 실험자로부터 연구를 관찰하도록 허락을 받았다고 참가자에게 말했다. 자이언스와 세일즈는 '관중'의 존재가 우성 반응, 즉 여러 번(8~16번) '연습한' 터키어 단어를 알아맞히는 과제를 촉진할 것으로 예상했다. 반면에 비우성 반응, 즉 한두 번밖에 연습하지 못한 단어를 알아맞히는 과제는 억제될 것으로 예상했다. 이 예상은 정확히 들어맞았다.

　이 실험을 비롯해 다른 여러 편의 신중한 연구들이 누군가가 함께 존재한다는 것만으로도 수행능력이 촉진되거나 억제되는 효과에 대한 자이언스의 설명을 뒷받침했다. 그러나 그러한 연구들은 가능성이 있는 또 다른 설명들도 제시해주었다. 예를 들어, 타인의 존재가 실험자의 이해 능력을 높여서 주어진 과제에 더 열심히 노력하도록 자극하기도 하지만, 그 과제가 상대적으로 어려운 것일 경우에는 오히려 수행능력을 떨어뜨리기도 한다는 것이다. 또, 어쩌면 참가자들은 인정받고 싶은 욕구에 의해 더 동기화되고, 타인이 존재할 때는 자신의 행동을 모니터하는 데 더 많은 시간을 쓰고, 따라서 앞서 설명한 것과 같은 결과가 나타나는 것일 수도 있다. 이러한 설명들은 단순한 존재 효과의 일반화 가능성 또는 원인에 대한 의문을 불러일으킨다. 예를 들어, 더 복잡한 인지과정(이해 또는 자기 인식)이 어느 정도나 이러한 효과를 일으키는 데 원인이 되는 것일까? 이러한 효과가 지적으로 아직 덜 발달된 다른 종(種)에도 존재한다는 것을 보여줄 수 있을까? 자이언스의 이론은 바퀴벌레의 세계에서도 단순 존재 효과를 정확하게 예측할 수 있을까? 몇 가지 사례를 모아 밝혀내는 건 어떨까?

바퀴벌레 실험

───────────────────────── 자이언스와 그의 동료들은 바퀴벌레가 또 다른 바퀴벌레와 함께 있을 때 단순한 과제를 수행하는 능력은 촉진되고 어려운 과제를 수행하는 능력은 방해를 받는다고 예측했다. 연구진은 애초에 복잡하지 않은 2×2 실험을 계획했다. 바퀴벌레가 혼자 또는 다른 바퀴벌레와 함께 일직선 주로를 곧장 달려가게 하는 과제(쉬운 과제)와 그보다는 약간 더 복잡한 미로를 빠져나오게 하는 과제(상대적으로 어려운 과제)였다. 그러나 연구진은 복수의 바퀴벌레를 등장

시키는 데에는 잠재적인 교란요소가 숨어 있음을 발견했다. 만약 바퀴벌레들이 파트너가 있을 때 더 빨리 달린다면, 이 두 마리의 바퀴벌레들이 서로를 자극했기 때문이거나(자이언스가 예측한 대로), 아니면 바퀴벌레들끼리 통하는 신비로운 몸짓언어, 예를 들어 다리를 미세하게 떤다든가 더듬이를 서로 건드린다든가 하는 행위를 통해 서로에게 길 안내를 해주었기 때문일 수도 있다. 이런 가능성을 미리 알아보기 위해, 자이언스는 인간 관중 또는 구경꾼 바퀴벌레 앞에서 과제를 수행하게 하는 또 다른 조건을 만들었다. 구경꾼 바퀴벌레가 그 존재만으로도 바퀴벌레의 수행능력에 영향을 줄 수 있다면, 바퀴벌레들끼리 그 외의 과제 관련 행동 자극을 주고받지는 않을 것이다.

이 연구의 참가자들은 어두운 구석에서 사과조각을 열심히 먹고 있는 72마리의 암컷 잔날개 바퀴벌레(곤충학적으로 정확하게 기술하자면 Blatta orientalis)였다. (어느 대학의 기숙사에서 잡아온 바퀴벌레인지는 밝히지 않는 것이 좋겠다.) 기본 장치는 투명한 정육면제 플렉시글라스 상자로, 한 변이 24센티미터이며, 그 안에는 미로 또는 일직선 주로가 장치되어 있었다. 주로 또는 미로의 시작점에는 150와트짜리 투광조명이 장치되어, 바퀴벌레에게 기분 나쁜 자극을 주었다(바퀴벌레는 나방과는 달리 밝은 빛을 싫어한다). 종착점은 어두워서, 바퀴벌레들을 끌어들였다. 시작점과 종착점 사이에는 관문과 투명한 플렉시글라스로 제작된 주로용 튜브가 있었다. 주로나 미로를 구성하는 대부분의 벽을 따라 놓인 구경꾼 바퀴벌레들의 자리도 몇 가지 조건에 따라 배치되었다. 구경꾼들의 자리에는 작은 구멍이 나 있어서 후각을 자극하는 신호가 드나들 수 있었다(냄새가 한 번만 흘러가도 숨어 있는 바퀴벌레를 자극할 수 있었다).

투광조명을 켜고 관문을 열면 바퀴벌레가 행동에 들어간다. 결정적인 변수는 바퀴벌레가 주로 또는 미로를 통과해 종착점에 도착하는 데 걸리는 시간이었다(바퀴벌레의 마지막 다리가 종착점의 문턱을 넘어가면 나머지 관문이 닫혔다).

연구진은 그들이 세운 가설의 강력한 증거들을 발견했다. 바퀴벌레들은 짝을 지어 미로를 통과할 경우에 혼자 통과하는 경우보다 시간을 더 많이 썼다. 그런데 단순한 일자형 주로를 달리는 경우에는 짝을 지어 통과한 바퀴벌레들이 혼자 통과한 바퀴벌레보다 빨랐다. 구경꾼이 있는 경우와 없는 경우도 똑같은 결과가 나왔다. 구경꾼 바퀴벌레가 있으면 미로 통과 능력은 떨어지지만, 일직선 주로 통과 능력은 촉진되었다. 따라서 공동활동 바퀴벌레와 구경꾼 바퀴벌레는 과제 수행능력에 있어서 유사한 효과를 나타낸다. 이러한 발견(중요한 3방향 상호작용이 없다는)은 매우 중요했다. 관찰된 결과가 특정한 행동 신호에 따른 것일 수도 있다는 가능성을 배제하게 해주었기 때문이다. 구경꾼 바퀴벌레가 과제를 수행 중인 바퀴벌레와 커뮤니케이션(소리나 몸짓)을 통해서 일직선 주로를 달릴 때는 어떤 신호를 주고, 미로를 통과할 때는 아무 신호도 주지 않았다고 볼 수는 없다. 과제 수행에 영향을 미친 것은 단순히 다른 바퀴벌레의 존재일 뿐, 다른 것은 없었음을 강력하게 뒷받침하는 결과였다.

자이언스의 또 다른 연구 한 가지도 간략히 언급하고 넘어갈 가치가 있다. 이 실험에서는 바퀴벌레가 일직선 주로나 미로를 통과하게 하되, 두 경우 모두 양쪽에 거울을 설치했으며, 한 가지 조건에서는 바퀴벌레

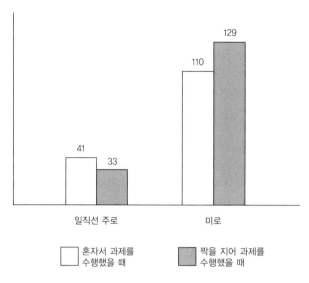

바퀴벌레가 일직선 주로를 달리거나 미로를 통과하는 데 걸린 시간.

소굴에 며칠을 두어서 바퀴벌레 냄새가 배게 한 달걀상자에 노출시켰고 나머지 조건에서는 바퀴벌레 냄새가 전혀 배지 않은 깨끗한 달걀상자에 노출시켰다. 이번에도 일직선 주로와 미로는 단순한 과제와 복잡한 과제를 나타내는 것이었다. 거울은 다른 바퀴벌레의 존재를 대신하는 것이었다. 달걀상자는 후각 자극을 대신하는 것이었고, 이 조작 역시 다시 말하면 다른 바퀴벌레의 존재 또는 부재를 의미했다. 이 실험의 결과는 결정적인 것은 아니었지만, 거울을 설치하고 후각 자극을 조작한 것은 흥미로운 의문을 불러일으켰다. 단순 존재 효과를 만드는 데 필요한 최소한의 조건은 무엇일까? 예를 들어, 바퀴벌레는 이미 죽은 다른 바퀴벌레나 마취된 바퀴벌레만 있어도 과제 수행능력에 있어서 차이를 보일까?

지난친 각성은 독이 된다

바퀴벌레를 대상으로 한 실험에서 그 결과의 의미를 다시 되짚어보는 것은 쉽지 않은 문제다. 그러나 이 연구도 단순 존재 효과에 대한 십수 편의 다른 연구들로부터 뒷받침을 받고 있다는 사실을 기억하자. 그 실험들은 대부분 사람이 참가자로 참여한 실험들이었지만, 개, 쥐, 새, 물고기, 심지어는 개미를 대상으로 한 연구에서도 비교할 만한 결과가 보고되었다. 1947년 첸(Chen)의 연구 결과가 그 예이다. 그는 개미도 혼자 있을 때보다 다른 개미가 함께 있을 때 두 배로 많은 구덩이를 판다는 사실을 발견했다.

자이언스와 동료들의 1969년 연구가 바퀴벌레 관찰만을 기초로 인간의 사회적 행동을 이해하려고 했던 것은 아니었다. 즉, 바퀴벌레의 관찰 결과를 인간에게 곧바로 일반화시키려는 의도는 없었다. 그보다는 단순 존재 효과가 인지적 조정 과정 없이도 가능하다는 것을 보여주려는 것이었다. 하등한 바퀴벌레도 대학 2학년생들이 갖고 있는 열정, 약점과 똑같은 많은 요소들에 의해 지배된다는 주장을 하려는 게 아니었다면, 그들은 실험의 목적을 달성하는 데 성공한 셈이었다.

여기서 언급할 만한 문헌은 무크(Mook)가 1980년에 발표한 "외면적 무효성의 방어(In the Defense of External Invalidity)"라는 도발적인 제목의 논문이다. 무크는 실험 연구가 다양한 목적을 이루게 해주며, 하나의 가정에서 또 다른 가정으로 일반화할 수 있게 해주는 것은 그 중 하나일 뿐이라고 조목조목 지적했다. 그런데 사람들은 종종 하나의 효과가 단순히 가능하다거나 실험실의 인위적인 조건에서만 그 효과를 얻을 수 있다는 것을 보여주고 싶어 한다. 또한 사람들은 종종 애초부터 일반화의 가능성은 염두에 두지 않고, 특정한 이론에 의해 수립된 특정한 가설만을 실험하고 싶어 한다. 다시 말하자면, 실험실의 인위성 또는 대학 2학년생의 특정한 성격은 종종 중요한 문제가 아니다. 사실 실험실에서의 실험은 상황의 복잡성을 분해함으로써 특정한 변수만을 분리해낼 수 있게 해준다는 장점이 있다. 일상생활은 지나치게 복잡해서, 종종 정확하게 무엇이 무엇의 원인인지 파악하기가 힘들다. 그러므로 이 책에서 다룬 여러 편의 실험 연구가 보여주듯이, 실험실은 보기 드문 사회심리학적 진실을 발견하기에 효과적인 수단이다.

과학은 변증법적 방법을 통해 꾸준히 새로운 것을 발견해왔다. 어떤 이론이 주장되고, 그 이론에 대해 일부 측면에서 부족한 점이 지적되면, 그 이론이 수정되거나 다른 이론으로 대체된다. 때로는 경쟁을 하고 있는 다른 이론으로부터 그 이론을 뒷받침하는 증거들이 발견되기도 하는데, 그런 경우 하나 이상의 이유로 인해 어떤 효과가 나타난다는 결론으로 이어지기도 한다. 예를 들면, 오직 타인의 존재만으로(인지적 조정 없이) 사회적 촉진 또는 사회적 억제가 발생하는 걸까? 또는 어떤 유형의 인지적 조정, 예를 들어 타인의 평가에 대한 우려 같은 것들이 그러한 효과의 원인일까? 코트렐(Cottrell)은 1968년에 동료들과 함께 구경꾼들 앞에서 과제를 수행하는 참가자들이 전형적인 상호작용의 패턴(우성 반응의 사회적 촉진과 비우성 반응의 사회적 억제)를 보여주지만, 구경꾼들에게 안대를 씌워 앞을 보지 못하게 하면 그러한 상호작용이 나타나지 않는다는 사실을 발견했다. 이는 단순 존재 효과가 평가에 대한 우려에 의해 조정된다는 주장을 뒷받침하는 것이다.

그럼에도 바퀴벌레 연구에서 발견된 사실들은 단순 존재 효과를 평가에 대한 우려 같은 인간적인 측면으로만 설명해야 할 필요가 있는지 의문을 던진다(우리가 아는 한, 누구도 바퀴벌레에게 안대를 씌운 실험을 한 적은 없었지만!). 마커스(Markus) 역시 단순 존재 효과에 있어서 평가에 대한 우려가 반드시 어떤 역할을 하는 것은 아니라는 것을 보여주었다. 하지만 그렇다면, 수행에 대한 불안이 아니라면, 다른 바퀴벌레 앞에서 무엇이 바퀴벌레로 하여금 달리는 속도를 달리하게(어떤 때는 빠르게, 어떤 때는 느리게) 만들었던 걸까? 샌더스(Sanders)와 배런(Baron)은 이 바퀴벌레들의 주의가 산만해졌기 때문이라고 주장했다. 공동행위자 또는 구경꾼에 의해 주의가 산만해짐으로써 과제에 대한 집중과 다른 존재에 대한 집중 사이에 갈등이 일어난다. 이 갈등은 각성을 불러오고, 그로써 우성 반응은 촉진시키고 비우성 반응은 억제된다. 따지고 보면, 갑작스러운 소음이나 섬광은 똑같은 패턴의 강화나 약화를 불러온다는 것이 밝혀졌다. 따라서 단순히 타인 또는 타 개체의 존재 자체, 주의 산만, 그리고 적어도 사람에 관한 한 평가에 대한 우려 등 몇몇 변수들의 복합이 사회적 촉진과 억제를 조정한다고 결론지을 수 있다.

단순 존재 효과에 대해 잊지 말아야 할 한 가지는 주어진 과제의 복잡성은 아주 낮은 점부터 아주 높은 점까지 연속선을 이룬다는 것이다. 각성 역시 그렇게 연속선을 이룬다. 그 의미는 각성이 크면 클수록 과제 수행에 대한 우성 반응은 더 크게 촉진된다는 것이다. 그러나 각성이 지나치게 크면, 상대적으로 단순하거나 연습이 충분한 과제에서도 수행에 부정적인 영향을 미친다. 예를 들어, 스포츠 경기를 생각해보자. 스포츠 팀들은 홈경기에서 더 나은 경기를 보여주는 경향이 있다. 아마도 홈팀 선수들은 어웨이팀 선수들에 비해 더 큰 응원을 받고 더 크게 각성되어 있기 때문일 것이다. 그러나 바우마이스터(Baumeister)와 샤워스(Showers)는 메이저리그의 플레이오프 마지막 경기처럼 중요하고 어려운 경기일 때 홈에서 경기를 치르면 통계적으로 불리하다는 주장을 내놓았다. 프로 스포츠팀뿐 아니라 평범한 개인들도 지나치게 각성되면 아주 간단한 과제조차 수행이 불가능한 경험이 있을 것이다.

사회적 촉진과 억제에 대한 발견은 보다 일반적인 관념, 즉 집단으로서의 사람은 개인으로서의 사람에게 매우 큰 영향을 미친다는 사실과 들어맞는다. 우리가 사는 세상에서 흥미로운 모든 일들은 사람이 다른 호모 사피엔스(homo sapiens)들과 함께 어울릴 때 일어난다. 사람은 서로 친숙해질 때 서로를 더 좋아한다(11장). 사람이 갖고 있는 규준은 사람의 지각 작용과 행동을 규정하고(17장), 때로는 우리가 자아감(sense of self)을 잃게 만들며(22장), 집단 속에 있을 때에는 개인적인 책임감을 덜 느낀다(19장). 또한 사람은 사람들 속에서 자화자찬식의 연결고리를 찾는다(25장). 이러한 주제(집단으로서의 사람은 개인으로서의 사람에게 영향을 미친다)는 수없이 많고 미묘한 방식으로 그 중요성을 드러낸다는 점에서 그 어떤 주제보다도 매력적이다.

25

우리가 최고다!

— 투영된 영광 향유의 법칙

"우리가 관계 맺고 있는 집단은 우리의 정체성의 일부이며 우리의 자존감에
영향을 준다. 우리는 그들의 성공과 실패를 자신의 것으로 생각한다.
그들의 성공에 대해서는 널리 알리고
그들의 실패에 대해서는 멀찍이 떨어져 있기를 택한다."

투영된 영광의 향유

다른 사람들로부터 더
큰 호감과 존경을 얻기를 바라는 마음으로 업적과 덕을 과시하는 것은
드문 일이 아니다. 서로 잘 아는 사이일 경우라면 가끔은 개인적인 실패
나 약점을 인정하는 경우도 있기는 하다. 그러나 직접적이든 간접적이
든 자기 고양(self-enhancement)의 형태가 나타나는 것이 더 일반적이다.
우리는 자신이 남과 다른 재능을 가지고 있으며 거부할 수 없는 매력을
드러내고 또한 완벽하게 사랑스러운 사람이라고 스스로를 설득할 방법
을 찾는다. 스스로 자신을 위한 최고의 홍보전문가가 되기를 원치 않는
사람이 있다면, 그런 사람은 매우 드문 사람이거나 아니면 심각한 우울

증이나 자존감을 완전히 상실한 사람일 것이다.

자기 고양의 형태를 보여주는 하나의 예는 다른 사람이 성공이나 명성을 이루는 데 거의 아무런 역할을 하지 않았음에도 그 사람의 성공이나 명성을 최대한 유리하게 이용하려 하는 경향이다. 지극히 먼 관계조차도 자신에게 유리하게 이용하려고 하는 경우가 얼마나 빈번한지 생각해보자. 다른 사람과 대화를 나누다가 갑자기 유명한 영화배우와 생일이 같다든가 하는 사실을 언급하는 경우도 있다. 또는 자기 고향이 역사상 가장 훌륭한 대통령을 배출한 도시라고 자랑스럽게 말하기도 한다. 우리나라에서 가장 오래된 시장이 있는 곳이 바로 자기 고향이며, 지금도 그 시장이 영업을 계속하고 있다고 뿌듯하게 이야기하기도 한다. 이런 경우, 우리는 긍정적인 연결고리(조금만 생각해보면 그 연결고리라는 것이 아무리 하찮은 것이라 해도)가 자신으로부터 만들어졌다는 사실을 적극적으로 홍보한다.

다른 사람과 연결 지음으로써 자신을 고양시키는 또 다른 예는 스포츠팀의 승리가 가져다주는 영광을 자신의 것으로 인식하는 경우이다. 얼마 전에 이런 장면이 내 눈길을 끌었다. 카메라가 승리에 도취된 LA의 군중을 쭉 훑어가다가 대머리를 노란색과 파란색의 모자이크로 칠한 한 남자를 클로즈업했다. 그 남자는 검지손가락을 치켜들며 소리쳤다. "우리가 최고다! 우리가 최고다!" 로버트 치알디니(Robert Cialdini)가 말했듯이, 이런 경우 사람들의 외침은 언제나 "우리가 최고!"일 뿐, "저들이 최고!"라는 사람은 없다.

치알디니는 이런 현상을 '투영된 영광의 향유(Basking in Reflected

Glory)'라고 이름 붙였다. 투영된 영광의 향유 현상을 조사하기 위해, 치알디니와 동료들은 일곱 개의 대학(애리조나 주립대, 루이지애나 주립대, 노트르담 대학, 미시건 대학, 피츠버그 대학, 오하이오 주립대, 서던 캘리포니아 대학)에 가서 미식축구 시즌 동안 매주 월요일에 심리학 개론 수업을 듣는 학생들이 입은 옷을 비밀리에 살펴보았다. 그 전주 토요일에 있었던 미식축구 경기에서 해당 대학의 승패를 먼저 체크한 후, 그 수업을 듣는 학생들 중 몇 명이 대학의 이름이나 기장, 그 대학 미식축구팀의 애칭이나 마스코트 등이 들어 있는 옷을 입고 나오는지를 파악했다. 재킷, 스웨터, 티셔츠 또는 그러한 단추가 달려 있는 옷은 여기에 포함시킨 반면에 단순히 학교 색과 일치하는 색깔의 옷은 포함시키지 않았고, 학교 마크가 찍힌 공책이나 책표지를 사용하는 경우도 포함시키지 않았다.

그 결과는 아주 분명했다. 학생들은 학교 미식축구팀이 경기에서 패했을 때보다 승리했을 때 더 확연하게 학교와의 연대감을 표현했다. 학교를 상징하는 옷을 입은 학생들의 수와 미식축구 경기에서 승리의 폭(margin of victory) 사이의 상관관계는 0.43에 달했다. 다시 말하자면, 점수 차이가 벌어지면 벌어질수록, 이긴 대학의 학생들은 학교를 상징하는 옷을 더 많이 입고 나타났으며 진 쪽의 학생들은 덜 입고 나타났다는 뜻이다. 이러한 현상은 응원하는 관중이 많은 홈경기에서나 응원하는 관중이 적을 수밖에 없는 어웨이경기에서나 똑같이 나타났다.

이러한 현상은 왜 일어나는 걸까? 아마도 그 학생들은, 의식적으로든 아니든, 자기 학교 팀이 이긴 날은 학교와의 연대를 드러냄으로써 다른 사람들이 자신을 더 좋게 보아주리라고 믿는 것인지도 모른다. 공공연한 치사는 사람의 자부심을 높여준다. 우리는 직감적으로 다른 사람들이 우리를 평가할 때 한 개인으로서의 우리 자신을 보는 것이 아니라 우리가 연계되어 있는 사람 또는 집단을 보고 평가한다고 느끼는 것 같다. 유명인 또는 매우 특출한 누군가와 함께 있는 모습을 보여주는 것이 자신의 사회적 위상을 한 뼘 정도 높여준다고 생각하는 것이다. 우리는 또한 비록 자신은 그 소식에 공헌한 바가 없더라도 나쁜 소식을 전할 때보다는 좋은 소식을 전할 때 다른 사람들로부터 더 호감을 얻을 수 있다고 느낀다. 우울한 소식을 전하기를 꺼려하는 것은 우리가 그 소식에 어떤 죄책감을 느끼거나 슬퍼서가 아니라, 비록 그 일에 일말의 책임도 없다 할지라도 그 소식을 전하는 것만으로 부정적인 평가를 받을지도 모른다는 두려움 때문이다.

그러나 치알디니와 연구진은 미식축구 경기에서 승리한 후, 대학과 관련된 옷을 입는 것이 연계성을 이기적으로 이용하려는 의도와는 상관이 없을 수도 있다는 반론을 제기했다. 그러한 행동은 단순히 애교심 내지는 학교에 대한 자부심을 드러내는 것이거나 그저 기분이 좋아서 그러할 뿐 다른 복잡한 의미는 없을 수도 있다는 것이다. 다시 말해, 사람들이 투영된 영광을 향유하는 것은 순전히 자기 내면적인 이유 때문일지도 모른다는 뜻이다. 노트르담 대학교 학생들이 기숙사 안에서 '아일랜드와 전쟁을!'이라는 구호가 적힌 스웨터를 입고 있는 것은 실제로 자신이 그것을 원하고 있음을 보여주기 위해서가 아니라는 것은 누구나 알 수 있다. 그러나 치알디니는 투영된 영광의 향유가 실제로, 적어도 부분적으로는, 대인관계상(interpersonal)의 이유로 일어난다는 점을 보여주고자 했다. 다른 사람으로부터 존경과 감사를 듣거나 다른 사회적 이득을 취함으로써 자신의 자부심을 고취시키는 수단인 것이다.

우리와 그들

─────────────────── 투영된 영광의 향유가 최소한 부분적으로라도 개인 간의 역학에 의해 나타난다는 의심을 갖고 있던 치알디니와 동료들은 대학생들이 자기 학교와 라이벌 대학 사이에 벌어진 미식축구 경기 결과를 이야기할 때 사용하는 대명사를 주목했다. 연구진은 학생들이 자기 학교 팀이 이긴 경기를 언급할 때는 '우리'라는 대명사를 더 자주 사용하고('우리가 이겼다'처럼), 진 경기를 언급할 때는 자기 학교 팀인데도 '그들'이라는 대명사를 더 자주 사용하는('그들이 졌다') 경향이 나타날 것이라고 예측했다. 더 나아가, 그들은 최근에 자존심에 상처를 입은 경험이 있는 참가자일수록 과장이 심한 결과의 패턴을 보일 것이라고 예측했다.

연구진은 전국적으로 상위에 랭크된 미식축구팀을 가진 여러 대학에서 학부생 173명의 전화번호부를 통해 무작위로 선택하여 실험을 시행했다. 1974년 미식축구 시즌 중 사흘 동안 연구 조교들이 전화로 참가자들과 접촉했고, 연구 조교들은 다른 주에 있는 설문조사 전문기업의 해당지역 센터 직원이라고 소개했다. 발신자는 대학생들이 각 대학의 학내 문제에 대해 얼마나 알고 있는지를 파악하기 위한 조사를 실시하고 있으며, 대학생활에 대해 사실을 기초로 한 문항 여섯 가지를 질문하겠다고 말했다. (수신자의 93%가 이 설문조사에 응하겠다고 응답했다.) 그 질문 중 하나를 예를 들면, "당신의 학교 재학생 중 기혼자는 몇 퍼센트입니까? 20퍼센트에 더 가깝다고 생각하십니까, 35퍼센트에 더 가깝다고 생각하십니까?"였다. ('모름'은 선택할 수 있는 답안이 아니었다.) 참가자들이 여섯 개의 문항에 답한 뒤, 발신자는 다른 학생들에 비해 정답률이 더 높았다든가(여섯 문항 중 다섯 문항이 정답이었다) 상대적으로 낮았다(여섯 문항 중 한 문항이 정답)고 평가해주었다.

이러한 언급은 무작위로 주어진 것으로, 참가자의 자존심 상태를 (일시적으로) 조작하기 위한 것이었다. 추측하건대, 첫 번째 조건의 참가자들은 자신에 대해 약간 더 의기양양해졌을 것이고, 반면에 두 번째 조건의 참가자들은 약간 의기소침해졌을 것이다.

그런 다음, 발신자는 몇 가지 추가 질문이 있다고 말했다. 그 첫 번째 질문이 학교의 스포츠팀에 대한 것이었다. 참가자의 절반에게 미식축구 팀의 승리에 대한 질문이 주어졌다.

이번 시즌 첫 게임에서 당신이 소속된 학교의 팀이 휴스턴 대학과 경기를 치렀습니다. 그 경기의 결과를 말해줄 수 있습니까?

나머지 절반에게는 팀의 패배에 대해서 물었다.

이번 시즌 첫 게임에서 당신이 소속된 학교의 팀이 미주리 대학과 경기를 치렀습니다. 그 경기의 결과를 말해줄 수 있습니까?

만약 참가자가 그 경기의 결과에 대해서 모를 경우, 다른 참가자에게 전화를 걸었다. (승리가 패배보다 더 기억에 잘 남는지를 알아보는 것도 흥미로울 것이다. 연구에 따르면, 사람에게는 자신에게 득이 되지 않는 정보나 마음에 들지 않는 정보는 선택적으로 망각해버리는 경향이 있다.) 참가자가 경기 결과를 알고 있는 경우에는 참가자의 간략한 설명은 그대로 기록되었다. 여기서 종속변수는 참가자가 '우리'라는 대명사를 사용하느냐(예를 들어, "우리가 이겼어요" 또는 "우리가 졌어요") 아니면 '우리'가 아닌 다른 말(예를 들어, "미주리 대학이 14 대 6으로 이겼어요" 또는 "그들이 졌어요")을 사용하는가이다. 이번에도 치알디니와 동료들은 참가자들이 자기 학교의 패배를 이야기할 때보다 승리를 이야기할 때 '우리'라는 말을 더 자주 사용할 것이며, 또한 이러한 효과는 학내 문제 설문에서 낮은 평가를 받은 참가자에게서 더 크게 나타날 것이라고 예측했다. 이 참가자들일수록 자신의 자부심(자존심)을 세우기 위해 특히 이긴 팀과의 연계를 더욱 강조하고, 진 팀과는 더 거리를 두려고 할 것이라고 보았다.

더 나은 인상을 심어주고 싶은 욕망

치알디니와 연구진은 자신들의 예측이 정확히 들어맞았음을 발견했다. 진 팀의 소속 대학 학생들보다 이긴 팀의 소속 대학 학생들이 경기를 설명하면서 '우리'라는 표현을 더 많이 사용했다. 그러나 중요한 것은 자존심에 상처를 입은 학생들 사이에서만 이러한 현상이 나타났다는 점이다. 자존심에 상처를 입은 경험을 했다고 추정할 수 있는 참가자들 사이에서 '우리'라는 말은 승리를 설명할 때에는 40퍼센트, 패배를 설명할 때에는 14퍼센트 사용되었다. 자존심이 고양되는 경험을 했다고 볼 수 있는 참가자들이 '우리'라는 표현을 사용한 비율은 승리를 묘사할 때나 패배를 설명할 때나 동일했다. 이러한 결과의 패턴은 상황이 그러할 경우 사람들은 비록 의도적으로 그러는 것은 아닐지라도 자신과 성공한 다른 사람과의 사소한 연결고리라도 과시하면서 다른 사람들에게 좋은 인상을 심어주고 자신에 대해서는 더 뿌듯하게 느끼려고 한다는 주장을 뒷받침한다.

두 연구의 차이점에 주목하자. 첫 번째 연구는 미식축구팀의 승리와 학생들의 옷 입기(학교나 미식축구팀의 상징이 들어 있는 스웨터나 티셔츠 등)와의 상관관계를 보여주었다. 두 번째 연구는 첫 번째 연구를 바탕으로 참가자들이 학교 미식축구팀의 경기 결과(승리 또는 패배)를 알고 있는지의 여부

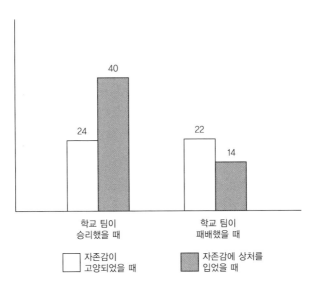

자존감에 상처를 입거나 자존감이 고양되는 경험을 한 후, 학교 미식축구팀의 경기 결과를 설명할 때 '우리'라는 단어를 사용한 참가자의 비율(%).

를 실험적으로 조작하고, 투영된 영광을 향유하는 경향에 있어서 자존감이 조정적인 역할을 한다는 이론적인 주장을 테스트하였다. 과학은 정확하게 이런 방법으로 작용한다. 과학은 세심한 관찰, 다양한 설명, 인과관계가 확실한 추론을 가능케 하는 실험적 연구를 통해 얻어진 상관변수에 대한 이해 위에서 성립한다. 또한 이른바 현실세계와 실험실 사이를 오가며 이루어진다.

투영된 영광의 향유를 누릴 수 있으려면 관찰자는 공유할 수 없는, 그 사람만의 연대를 자랑할 수 있어야만 한다. 예를 들자면, 치알디니는 캘리포니아 사람들은 같은 주에 사는 사람보다는 다른 주에 사는 사람(예를 들어 노스다코타 주)에게 캘리포니아 주의 목가적인 날씨를 더 자주 자랑한다는 사실을 지적했다. 다시 말해, 투영된 영광의 향유는 더 멋지거나 고차원적인 어떤 것과 그 사람과의 연계가 관찰자와의 연계보다 더 강할 때 가능하다는 것이다. 이러한 주장을 검증하기 위해, 앞선 연구에서처럼, 실험자가 참가자들에게 전화를 걸어 최근 학교 미식축구팀의 경기 결과를 포함한 학내 문제에 대해 질문을 던졌다. 실험자는 참가자들에게 캠퍼스 안에 있는 대학의 조사센터 직원이라고 소개하거나 다른 주에 있는 조사전문 기업의 직원이라고 소개했다. 이 연구의 결과는 일반적으로 의미가 있는 통계적 자료에는 접근하지 못했지만, 여기서 나타난 경향은 분명했다. 참가자들은 전화를 건 사람이 같은 학교 안에 있는 사람이라고 들었을 때보다 다른 주에 있는 조사전문 기업 직원이라고 들었을 때, 학교 미식축구팀의 승리를 이야기할 때는 '우리'라는 단어를 더 자주 사용했고, 학교 미식축구팀이 패했을 때에는 다른 단어('그들')

를 좀 더 많이 사용했다. 이렇게 통계적으로 사소한 결과의 의미는 투영된 영광의 향유가 단순히 자신의 기분을 좋게 하기 위한 것이 아니라 타인(특히 그 자랑의 원인을 공유하지 못한 사람)에게 자신의 인상을 좋게 심어줌으로써 기분을 좋게 하기 위한 것이라는 주장을 더욱 강하게 뒷받침한다.

치알디니의 연구 세 편은 모두 참가자들이 자기 학교의 미식축구팀이 최근에 승리를 거둔 경우 자신과 학교의 미식축구팀을 더 공공연하게 동일시하는 경향이 있다는 것을 보여주었다. 사람들이 성공적인 집단과 자신이 연결되어 있음을 남에게 알리려고 하는 것은 적어도 부분적으로 관찰자들이 그러한 연결을 인정하고 그 결과 그들을 긍정적으로 평가하리라고 생각하기 때문임이 분명하다. 이러한 인식과 유리한 사회적 이미지(자신의 이미지가 손상되었을 때에는 더욱 더)를 누리고 싶은 욕심이 투영된 영광의 향유를 더욱 부채질하는 것이다.

다른 사람의 영광 빌려쓰기

──────────────────── 치알디니의 연구는 중요한 진실을 보여준다. 사람의 정체성에는 '나'뿐만 아니라 '우리'도 포함되어 있으며, 개인적 귀인뿐만 아니라 사회적 연줄과 집단의 소속까지 포함되어 있다는 것이다. 한 사람의 가족, 친구, 인종 집단, 종교적 연대관계, 정당, 전문가 집단 등이 모두 그 사람의 일부를 이룬다. 사회심리학의 중요한 개척자 중 한 사람인 고든 얼포트(Gordon Allport)는 이렇게 표현했다. "자신이라는 존재의 연결이 인간으로서의 삶의 기본이다 …… 또한 이렇게 사랑받는 자신과 함께 사람의 기본적인 소속감이 함

께 어우러져 있다……."

이러한 주제는 타지펠(Tajifel)과 터너(Turner)의 책,《사회적 정체성 이론(*Social Identity Theory*)》에도 나타나 있다. 이 책은 긍정적인 자존감을 달성하는 데 있어 집단 정체성의 역할을 강조하고 있다. 우리는 자신이 속한 집단이 긍정적인 차별성을 갖고 있을 때, 즉 자신이 속해 있지 않거나 동일시하지 않는 집단보다 더 우월하다고 여겨질 때 자신을 더 나은 사람으로 여긴다. 따라서 자존감은 단순히 한 사람이 자신에 대해서 가지는 자기평가 이상의 의미를 갖는다. 사람의 자존감은 집단적 측면을 가지고 있다.

단순히 다른 사람의 성공이나 실패와 연결 짓는 것만으로도 마치 자신이 성공을 거두거나 실패를 맛본 것 같은 효과를 얻을 수 있다. 당신과 한 배를 타고 있는 사람이 누구든, 그 사람이 당신을 대변하는 것이다. 만약 당신이 미국인이고, 미국선수가 올림픽 마라톤에서 우승했다면 당신도 역시 승자다. 마치 당신도 지난 10년 동안 매주 100킬로미터 이상을 달리면서 올림픽을 위해 훈련한 사람인 것처럼 되는 것이다. 만약 당신이 브라질 사람이라면, 브라질 팀이 월드컵 축구경기에서 우승하는 순간 결코 실망하지 않을 것이다. 우리는 심리적으로 자기 팀의 승패를 내면화한다. 사실, 믿거나 말거나, 자기가 응원하는 팀이 이기는 경기를 보고 있는 스포츠팬은 그 팀이 질 때보다 경기가 끝난 후 자기 업무도 더 잘 해낼 수 있다고 생각한다. 다시 말하자면, 그가 응원하는 팀의 승리가 그 사람의 자신감마저 고양시키는 것이다.

그러나 이 점도 기억해야 한다. 비록 우리가 승자 또는 성공한 사람과 자신을 연결시키려고 노력하더라도 때로는 패자와 자신이 연결되는 것을 피할 수 없는 경우도 있다. 이런 상황이 일어날 때에는 몇 가지 선택이 가능하다. 그 중 하나가 변명거리를 만드는 것이다. 예를 들어, 스포츠팀의 패배는 편파적인 판정 탓으로 돌린다. 이런 변명이 받아들여지지 않을 때에는 패자나 평판이 나쁜 사람 또는 집단과 거리를 둔다. 즉, 투영된 실패(Reflected Failure)를 차단하는 것이다.

투영된 실패의 차단 효과를 조사하기 위해 스나이더(C. R. Snyder)와 그의 동료들은 참가자들로 하여금 '블루팀'이라는 이름의 소그룹을 만들어 지적 능력이 필요한 문제들을 풀게 했다. 그런 다음, 참가자들에게 가짜 피드백을 주었다. 어떤 참가자에게는 자기 연령대에서 상위 30퍼센트에 못 미치는 점수를 얻어서 기본적으로는 탈락한 것이라고 말하고, 또 다른 참가자들에게는 같은 연령대에서 10퍼센트 이내에 드는 대단히 좋은 점수를 얻었다고 말해주었다. 대조군의 참가자들에게는 아무런 피드백도 주지 않았다.

실험자는 참가자들에게 테스트가 끝나고 나가는 길에 팀의 상징이 든 배지를 문 앞에 놓아두었으니 원한다면 하나씩 가져가라고 말했다. 아무런 피드백도 받지 않는 참가자들 중에서는 50퍼센트가 배지를 가지고 갔다. 그러나 테스트에 탈락했다는 피드백을 받은 참가자들 중에서는 10퍼센트만이 배지를 집어간 반면, 테스트에 합격했다는 피드백을 받은 참가자들 중에서는 70퍼센트가 배지를 집어갔다. 즉, 투영된 실패를 차단하지 않은 사람이 10퍼센트, 투영된 영광을 향유한 사람이 70퍼센트였던 것이다. 투영된 실패의 차단 효과에 대한 이러한 연구 결과는 우리가 패배자들로부터는 거리를 두는 경향이 있다는 것을 의미한다. 우리는 자신의 평판에 흠이 생기는 것을 원치 않는다. 바람직하지 않은 사람 또는 집단과 연결되거나, 더 심하면 해로운 영향을 입게 되는 것을 원치 않는다. 하지만 그렇다면, 우리는 왜 종종 희생자의 편에 서거나 패자를 옹호하는 것일까?

애크미언은 화성인,
오린티언은 금성인

— 고정관념의 법칙

"성의 고정관념은 실질적인 성의 차이에 대한 인식에서 생겨날 뿐만 아니라
남성과 여성에게 주어진 사회적 역할의 차이에 대한 합리화의 방편으로 생겨난다."

여자 아이일까 남자 아이일까?

─────────────── 아이들이 어떻게 노는지
를 알아보기 위한 실험을 하고 있다고 해보자. 당신은 18개월 된 '조이'
라는 이름의 남자 아이와 놀아줘야 한다. 자, 어떻게 할까? 요란한 소리
가 나는 딸랑이를 쥐어주거나 장난감 망치를 쥐어줄까? 무릎에 조이를
앉혀놓고 흔들어주거나 공중으로 50~60센티미터쯤 던져 올렸다가 받
아줄까? 이번에는 여자 아이인 '제이니'와 놀아주어야 한다. 예쁜 인형
과 그 인형을 꾸며줄 액세서리를 가져다주지 않을까? 조이보다는 부드
럽게 다루고, 더 부드러운 목소리로 말을 걸지 않을까? 실험에 따르면
대부분의 사람들이 이렇게 한다.

다음의 실험도 생각해보자. 참가자들은 9개월 된 아기를 촬영한 비디오테이프를 보았다. 어떤 참가자는 그 아기가 남자 아기라고 말했고, 또 다른 참가자는 그 아기가 여자 아기라고 말했다. 아기가 뚜껑을 열면 인형이 툭 튀어나오도록 장치되어 있는 상자를 열어보고 울자, 그 아기가 남자 아기라고 대답했던 참가자들은 아기가 화가 나서 우는 거라고 대답했다. 반면에 그 아기가 여자 아기라고 생각했던 참가자들은 아기가 무서워서 우는 거라고 대답했다. 자, 당신의 생각은? 그 아기는 여자 아기일까, 남자 아기일까? 그 아기를 남자 아기라고 볼 때와 여자 아기라고 볼 때에는 무슨 차이가 있을까? 당신은 여자 아기와 남자 아기는 기질이 서로 다르다고 생각하고 있는가? 여자 아이도, 남자 아이도, 각각 선호 경향이나 잠재력, 세상에 대한 지각이 서로 다른 여자와 남자로 자란다고 생각하는가?

이런 질문에 대한 답은 성(性)의 고정관념, 즉 각각 남성과 여성을 연상시키는 전통적이고 차별화된 일단의 특징을 반영한다. 30여 개 국가에 걸쳐서 성의 고정관념을 파헤친 연구에 따르면, 어느 나라에서나 남성은 상대적으로 모험적이고 야망이 크며 지배적이고 위험을 회피하지 않으며 과제지향적이고 논리적이며 문란한 반면, 여성은 상대적으로 감성적이고 순종적이며 의존적이고 인간지향적이고 나약한 존재로 표현되었다. 종합적으로, 사람들은 남성을 강하고 독립적으로 보고, 여성은 친절하며 교육적이라고 생각한다. 어딘가 낯익은 이야기가 아닌가?

남성과 여성은 정말로 성의 고정관념이 암시하는 것처럼 그렇게 차이가 있는 걸까? 물론 남성과 여성 사이에 흥미로운 차이가 있는 것은 분명하다. 공격성, 우울증, 냄새 식별력, 공포에 대한 감수성, 비언어적 행동, 리더십 스타일, 범죄성, 자살 행위, 성에 대한 집착 등 여러 가지 측면에서 차이가 드러난다. 예를 들어, 자살에 대해서 말하자면, 자살을 시도하는 비율은 여성이 남성의 두 배에 달하지만, 성공하는 비율은 남성이 여성의 두 배에 이른다. 이는 아마도 남성들이 자기 머리에 총을 쏜다든가 하는 보다 확실한 방법을 쓰기 때문인 것으로 보인다. 성에 대한 집착을 보면, 18~59세의 미국 성인을 무작위로 추출한 표본 조사에서 남성의 54퍼센트, 여성의 19퍼센트가 섹스를 자주 생각한다고 대답했고, 남성의 43퍼센트, 여성의 63퍼센트가 가끔 생각한다고 응답한 반면, 아주 가끔 생각한다고 응답한 비율은 남성이 4퍼센트, 여성이 14퍼센트였다.

이 연구 결과에서 볼 수 있는 가장 흥미로운 부분은, 일반적으로 남성이 여성보다 더 자주 섹스를 생각한다고 응답하기는 했지만, 섹스에 대해 남성보다 더 자주 생각한다고 응답한 여성의 비율도 상당히 높았다는 것이다. (믿거나 말거나, 또 한 가지 흥미로운 것은 섹스를 거의 전혀 생각하지 않는다는 응답자도 있었다는 사실이다!) 물론, 성에 따른 차이가 있다고 해서 반드시 성의 고정관념이 정확하다는 것은 아니다.

성의 차이에 대해 연구한 최초의 사회심리학자들 중 한 사람인 앨리스 이글리(Alice Eagly)는 성에 대한 많은 고정관념들이 실제로 남성과 여성 사이에 존재하는 차이에 근거하고 있다는 점을 인정했다. 그러나 이글리는 사실 그 차이란 매우 사소한 것이라고 주장했다. 그럼에도 그 차이가 크게 인식되는 것은, 남성과 여성이 모두 서로 다른 사회적 역할을 맡거나 주어지는 경향이 있기 때문이다. 진보적인 사회에서조차도 남성은 여성에 비해 대리자적 역할(agentic role)을 차지하는 경우가 많다. 대리자적 역할은 자기주장이 강하고 타인을 지배하려는 의도를 가진 것이 특징이다. 이런 역할의 대표적인 예로 정치가, 과학자, 기업가, 종교지도자 등을 들 수 있다. 반면에 여성에게는 공동사회적 역할(communal role)이 자주 맡겨지는데, 이타적이고 타인에 대한 배려가 특징이다. 가정주부, 초등학교 교사, 비서, 간호사 등이 대표적인 예다. 예를 들어, 내 아들이 다니는 초등학교에는 36명의 교사가 있는데, 그 중 34명이 여교사지만 교장은 남자다.

남성이나 여성이나 깊은 내면을 들여다보면 엇비슷한 인격을 가지고 있음에도 각기 다른 기질이 표현되어야 하는 서로 다른 역할을 찾곤 한다. 사람들은 이렇게 과도하게 표현된 기질과 고정관념의 기초가 되는 형태들에 주목한다. 다시 말해, 이글리에 의하면 역할을 기반으로 하는 차이는 일차적으로 성의 고정관념에 기인한다. 보통 여성에게 대리자적 역할을 맡긴다면, 남성이 그 역할을 맡았을 때 못지않게 훌륭하게 그 역할을 수행한다는 것을 알 수 있다. 보통 남성에게 공동사회적 역할을 맡기면 그 남성 역시 그 역할을 훌륭하게 수행한다. 대리자적 역할은 남성 못지않게 여성에게서도 남성성을 이끌어낸다. 공동사회적 역할은 남녀 모두에게서 여성성을 이끌어낸다. 남성과 여성이 사회적 역할 전반에 걸쳐 고르게 분포되어 있다면, 남성과 여성 사이의 차이(그리고 그에 부합하는 고정관념까지)는 존재한다 하더라도 지금보다 훨씬 작을 것이다.

다양한 사회적 역할에 대한 남성과 여성의 명백하게 불평등한 분포를 감안할 때 우리 사회에서 관찰되는 성적인 차이를 사회적 역할론으로 해석한 이글리의 주장은 상당히 그럴 듯하다. 사실 남성과 여성의 사회적 역할은 일방적인 대리자적 역할이거나 공동사회적 역할로 구분된다. 이글리의 이론은 실험적으로도 뒷받침이 되고 있다. 그러나 호프먼(Hoffman)과 허스트(Hurst)가 제기한 문제를 포함해서 해결되지 못하고 남아 있는 몇 가지 문제가 있다. 성의 고정관념은 인성에서 나타나는 것으로 관찰된 성의 차이로부터 직접적, 배타적(그 차이는 부분적으로는 사회적 역할의 산물인데도)으로 발생한 것인가? 호프먼과 허스트는 그렇지 않다고 추측했다. 성의 차이는 역할에 의해 증폭된다 하더라도 사람이 감지하기에는 너무나 작은 것이라고 그들은 주장했다. 그들은 "사람의 공변성(covariation, 두 가지 이상의 변화가 함께 변하는 것) 감지 능력은 순수하게 데이터에 기반을 둔 어떤 것을 발견하기에는 너무나 조악하다"라는, 이 주제에 대한 니스벳(Nisbett)과 로스(Ross)의 주장을 인용했다. 간단히 말해, 사람은 자신에 대해서 그러한 고정관념을 확립할 정도의 지각 통찰력을 갖고 있지 않은 것이다.

호프먼과 허스트는 또한 성의 고정관념이 과학적으로 검증된 성의 차이와 언제나 정확하게 맞아떨어지는 것은 아니라는 점을 지적했다. 예를 들어, 친절성, 인내심, 결단력 등과 같은 기질에 있어서는 남녀 간의 차이를 발견하지 못했다. 그러나 이러한 특징들은 성의 고정관념에서 두드러지게 나타난다. 반면에, 남성은 여성보다 더 활동적이고, 여성은 몸짓언어를 해석하거나 표정을 읽어내는 데 있어 남성보다 월등하다. 그러나 이러한 차이는 성의 고정관념에서 주변적인 요소일 뿐이다.

호프먼과 허스트는 또 다른 주제로 눈을 돌렸다. 만약 성의 고정관념이 순전히 역할에 근거한 것이라면, 왜 가정주부나 주식중개인, 뇌 전문 외과의사, 또는 유치원 교사 등과 같은 구체적인 고정관념을 훨씬 넘어서까지 존재하는가? 왜 사람들은 남자는 일반적으로 이렇고 여자는 대개 이렇다는 생각을 갖고 있는가? 이런 고정관념은 어떤 목적에 기여하는가?

호프먼과 허스트는 사람을 단순히 사회적 역할에 따라 범주화하는 것만으로는 고정관념의 형성에 충분하지 않다고 주장했다. 실제적인 성의 차이를 인식하는 것이 반드시 필요하지도 않다. 만약 그렇다면, 사회적 역할과 성의 고정관념 사이에 어떤 연관이 있는 것일까? 호프먼과 허스트에 따르면, 이 둘이 연관되는 것은 성의 고정관념이 남성과 여성의 사회적 역할을 합리화시키는 데 이용되기 때문이다. 즉, 성의 고정관념이 사람들로 하여금 사회적 현상(現狀)을 합리화하는 편리한 변명이라는 것이다.

"여성은 아이를 잘 돌본다. 충분히 이해할 수 있는 일이다. 여성은 천성적으로 남성보다 더 친절하고, 더 다감하고, 더 예민하다. 남성은 사업을 운영하고 전쟁터에 나가 싸우는데, 그것은 남성이 천성적으로 여성보다 더 논리적이고, 더 독립적이며, 더 경쟁심이 강하기 때문이다." 본질적으로 우리는 성의 고정관념을 주로 여성과 남성의 인성에 대해서 관찰된 차이에 직접적으로 근거한 양성의 인성적 차이의 요약적 추상으로 간주하는 것이 아니라 최소한 부분적으로 노동에 있어서의 성적 분배를 합리화하고 의미 있게 만들어주는 변명적 가상에 근거해서 주장하고 있다.

성의 차이에 대한 사람들의 가정을 변명적 가상이라고 주장하는 것은 대담한 단언이다. 콧대 높은 사회심리학자들은 이렇게 요구할 것이다. "증거를 내놔 봐!"

성의 고정관념

—————————————————————— 호프먼과 허스트는 성의 고정관념이 두 집단이 서로 다른 사회적 역할을 수행한 데서 온 직접적인 결과라고 보았다. 설사 그 두 집단의 구성원이 각각 비슷한 기질을 공유하고 있더라도 마찬가지다. 이 주장을 증명하기 위해, 그들은 참가자들(남녀 80명)로 하여금 멀리 떨어진 행성에 사는 두 개의 사회적 집단[애크미언(Ackmian)과 오린티언(Orinthian)]을 상상하게 했다. 이 두 집단은 대도시 근교의 전원도시에 거주하는 것으로 설정했다. 연구진은 참가자들에게 이 두 집단의 성인 구성원들이 아동 양육자(어린아이들을 돌보고 교육시키는 역할)과 도시근로자(사업이나 공장을 경영하거나 기술을 가지고 있고 더 고등한 교육을 받은)로 나뉜다고 설명했다.

참가자들에게는 간단한 개인신상기록과 함께 15명의 애크미언과 15명의 오린티언의 상반신 사진을 무작위 순서로 보여주었다. 각각의 사진과 신상명세는 소책자의 한 쪽에 인쇄되었고, 15초씩 제시되었다. 신상명세에는 각자의 이름과 소속 집단, 사회적 역할, 세 가지의 인성적 기질이 기록되었다. 세 가지 인성적 기질 중 한 가지는 상대적으로 대리자적(남성적)인 성질, 공동사회적(여성적)인 성질, 중성적(각자의 판단에 따라 결정될 수 있는) 성질로 구성되었다. 예를 들어, "돌락. 아이를 기르는 애크미언. 솔직하고 동정심이 많으며 믿음직하다"라고 기록되었다. 또 한 가지 기록을 보자. "다모린. 도시에서 일하는 오린티언. 지략이 풍부하고 개인주의적이며 설득력이 있다." 각각의 애크미언과 오린티언은 일단의 독특한 기질로 설명되었다. 모든 대상 외계인들이 세 가지의 인성적 기질로 설명되었다는 것을 감안한다면, 그들이 어떤 집단에 소속되었는지도, 어떤 사회적 역할을 감당하고 있는지도 그들이 실제로 얼마나 대리자적인지 공동사회적인지에 아무런 차이도 만들지 못한다는 것이 중요하다.

참가자 중 절반에게는 15명의 애크미언 중 12명을 도시근로자(나머지 세 명은 아동 양육자)로 소개했고, 15명의 오린티언 중 12명은 아동 양육자(나머지 셋은 도시근로자)로 소개했다. 이와 대조되는 실험 조건의 참가자들에게는 그 반대 조합으로 외계인을 소개했다. 대부분의 애크미언들은 아동 양육자로, 대부분의 오린티언은 도시근로자로 소개한 것이다. 따라서, 호프먼과 허스트는 사회적 집단(애크미언과 오린티언)과 사회적 역할(아동 양육자 또는 도시근로자) 사이의 중첩도를 실험적으로 조작했다. 실험자들은 이러한 집단-역할의 중첩이 대상 외계인들의 인성에 집단이나 역할에 따른 차이가 없음에도, 참가자들로 하여금 이 외계인 종족에 대한 역할 기반의 인성 고정관념을 형성하게 할 것이라고 예측했다. 뿐만 아니라, 각 집단 구성원들의 사회적 역할이 특정되었음에도 이 고정관념이 구성원들에 대한 참가자의 인식에 영향을 미칠 것이라고 내다보았다.

또 한 가지의 실험적 조작도 중요했다. 그들은 참가자 절반에게 애크미언과 오린티언의 차이는 생물학적인 것이라고 주장했다. 이 두 집단은 별도의 종(種)으로, 이 두 집단 구성원 간의 번식은 불가능하며, 외모도 다른 집단의 구성원과 닮은 것보다 같은 집단 내부의 구성원끼리 서로 더 닮아 있다고 설명했다. 나머지 절반의 참가자들에게는 애크미언과 오린티언의 차이가 비생물학적인 것이라고 주장했다. 이 두 집단은 서로 다른 하위문화를 나타내며, 두 집단의 구성원들 간의 번식이 가능하고 외모는 입은 옷의 색상으로만 구분된다고 설명했다. 호프먼과 허스트는 각 집단이 문화적으로 구분된다고 설명한 조건보다 생물학적으로 구분된다고 설명한 조건에서 고정관념이 더 잘 형성될 것이라고 예상했다. (주의: 대리자적 역할과 공동사회적 역할은 생물학적이나 문화적으로 구분되는 것이 아니다.) 연구진은 생물학적 불가피성이라는 아이디어에 점화(정신적으로 무언가를 받아들이기 쉽도록 하는 것)하는 것이 고정관념의 형성을 촉진하는 반면, 문화적 상대성이라는 아이디어에 대한 점화는 고정관념의 형성을 방해할 것이라고 추론했다. 사회적 차이를 유전적으로 예정(豫定)된 것으로 묘사하는 것은 사회적 차이를 합리화하는 나쁜 방법이다. 예를 들어, 육아 책임에서 벗어나는 것을 정당화하기 위해, 남성은 여성이 천성적으로 아이를 돌보는 데 더 뛰어나다고 결론짓곤 하는 것이 여기에 해당한다.

애크미언과 오린티언에 대한 설명을 읽은 뒤, 참가자들은 각 집단에서 아동 양육자의 백분율과 도시근로자의 백분율(두 비율의 합이 각 집단마다 100이 되어야 한다)을 표시하라는 요구를 받았다. 그다음에는 또 다른 실험 조작이 있었다. 참가자 절반에게 애크미언과 오린티언이 왜 각각 상대적으로 다른 역할을 수행하는 경향이 생겼다고 생각하는지 물었다. 나머지 절반에게는 이런 설명을 요구하지 않았다. 호프먼과 허스트는 집단 범주화와 사회적 역할 사이의 중첩을 설명해야 하는 과제가 성의 고정관념을 형성하는 자극제가 될 것으로 보았다. 설명의 요구가 고정관념을 합리화하는 과정의 발단이 될 것이라고 본 것이다. 연구진은 한 가지 주제에 초점을 맞춘 사고, 또는 자기 의견에 대한 과도한 표현이 보다 극단적인 태도를 만들어내기에 충분하다는 것을 보여주었다.

그다음에는 고정관념의 실질적인 측정이 있었다. 참가자들에게 일반적인 애크미언과 일반적인 오린티언에 대해 여섯 가지의 대리자적 기질(야심적이다, 단정적이다, 경쟁적이다, 독립적이다, 거리낌 없다, 자신감이 있다)과 여섯 가지의 공동사회적 기질(다정하다, 정서적이다, 온화하다, 남에게 도움을 베푼다, 친절하다, 이해심이 싶다)을 종합적으로 평가하는 과제를 주었다. 그리고 애크미언 아동 양육자, 애크미언 도시근로자, 오린티언 아동 양육자, 오린티언 도시근로자에 대해 이 열두 가지 기질을 평가할 것을 주문했다. 모든 평가는 0(전혀 없음)에서 9(극단적으로 많음)로 평가했다.

애크미언과 오린티언

참가자들은 분명 두 외계인 집단과 사회적 역할 사이에 관계가 있음을 감지했다. 참가자들은 한 조건에서는 애크미언의 대부분을 도시근로자로, 다른 조건에서는 아동 양육자로 보고했다. 그들은 또한 각 집단의 일부 구성원들은 비정형적인 역할을 수행하고 있다고 보았다. 예를 들어, 애크미언은 100퍼센트 도시근로자라고 보고한 참가자는 아무도 없었다.

호프먼과 허스트는 참가자들이 평가한 애크미언과 오린티언의 대리자적 기질의 평가치에서 공동사회적 기질의 평가치를 빼서 고정관념 지수를 얻었다. 0에서부터 양의 정수 방향으로는 남성적인 고정관념을 가리키고, 0에서부터 음의 방향으로는 여성적인 고정관념을 가리켰다. 이 지수를 사용해서 애크미언과 오린티언은 일반적으로 구성원 대부분이 도시에서 일하면 상대적으로 대리자적이라고 평가되거나 구성원 대부분이 아동 양육자이면 상대적으로 공동사회적이라고 평가되었다는 것을 밝혀냈다. 또한 비생물학적 조건에서보다는 생물학적 조건에서, 설명을 요구하지 않은 조건에서보다는 설명을 요구한 조건에서 고정관념이

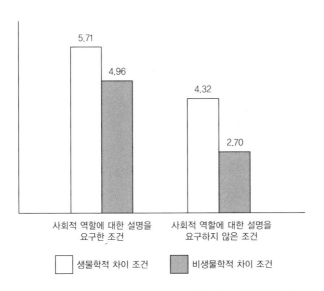

두 '외계인' 종족을 생물학적으로 차이가 있다고 기술된 조건, 참가자들이 두 외계인 종족의 사회적 역할에 대한 설명을 요구받은 조건, 두 조건 모두 포함되거나 전혀 포함되지 않은 상태에서 그 두 종족에 대한 참가자들의 고정관념화.

더 크게 일어났다.

또 하나의 결과는 아동 양육자나 도시근로자의 역할이 특정되어 있는 경우에도 애크미언이나 오린티언의 고정관념화가 일어났다는 것이다. 물론, 여기서 말하는 사회적 역할들 그 자체가 고정관념화의 방향을 결정한 측면도 있다. 아동 양육자 역할은, 모두 예측할 수 있듯이, 공동사회적 기질과 연관되었으며 도시근로자 역할은 대리자적 기질과 연관되었다. 이러한 연관은 성을 기반으로 한 고정관념과 똑같다. 만약 참가자들이 특정한 귀인을 특정한 사회적 역할과 연관시키지 않았다면, 그 귀인들은 그러한 역할을 수행하고 있는 개인(애크미언과 오린티언)들의 범주와 연관되지 못했을 것이다.

따라서 호프먼과 허스트는 애초에 예측했던 것처럼, 애크미언과 오린티언 사이에 인성적 차이가 존재하지 않을 때조차도 참가자들은 애크미언과 오린티언의 전형적인 사회적 역할에 따라 그 외계인들의 인성의 고정관념을 형성했다는 사실을 발견했다. 그들은 또한 사회적 역할이 특정된 상황에서도 이러한 고정관념들이 참가자의 인식에 영향을 준다는 사실을 보여주었다. 참가자들은 애크미언과 오린티언이 매우 다른 인성(마찬가지로, 객관적으로는 어떠한 인성적 차이도 존재하지 않을 때에도)과 그 차이는 역할의 제한과 상관없이 존재한다고 믿게 되었다.

호프먼과 허스트는 또한 고정관념이 적어도 부분적으로는, 사회적 역할의 차별을 합리화한다는 자신들의 주장을 뒷받침할 증거들도 확보했다. 설명을 요구받은 참가자 중 거의 4분의 3이 집단과 사회적 역할 사이의 상관관계를 인성적 차이 탓으로 돌렸다. 예를 들어, 한 참가자는 이렇게 썼다. "오린티언은 평균적으로 친절하고 감수성이 예민한 종족이다. 애크미언은 오린티언보다 자신감이 강하고 힘이 세다. 따라서 도시에서 일하는 데 더 적합하다." 집단 구성원의 대부분이 특정 역할을 수행한다는 이유만으로 그들은 그 역할에 필요한 인성적 기질을 갖고 있음이 틀림없다고 무의식적으로 추론한 것이었다. 이와 비슷한 가정 또는 합리화는 흔히 들을 수 있다. "간호사는 대부분 여성인데, 그 이유는 여성이 천성적으로 남성보다 감성적이고 타인을 잘 돌보기 때문이다."

같은 논문에서 보고된 호프먼과 허스트의 속행 실험 역시 언급할 만한 가치가 있다. 첫 번째 실험 뒤에 이어진 면담에서, 참가자들에게 그 실험의 목적을 무엇이라 추측했는지 물어보았다. 소수의 참가자들이 성의 차이에 대한 것이었을 거라고 추측했다고 대답했다. 이 참가자의 데이터를 제외한 통계학적 분석의 결과는 똑같았지만, 호프먼과 허스트는 참가자들이 암암리에 두 외계인 집단(애크미언과 오린티언)을 인간의 두 가지 성별(남성과 여성)과 동일시했다는 점에 관심을 가졌다. 그들은 참가자들에게 형성된 외계인 집단의 고정관념이 그 외계인들의 전형적인 사회적 역할이 아니라 참가자들 본인이 이미 가지고 있던 지구상의 남녀에 대한 고정관념에 기반하고 있다고 추론했다. 따라서 연구진은 아동 양육자와 도시근로자의 역할을 사업가(외향적이고 야심적인 타입)와 학자(내향적이고 지적인 타입)로 대체한 두 번째 실험을 진행했다. 그들은 첫 번째 실험의 사회적 역할이 성의 고정관념을 연상시키는 반면에 두 번째 실험은 그렇지 않을 것이라고 주장했다. 이 두 번째 실험의 결과는 첫 번째 실험의 결과와 똑같았고 호프먼과 허스트는 연구를 통해 발견한 것들의 정당성에 더욱 큰 자신감을 가질 수 있었다.

고정관념은 쉽게 형성되며 끈질기고 위험하다

───────────────────────────────── 호프먼과 허스트는 어떤
고정관념이 형성될 만한 객관적인 차이가 존재하지 않을 때조차도 고정
관념이 만들어질 수 있다는 것을 보여주었다. 고정관념을 형성하는 데
필요한 것은 오직 서로 다른 집단의 사람들이 서로 다른 역할을 수행한
다는 인식뿐이다. 이러한 인식은 집단의 고정관념으로 그 구성원이 그
러한 역할을 수행하는 이유를 합리화시킨다. 다시 말하면, 특정 집단에
대한 일반화는 사회에서 그들이 맡고 있는 역할을 안전하게 정당화시
킨다. 고든 얼포트(Gordon Allport)도 이와 똑같은 관점을 피력했다. "고정
관념의 기능을 합리화하고 정당화하면 그 기능은 집단 귀인의 반영물로
과대포장된다." 얼포트의 주요 관심사는 인종의 고정관념이었다. 그는
흑인에 대해 미국인이 갖고 있는 '게으르고 지적으로 열등하다'는 고정
관념은 노예 제도를 합리화하는 데 이용되었다고 주장했다.

고정관념이 집단의 실질적인 차이에 대한 인식을 근거로 하든, 사회적
계급을 합리화하기 위한 필요에 의해 형성된 것이든, 아니면 둘 다이든,
한 번 형성된 고정관념은 영속성을 갖는 경향이 있다. 예를 들어, 고정관
념의 예외는 특별한 경우로 치부될 뿐, 고정관념 자체에 변화를 가해서
아류(subtype)를 형성해야 할 이유로 간주되지 않는다. 그래서 9 · 11 사
건 이후, 온건하고 비종교적인 아랍계 사람들은 언론이 주는 정보에 흠
뻑 취한 미국인들에게 대부분의 아랍인은 광적인 이슬람신도가 아니라

고 설명할 수 없게 되었다.

고정관념은 쉽게 형성되고 끈질기게 남아 있을 뿐만 아니라, 잠재적으로 위험하다. 고정관념은 우리에게 인지적 자원을 경제적으로 활용하도록 안내하기도 하지만, 본질적으로 각 개인들의 독특한 성격을 무시한다. 고정관념은 사람들의 직업이나 기타의 사회적 역할에 대해 편협한 생각을 갖게 함으로써 선택권을 제한할 수도 있다. 따라서 여성이 의사라는 경력을 쌓아가거나 남성이 꼿꼿이 전문가로서의 경력을 쌓는 데 방해가 될 수도 있다. 자신에게 득이 되지 않는 고정관념을 그대로 인정하고, 자신의 열등한 지위를 그대로 합리화하는 경향을 가진 사람도 있다. 예를 들어, 가톨릭 신앙을 가진 여성은 자신은 물론이고 모든 여성이 사제로 서품 받을 자격이 없다고 생각한다. 합리화의 도구인 고정관념은 기존의 사회 구조를 유지하는 데 기여한다. 설령 그 사회의 구조가 불합리하거나 최선의 것이 아니더라도 마찬가지이다. 이런 의미에서 고정관념은 심적 에너지를 묶어두고 성장을 가로막는 자기방어 기제(ego defense mechanism, 불안을 떨쳐버리기 위한 정신적 전략)와 유사하다고 볼 수 있다. 결론은, 성의 고정관념을 포함해서 모든 고정관념은 어두운 이면을 갖고 있다는 것이다.

성의 고정관념에 대해 또 한 가지 중요한 것은, 성의 고정관념이 다른 고정관념과 중첩될 수 있다는 것이고, 그럼으로써 특정 집단에 대한 고정관념을 더욱 공고히 만들 수 있다는 점이다. 예를 들어, 니먼(Niemann)과 동료의 연구에서, 참가자들에게 여덟 개의 집단을 제시하고 각 집단을 생각할 때 가장 먼저 연상되는 형용사 단어 열 개를 적으라는 과제를 주었다. 그 여덟 개의 집단은, 흑인 남성, 흑인 여성, 백인 남성, 백인 여성, 아시아계 미국인 여성, 아시아계 미국인 남성, 멕시코계 남성, 멕시코계 여성이었다. 연구진은 성의 고정관념 중 일부는 인종에 따른 영향을 받지 않는다는 것을 발견했다. 예를 들어, 모든 집단의 여성은 상냥하고 친절하다고 묘사되었다. 반면에 인종적 고정관념도 성의 고정관념으로부터 영향을 받지 않았다. 예를 들어, 흑인은 남녀를 불문하고 운동신경이 좋다고 묘사되었으며, 아시아계 사람들은 여성이든 남성이든 지적이라고 묘사되었다. 그러나 또한 특정 인종 집단 내부에서 분명한 성의 고정관념을 발견했다. 예를 들어, 백인 남성과 멕시코계 여성은 매력적이라고 묘사되었지만 남성은 그렇지 않았다. 아시아계 남성과 멕시코계 남성은 근면하다고 묘사되었지만 여성은 그렇지 않았다. 호프먼과 허스트의 발견도 계속해서 의문을 제기한다. 이렇게 다양하고 확연한 고정관념은 실질적인 인식의 결과인가, 아니면 합리화의 산물인가?

27

둘이 하나가 될 때

— 끌림의 법칙

"누군가를 사랑한다는 것을 무엇보다도 그 사람을 나 자신에 포함시킨다는 것을 의미한다. 그 사람을 나 자신처럼 인식하고, 규정하며, 결정적으로 내가 가진 것들을 나를 위해 쓰는 것과 똑같은 방식으로 그 사람을 위해서도 쓰는 것을 의미한다."

왜 서로에게 끌리는가?

———————————————— 널리 알려진 사랑 이야기 가운데 에릭 시걸의 《러브 스토리》가 있다. 2,000만 부가 넘게 팔린 이 소설에서, 주인공 올리버 배렛 4세는 대단한 가문에서 태어났을 뿐만 아니라 하버드 대학교 아이스하키 팀의 스타다. 웅장한 기숙사를 비롯해 캠퍼스 안에 지어진 여러 동의 건물에 자신의 이름을 붙인 유명인사의 증손자인 올리버는 대놓고 하버드 대학교와의 관계를 자랑하는 자신의 가문에 대해 반감을 가지고 있다. 게다가 그는 가문의 전통을 '똥덩어리'라고 치부해버리며 그 전통에 물드는 것을 끔찍하게 싫어한다. 한편, 여주인공 제니 카빌레리는 늘씬한 각선미를 가진, 냉소적인 래드클

리프 음대생이다. 모친이 교통사고로 세상을 떠난 후, 로드 아일랜드 크랜스톤의 인심 좋은 동네에서 행동은 거칠지만 마음은 넓은 제빵사 아버지(제니는 아버지를 '필'이라는 애칭으로 부른다)와 함께 살고 있다.

올리버와 제니는 래드클리프의 도서관에서 만난다. 첫 만남부터 제니는 올리버를 '프레피'라고 불렀고, 올리버는 제니를 '건방진 래드클리프 아가씨'라고 불렀다. 그러나 두어 번 데이트를 하고 나서 둘은 서로에게 이끌리기 시작했고, 올리버는 명대사로 남은 고백을 했다. "나 말이야……, 널 사랑하는 것 같아." 애초에 자신을 아무것도 가진 것 없는 가난뱅이라고 소개했지만, 둘은 곧 결혼하게 되었다. 물론 올리버의 아버지는 돌처럼 냉정하고 차가운 얼굴로 "지금 그 애와 결혼한다면, 난 너를 아들로 생각하지 않겠다"고 선언하며 두 사람의 결혼을 반대한다.

주례도 사회도 없는 결혼식에서, 올리버와 제니는 서로를 더없이 사랑스러운 눈길로 바라본다.

두 사람은 남편과 아내라는 새로운 관계를 선언한다. "제니, 우리는 법적으로 부부입니다!" 올리버가 소리친다. "그래, 난 이제 당신의 건방진 아가씨가 될 수 있어." 제니가 대꾸한다.

올리버는 아직도 제왕적인 아버지로부터 인정받지 못하고 가족의 재산에는 전혀 손을 댈 수 없는 처지인지라, 두 사람은 허름한 아파트에 신혼살림을 차리고 가난하지만 알콩달콩 살아간다. 가난하지만, 두 사람은 세상을 다 가진 듯 행복했다. 가끔 충돌도 있었지만("제기랄! 제니, 제발 내 인생에서 좀 꺼져줘!"), 사랑이 언제나 그 갈등을 이겨냈다. 제니는 올리버가 하버드 로스쿨을 졸업할 수 있도록 뒷바라지를 했다. 드디어 올리버는 하버드 로스쿨을 3등으로 졸업하고 〈로 프리뷰〉지에 기사로 실리기까지 했다. "당신한테 신세 많이 졌어." 올리버가 말했다. 그러자 제니는 이렇게 대답한다. "천만에. 당신은 나한테 몽땅 다 신세진 거야." 이야기가 한참 진행되다가, 어느 날 올리버는 자신의 무심한 행동에 대해서 사과하자 제니는 길이 남을 명대사로 답한다. "사랑이란, 미안하다고 말하는 게 아니야."

이 소설의 가슴 아픈 결말과 마지막 위안은 물론이고, 더 이상의 이야기는 풀어놓지 않겠다. 《러브 스토리》는 사랑이란 무엇인가, 또는 무엇일 수 있는가에 대해 큰 울림을 주는 이야기라고 말하는 것으로 족하다.

다만 당신은 스스로에게 사랑이 무엇인지 물어본 적이 있느냐고 묻고 싶다. 특정한 사람들 사이에 너무나도 짜릿하게, 때로는 설명할 수 없는 끌림이 일어나는 것은 어째서일까? 서로 밀접한 사람들 사이에 작용하는 대인관계의 역학은 어떻게 이해해야 할까? 사람과 사람 사이의 관계에 있어서 만족이나 갈등의 원인은 무엇일까? 왜 어떤 사람들의 관계는 점점 더 깊어지고 오래도록 이어지는데, 또 어떤 사람들의 관계는 금방 식어버리고 끝나버리는 걸까? 좀 더 폭넓게 말한다면, 대인관계(가족, 친구, 연인 등과의 관계)와 사회적 관계(이웃, 직장 동료, 또는 낯선 사람과의 관계)는 어떻게 다를까? 최근 들어 대인관계학이 활발하게 부상하고 있기는 하지만, 역사적으로 사회심리학은 주로 사회적 관계를 다루었다.

이 장에서도 위에서 언급한 몇 가지 질문들에 대해 다루겠지만, 초점은 주로 아주 단순한 의문에 맞춰져 있다. 밀접한 대인관계란 무엇인가 하는 것이다. 연구 문헌에서, 행동적(behavioral) 정의를 보면, 가까운 대인관계란 상호의존성과 영향을 포함한다. 친척, 친구, 연인 등은 전형적으로 많은 시간을 함께 보내고, 다양한 활동을 함께 하며 서로 길잡이가 되어주거나 보호자가 되어준다. 그러나 가까운 관계를 맺는다는 것의 인지적(cognitive) 의미는 무엇일까?

각각 미국 심리학과 사회심리학의 아버지라 불리는 윌리엄 제임스(William James)와 커트 르윈(Kurt Lewin), 그리고 아서 아론(Arthur Aron)과 일레인 아론(Elaine Aron)은 사람들은 자기 자신과의 관계 못지않게 가까운 타인과도 밀접한 관계를 맺는다고 주장했다. 은유적으로 말하자면, 사람은 가까운 타인을 자신에 포함시키는 경향이 있고, 그 사람들을 크게 보면 자기 자신과 동등하게 보고 그렇게 대우한다. 이런 포용은 재물이나 철학, 성격에서도 나타난다.

우선, 가까운 대인관계에서는 자기가 가진 재물을 마치 자신을 위해 쓰듯이 가까운 사람을 위해서 쓴다. 또 가까운 사람에게 좋은 일, 또는 그 사람과 자신에게 좋은 일은 자신에게 좋은 일로 받아들인다. 그 사람이 인지적으로 자신의 일부이기 때문에 그 사람을 돕거나 자기가 가진 것을 그 사람에게 주고 싶어 한다. 더 나아가, 가까운 대인관계에서는 한 사람이 다른 사람의 행동을 마치 자기 자신의 행동처럼 바라본다. 예를 들어, 그 사람의 행동이 전반적인 상황에 의해 얼마나 많은 부분에 영향을 받는지 인지한다. 즉, 가까운 관계, 사랑하는 관계에서는 행위자-관찰자 효과(자신의 행동에 대해서는 상황적 요인을 탓하면서 타인의 행동에 대해서는 기질을 탓하는 현상)가 일어나지 않는다. 타인에 대한 관점은 그 대상이 가까운 사람이냐 낯선 사람이냐에 따라 달라진다는 주장은 여러 가지의 경험적인 발견에 의해 뒷받침된다. 예를 들어, 연구 참가자들은 실험실에서 주어진 과제에 대한 자신의 수행 결과를 다른 사람의 수행 결과보다 더 잘 기억하며, 친한 친구나 연인의 수행 결과는 자신의 수행 결과만큼 잘 기억한다. 마지막으로, 가까운 관계에서는 타인의 성격을 자신의 성격과 혼동하기 쉽다. 따라서 자신에게는 있지만 자신과 절친한 다른 사람에게는 없는 어떤 기질은 설명하기 어려워하거나 설명하는 데 시간이 더 걸린다. 반대로, 자신에게는 없지만 절친한 다른 사람에게는 있는 기질을 설명할 때에도 마찬가지이다. 예를 들어, 잭이나 제인 둘 중 한 사람만 부끄럼을 잘 타는 경우, 둘 다 부끄럼을 잘 타거나 둘 다 부끄럼을 타지 않는 성격일 때보다 자신이 부끄럼을 잘 타는 성격인지 아닌지에 대해서 말하는 데 더 긴 시간을 생각하게 된다.

다른 사람을 인지적으로 자신에 통합시키는 다른 방식도 있겠지만, 아서 아론과 일레인 아론, 튜더(Tudor)와 넬슨(Nelson)은 앞선 세 가지 주장(자원, 생각, 성격에 관한)을 각각에 어울리는 세 가지의 실험으로 확인하고자 했다.

모르는 사람, 친한 사람, 가장 친한 친구

──────────────────── 연구진은 첫 번째 실험에서 과거에 리브랜드(Liebrand)가 사용했던 방법을 그대로 적용했다. 리브랜드는 참가자들이 자신이나 다른 사람에게 돈을 어떻게 나누어주는지를 비교했는데, '다른 사람'은 전혀 모르는 사람, 친한 사람, 그리고 가장 친한 친구의 세 조건으로 나뉘었다.

24명의 대학생이 실험에 참가해 컴퓨터에 제시된 주어진 금액을 자신과 다른 사람에게 나누어주는 일련의 과제를 수행했다. 한 문항을 예로 들어보자. (a) 내가 14.50달러를 따고, 다른 사람은 3.90달러를 잃는다. (b) 나는 16.00달러를 따고 다른 사람은 7.50달러를 잃는다. 각 문항을 제시하기에 앞서 참가자에게 여기서 지칭하는 '다른 사람'이 각각 모르는 사람, 친한 사람, 가장 친한 친구이며 이들은 돈을 배당하는 선택안을 알고 있거나 모르고 있다고 가정하도록 설명했다. 따라서 각 문항마다 3×2 설계로 실험이 이루어지는 셈이므로, 참가자들의 과제 수행에 따라 각 문항에 대해 여섯 가지 가능한 조합에 대한 총 24회의 선택(참가자의 수가 24명이므로)이 이루어졌다.

타인을 자신에 통합시킨다는 주장의 논리에 따라, 아론은 자기 배당과 타인 배당 사이의 차이는 '다른 사람'이 가장 친한 친구일 때 가장 적고, 모르는 사람일 때 가장 크며, 친한 사람일 때는 그 중간에 해당할 거라고 예측했다. 또한 그들은 '다른 사람'이 금액 배당의 선택안을 아느냐 모르느냐는 이러한 패턴에 영향을 주지 못할 것이라고 보았다. 따라서 연구진은 관계의 밀접성(친구-지인-모르는 사람)의 조작과 금액 배당에 대한 타인의 인지 여부(아느냐 모르느냐)의 조작이 상호 작용(즉, 한 가지 효과가 다른 효과에 따라 달라지는 것)을 일으키지는 않으리라고 보았다.

이러한 실험 과정은 약간 추상적이거나 인위적이라고 보일 수도 있다. 그러나 앞선 리브랜드의 연구는 가정상의 배당이 실제에서의 배당과 밀접한 상호관련성을 갖고 있다는 것을 보여준 바 있다. 그 연구로부터 아론 등의 연구진은 그들의 방법이 실험적 사실주의를 갖고 있다는 데 약간의 자신감을 얻었다. 그럼에도, 연구진은 참가자들로 하여금 실제 화폐를 진짜 사람들에게 나눠주는, 경우에 따라서는 이러한 실험 과정을 서면으로 자세하게 통지하는 속행 실험을 실시했다. 이 속행 실험에서는 친한 친구 조건을 제외하고, 참가자의 현금 배당 조건을 '다른 사람'이 알게 하거나 모르게 하는 조작에 강조를 두었다. 이 실험에서는 또한 참가자가 조작 지시를 이해하고 있는지의 여부를 확인했다. (이러한 확인을 조작 확인이라고 한다. 실험에서 의도되어 있는 조작이 제대로 조작되었는지를 확인하기 위해 실시한다.)

이 실험에서도 참가자가 자신에게 배당하는 액수와 다른 사람에게 배당하는 액수의 차이는 그 '다른 사람'이 가장 친한 친구일 때에는 작고 모르는 사람일 때에는 클 것이라고 예측되었다.

아론을 비롯한 연구진은 실험에서 얻은 데이터를 여러 가지 방식으로 분석해보았지만, 결과의 패턴은 언제나 똑같이 나타났다. 자신에게 배당한 금액에서 다른 사람에게 배당한 금액을 종속변수로 하여 감산함으로써, 연구진은 미리 예측한 배당의 패턴을 발견했다. 결과는 언제나 자신과 가장 친한 친구의 배당 차액이 가장 작고, 자신과 친한 사람 사이의 배당 차액이 중간, 그리고 자신과 모르는 사람 사이의 배당 차액이 가장 컸다. 사실, 참가자들은 자신보다 친한 친구에게 더 큰 금액을 배당했다. 가까운 사람에게 더 크게 감정이 이입되는 것을 일관적으로 보여주는 이타적 제스처였다. 중요한 것은, 참가자 자신이 어떤 선택을 할 수 있는지에 대해 상대방이 알고 있든 모르고 있든 차이가 없었다는 점이다. 따라서 이러한 결과가 나타난 원인으로서 자기 표상은 사실상 제외

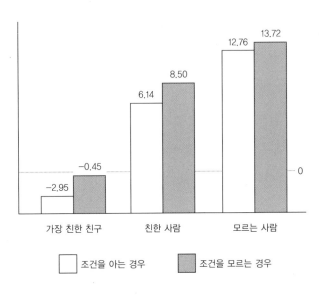

가장 친한 친구　　　　친한 사람　　　　모르는 사람

☐ 조건을 아는 경우　　　■ 조건을 모르는 경우

참가자가 세 가지 유형의 타인과 현금을 나누었을 때, 참가자 자신과 그 타인에게 배당한 금액의 차이. 각각 배당 조건을 상대방이 아는 경우와 모르는 경우로 나뉜다.

할 수 있었다.

　실제 화폐와 사람들을 동원한 속행 실험에서도 비슷한 결과의 패턴이 나타났다. 특히, 자신-다른 사람 사이의 배당 금액 차이는 다른 사람이 낯선 사람일 때보다 절친한 친구일 때가 더 적었다. 낯선 사람과는 달리 절친한 친구는 참가자 자신만큼이나 많은 금액을 배당받았다. 여기서도 배당 조건을 다른 사람이 알고 있느냐 모르고 있느냐는 결과에 영향을 주지 않았다. (싫어하는 사람을 포함시킨 실험도 본 실험과 첫 번째 속행 실험의 결과와 똑같은 패턴을 보였다.) 따라서 아론은 "우리는 가까운 사람에게는 어느 정도 마치 그들의 자원이 우리 자신의 자원인 것처럼 생각한다"라는 결론을 내렸다.

사랑은 포괄한다

———————————————————————————— 이 실험은 가까운 관계
가 된다는 것의 인지적 결과에 대한 중요한 통찰을 제공한다. 가까운 가
족이나 친구 또는 연인이나 배우자에 대한 보상은 자신에 대한 보상이
라고 인식하는 것이다. 연구진의 두 번째와 세 번째 속행 실험도 이와
유사한 결과를 나타냈다.

두 번째 실험은 로드(Lord)가 처음으로 이용한 방법을 따랐다. 참가자
들에게 여러 개의 구상 명사(concrete noun, 보거나 만질 수 있는 대상의 이름. 예
를 들면, 아담, 이브 같은 사람의 이름이나 책, 공 같은 사물의 이름)를 10초씩 스크린에
제시했다. 참가자들이 해야 할 과제는 자신이나 대상 인물이 각각의 제
시된 단어(예를 들어 '노새')와 상호작용하는 멘탈 이미지를 최대한 생생하
고 흥미롭게 형성하는 것이었다. 대상 인물은 참가자 본인의 어머니 또
는 셰어(Cher, 가수 겸 배우. 여러 편의 영화로 흥행에 성공했으며 아카데미상을 수상한 경
력도 있다)였다. 참가자들에게는 새로운 명사 단어가 제시되기 전에 20초
씩 시간을 주고 대상 인물들의 이미지에 대한 설명을 적도록 했다. 명사
단어가 모두 제시된 후, 불시에 기억력 테스트를 실시해서 참가자들이
기억하는 단어를 최대한 많이 쓰게 했다(순서는 상관없이).

로드의 앞선 연구에서는, 참가자들에게 자기 자신과 아버지 또는 월
터 크롱카이트의 멘탈 이미지를 형성하도록(구상 명사에 대한 반응으로) 지시
했다. 우리가 예측하는 것과는 달리, 참가자들은 월터 크롱카이트와 연
계된 단어를 가장 잘 기억하고, 자신과 연계된 단어를 가장 기억하지 못
했다. 아버지와 연계된 단어는 그 사이였다. 이러한 결과는 관점이라는

측면에서 설명될 수 있다. 사회적으로 거리가 먼 타인은 외부세계의 일부(한 사람이 가지고 있는 현상학적 세계의 형상)로 간주되는 반면, 개인적으로 가까운 타인은 내부세계(한 사람이 가지고 있는 현상학적 세계의 바탕)로 간주된다. 따라서 자기 자신보다는 객관적인 타인의 생생한 이미지를 형성하는 것(또한 그 이미지와 그들이 기억나게 하는 단어들을 기억하는 것)이 더 쉬울 것이 틀림없다. 어쨌든 연구진은 자신-어머니-셰어의 조작에서 똑같은 패턴의 결과를 얻었다. 참가자들은 셰어와 관련이 있다고 상상한 것들을 가리키는 명사들을 더 잘 기억했고, 자신의 어머니나 자기 자신과 관련되었다고 상상한 것들을 가리키는 명사들은 잘 기억하지 못했다. 자신과 어머니와 관련되는 단어를 기억하는 데 있어 나타난 약간의 차이는 우연의 확률보다도 작았다.

셰어 대신 그다지 가깝지 않은 여자친구 또는 외가 친척을 포함한 속행 실험에서도 같은 패턴의 결과가 나타났다. 이 속행 실험의 참가자들은 자신과 어머니가 얼마나 가깝다고 느끼는지를 평가했다. 예측할 수 있듯이, 참가자들이 평가한 친밀도는 어머니와 관련된 명사의 기억과 자신과 관련된 명사의 기억의 유사도와 상당한 연관관계가 있었다. 즉, 타인과 자아의 통합은 '전부 아니면 전무'가 아니라 정도의 문제라는 것을 보여주었다.

이렇게 다양하고 복잡한 발견은 모두 참가자들이 가까운 관계를 가진 누군가를 대할 경우 마치 자기 자신을 대할 때처럼 한다는 것을 암시한다.

마지막 실험은 두 가지의 독립적인 효과[서술효과(descriptiveness effect)

와 변별효과(distinctiveness effect)]를 부각시켰다. 서술효과는 참가자들이 어떤 기질이 자신을 더 잘 서술할수록 그 기질이 자신에게 해당된다고 말하는 데 걸리는 시간이 더 짧아지는 효과를 말한다. 변별효과는 참가자들이 어떤 기질이 자신에게만 독특한 기질일수록 그 기질이 자신에게 해당된다고 말하는 데 걸리는 시간이 더 길어지는 효과를 말한다. 연구진은 가까운 관계에서는 파트너의 정신적 표상이 자신의 정신적 표상과 뒤섞이기 때문에, 자신과 파트너가 똑같은 기질을 공유하지 않는 경우 더 혼란스러워지고 반응 시간이 길어질 것이라고 보았다.

이 가설을 테스트하기 위해, 연구진은 참가자들에게 기질을 서술하는 일련의 형용사들을 제시하고, 그 단어들이 자신과 배우자, 그리고 코미디언 빌 코스비를 얼마나 잘 서술하는지 평가하게 했다. 그다음에는 참가자들의 주의를 분산시키는 다른 과제(앞서 수행한 평가를 마음에서 지우기 위한 과제)를 수행하게 한 후, 앞서서 제시되었던 단어들을 제한시간 안에 '나를 서술함'과 '나를 서술하지 않음'으로 분류하는 과제를 주었다.

연구진은 기질을 설명하는 네 가지 집합의 단어들에 대해 반응시간을 체크했다. 각각의 집합은 다음과 같았다. (a) 참가자 자신과 배우자에게는 참이지만 빌 코스비에게는 참이 아닌 것으로 평가된 단어. (b) 참가자 자신과 배우자에게는 참이 아니지만 빌 코스비에게는 참. (c) 참가자에게는 참이지만 배우자에게는 참이 아니고 빌 코스비에게는 참. (d) 참가자에게는 참이 아니지만 배우자에게는 참이고 빌 코스비에게는 참이 아닌 단어. 연구진은 참가자가 배우자와 자신을 정신적으로 통합시켰다고 보고, 참가자들은 자신과 배우자가 서로 다른 기질에 대해 더 혼란을 느낄 것(반응시간이 더 느려진다)이라고 추측했다. 그러나 빌 코스비(거리가 먼 타인)와는 통합되지 않았으므로 반응시간이 느려지지는 않을 것으로 예상했다.

지금까지 설명한 과정과 예측은 대단히 복잡하지만, 그 결과는 매우 간단명료했다. 참가자들은 자신과 배우자가 공유하고 있거나 자신과 빌 코스비가 공유하고 있지 않은 기질에 대한 반응보다 자신과 배우자가 공유하고 있지 않은 기질에 대해 더 느리게 반응했다. 더 나아가, 참가자에게 배우자와 얼마나 가까운지를 표시하도록 요구한 속행 실험(두 번째 실험과 유사한)에서는 참가자가 지각한 친밀도가 참가자 자신과 배우자가 공유하고 있지 않은 기질에 대한 느린 반응과 상당한 연관관계가 있다는 것이 드러났다. 친밀도와 자기-타인 혼동 사이의 상관관계는 아론 등이 이미 예측했던 바와 정확히 일치했으며, 앞선 실험의 결과를 상기시킨다.

이렇게 다양한 모든 실험들의 결과는 구체적이고 뚜렷하다. 이 결과들은 가까운 관계에 있는 사람들은 자신의 파트너가 어느 정도는 자기 자신 속에 포함되는 것처럼 정보를 처리한다는 주장을 뒷받침한다. 이전에는 가까운 관계라는 것의 인지적 의미에 대한 실험적 검증이 이루어진 적이 없었다.

이 결과들은 올리버와 제니의 사랑과 같은 관계는 인지적 경계를 허물어버린다는 것을 보여줌으로써 그들의 사랑을 설명한다. 올리버와 제니 두 사람 모두의 마음에서, 자신과 타인의 경계는 그 두 사람이 서로 사랑에 빠지면서 점점 모호해졌을 것이다. 둘 중 누구도 다른 사람보다 더 많은 자원을 배분받는 것에 큰 관심을 갖지 않았다. 파트너에 대한 어떤 보상도 마치 자기 자신에 대한 보상과 거의 똑같이 간주했다. 게다가, 인지와 귀인의 측면에서 행위자와 관찰차 사이의 전형적인 차이도 제니와 올리버의 경우에는 사라졌다고밖에 볼 수 없다. 그 두 사람은 서로를 바라보는 것이 아니라 마치 자기 자신의 내면에서 밖을 바라보는 것처럼 상대방의 내면에서 밖을 보고 있었다. 더욱이, 그들은 자신과 파트너를 비슷한 성격으로 묘사하게 되었다. 각자의 기질은 아주 밀접하게 중첩되는 스키마로 융합되었다. 이 때문에 실제의 기질적 차이를 알아차리지 못했을 것이다. 그토록 가까운 두 사람 사이의 기질상의 차이는 인지부조화(cognitive dissonance, 정신적 긴장이나 불안 상태)의 원인 중 하나임을 증명할 수 있다. 사실, 아론은 가까운 사람의 태도와 자신의 태도 사이의 불일치는 한 사람이 자신의 내면에서 부조화를 일으키는 적대적인 태도를 갖게 될 때 일어나는 것과 똑같이 부조화를 일으킨다고 주장했다. 따라서, 부조화는 종종 관계의 친밀도의 함수로 표현될 수 있다. 두 사람 사이의 관계를 특징적으로 비꼬도록 만드는 것도 바로 이 부조화(제니와 올리버의 성격적 차이에서 기인한)에서 연유한 것이었을 수도 있다.

이 모든 것들을 종합하면, 아론이 수행한 실험들은 사랑이란 포괄의 과정임을 보여준다. 사람은 자신과 가깝거나 자신이 사랑하는 누군가를 자기 자신에게 포괄한다. 이런 의미에서 친구나 연인은 제2의 자신인 셈이다.

28

거부당한 자의 분노

— 감정 폭발의 법칙

> "사회적 배척은 공격성을 부른다. 다른 사람들로부터 거부당한 사람들은 자신에게 상처를 준 사람에게 그 상처를 되갚으려 할 뿐만 아니라 자신에게 상처를 준 적이 없는 사람에게조차 상처를 주려고 한다."

교감되지 못한 감정은 폭발한다

1999년 4월의 어느 햇살 따사로운 아침, 고교생 에릭 해리스와 딜런 클리볼드는 평소보다 조금 늦은 시각에 등교했다. 그날 두 사람의 목표는 학교 선생님들과 친구들을 최대한 많이 죽이는 것이었다. 검은색 트렌치코트를 입고, 총기와 폭약이 가득 든 가방을 멘 그들은 들뜬 기분으로 살육의 파티를 시작했다. 두 사람은 15분 만에 열세 명을 죽이고 스물한 명에게 부상을 입혔다. 만약 그들이 애초에 의도했던 대로 가지고 있던 모든 폭발물을 터뜨렸다면, 사상자는 훨씬 더 많았을 것이다. 30분 뒤, 출동한 경찰들에 의해 코너에 몰린 그들은 피를 흘리며 쓰러진 사상자들 사이에서 서로를 향해 총구를 겨누고 방아쇠를 당겼다.

비극이 끝나고 몇날 며칠을 사람들은 끊임없이 물었다. 대체 왜? 그 두 학생은 왜 학교 전체를 싹 쓸어버리려고 했을까? 그들은 어째서 그런 소름끼치는 비극을 저지를 생각을 하게 되었을까? 무엇이 그들의 마음속에 자리 잡은 증오를 부채질하고 그렇게 무차별적인 방식으로 그 증오를 표현하게 했을까?

온갖 설명이 난무했다. 해리스와 클리볼드는 파괴 본능을 가진, 타고난 범죄자였을지도 몰랐다. 어쩌면 불행한 환경 때문인지도 모른다. 미국의 자유로운 총기 소지 문화, 넘쳐나는 폭력영화, 반문화적인 고딕 컬트 집단 등이 모두 그들을 부추긴 요소일지도 몰랐다. 어쩌면 부모의 잘못일 수도 있다. 그들은 아들에게 충분한 사랑을 보여주지 못했고, 타인을 존중하도록 가르치지 않았거나, 자기 아들이 어떤 괴물로 성장하고 있는지 눈치조차 못 챘는지도 모른다.

아마도 여러 가지 이유들이 복합적으로 작용했을 것이다. 단 하나의 이유만을 짚어내는 것으로는 사건의 미스터리가 풀리지 않는다. 할 수 있는 거라고는 가능한 원인들을 철저히 조사하고 조각조각을 맞춰서 무엇이 작은 시골 마을의 청소년들을 끔찍한 살인범으로 만들었는지를 설득력 있게 설명하는 것이다.

사회심리학은 대개 상황의 영향력을 중요하게 생각한다. 비록 명백하게 드러나지는 않았지만, 어떤 사회적 영향이 해리스와 클리보드를 벼랑 끝으로 내몰았던 걸까?

그 가능성 중 하나가 '사회적 배척(social exclusion)'이다. 이 두 소년은 한동안 10대 또래들 사이에서 잘 섞이지 못하고 주변을 맴돌며 지냈다. 이들의 일기는 그들이 얼마나 소외감을 느꼈는지, 자신들을 거부한 또래들에게 얼마나 큰 분노를 느끼고 있었는지를 보여준다. 예를 들어, 클리볼드는 이렇게 썼다. "마치 내가 추방당한 사람인 것처럼 모두가 한통속이 되어 내게 등을 돌리고 있다." 경찰의 공식적인 보고서에는 이렇게 언급되었다. "해리스와 클리볼드는 둘 다 적응하지 못하고 받아들여지지 못하고 있다고 썼다. …… 두 범인은 자신들에게 적대적인 모든 사람들을 범행 대상으로 삼았다. 남녀를 불문하고 자신에게 '노'라고 말한 모든 사람들, 자신을 받아들여주지 않은 모든 사람들, 심지어는 자신과 처지가 비슷한 외톨이들마저도 범행 대상이었다."

대부분의 폭력 범죄는 대인관계가 약한 젊은 남성에 의해서 저질러진다. 또한 또래들로부터 거부당한 어린이는 대개 다른 아이들에게 위협적이거나 공격적인 경우가 많다.

이러한 상관관계는 사회적 배척이 반사회적 행동을 부른다는 가설과 일치한다. 그러나 반사회적 행동이 사회적 배척을 부를 수도 있다. 정당한 이유 없이, 자신이 속한 집단의 다른 구성원들에게 욕설을 하거나 폭력을 행사하는 사람이라면 기피대상이 되는 것이 당연하다.

따라서 사회적 배척이 반사회적 행동을 부르는지, 아니면 반사회적 행동이 사회적 배척을 초래하는지는 딱 잘라서 말할 수 없다. 반면에, 사회로부터 배척당하는 것이 인간 본성의 가장 강한 욕구 중 한 가지인 소속되고자 하는 욕구를 좌절시키는 것만은 분명하다. 따라서 다른 사람과 조화로운 관계를 형성하고자 하는 욕망이 좌절될 때 정신적인 혼란이 일어나고, 더 나아가 반사회적 행동으로까지 이어질 수도 있다는 예측이 가능하다. 반면에 어떤 집단 또는 관계에 소속되고 싶다는 욕망이 그렇게 강렬하다면, 사회적으로 배척당한 사람은 사회적으로 수용된 다른 사람들보다 그 집단 또는 관계에 소속되려고 더 열심히 노력할 수도 있지 않았을까? 더욱더 우호적이고 협조적이며 관대해지도록 더 큰 노력을 기울일 것이라고 기대할 수는 없는 걸까?

이렇게 놓고 보면, 사회적 배척이 반사회적 행동의 원인이라고 보이는 사례들도 그다지 설득력이 있는 것 같지 않다. 정말 설득력이 있으려면 실험을 통해 확인하는 것이 최선책이다.

당신의 에세이는 최악!

─────────────── 트윈지(Twenge), 바우마이스터(Baumeister), 스턱(Stucke) 등의 연구진은 대학생들(남학생 17명과 여학생 13명)을 대상으로 이 실험을 진행했다. 그들의 연구는 어떤 소문을 만들어 일부 참가자들이 냉대를 당하도록 만드는 것이었다. 동성의 참가자 4~6명씩 그룹지어 시작했다. 참가자들은 먼저 표면상 서로 친숙해질 기회를 주기 위한 것처럼 보이는 활동에 참여했다. 이 활동이 진행되는 동안, 참가자들은 서로의 이름을 익히고 차례로 돌아가며 자신의 생각과 기분에 대해 이야기했다.

15분 후, 참가자들을 칸막이가 설치된 작은 방에 한 명씩 격리시키고, 앞으로 참가하게 될 활동에서 같이 참여하고 싶은 사람 두 명의 이름을 쓰게 했다. 참가자가 이름을 쓰면, 실험자는 그 종이를 가지고 나가면서 잠시 후에 새로 구성된 그룹의 배정표를 가지고 오겠다고 말했다. 실험자가 자리를 비운 사이, 참가자는 낙태에 대한 자신의 주장을 표현한 짧은 에세이를 썼다. (이 에세이를 쓰게 한 목적은 잠시 후에 밝혀진다.) 실험자는 돌아와서 두 가지 내용 중 한 가지를 참가자에게 전달한다. 하나는 "좋은 소식이에요. 같은 그룹에 속하고 싶은 사람으로 모두가 당신을 선택했어요"라는 메시지(수용 조건)였고 또 하나는 "안타깝지만, 아무도 당신을 같은 그룹에 원한다고 선택하지 않았군요"라는 것(거부 조건)이었다.

연구진은 참가자들이 거부당하거나 수용된 후 어떤 감정을 느끼는지를 파악하기 위해 자신의 기분에 대한 보고서를 제출하도록 했다.

참가자들이 자기 기분을 평가하느라 분주한 사이, 실험자는 참가자들이 쓴 낙태에 대한 에세이를 수거해 다른 참가자들에게 평가를 맡기겠다고 이야기했다. 에세이를 평가할 참가자는 에세이를 쓴 참가자와 동성이지만, 애초에 짜였던 그룹 배정에서 같은 그룹에 속하지는 않았던 참가자라고 설명했다.

참가자들이 각자의 기분에 대한 보고서를 마무리한 뒤, 다른 참가자가 에세이에 대해 평가한 내용을 전달했다. 이 평가는 매우 비판적이었다. 평가 총평은 노골적이었다. "지금까지 읽어본 모든 에세이 중 최악!" 에세이의 여러 가지 요소(구성, 문체 등)에 대해서도 처참한 평가가 주어졌다.

이번에는 참가자들에게 컴퓨터 게임을 할 기회를 주었다. 실험자는 참가자들이 무례하게 자신의 자존심을 짓밟은 바로 그 참가자와 컴퓨터 게임으로 대결한다고 믿도록 유도했다. 게임은 일정한 신호에 대한 반응으로 누가 더 빨리 정해진 컴퓨터 키를 누르느냐 하는 것이었다. 각 시도에서 더 느리게 반응한 사람은 헤드폰을 통해 불쾌하고 시끄러운 소음을 들어야 했다. 그러나 실은 게임 전체가 조작이었다. 커버스토리를 그럴싸하게 보이도록 만들기 위해 컴퓨터로 이따금씩 시끄러운 소음을 내보냈을 뿐이었다. 여기서 참가자는 불쾌한 소음을 조절할 수 있다. 특히, 각 시도에 앞서서 참가자 본인이 소음의 음량을 조절(0에서 10까지의 단계로)할 수 있었고, 마우스 버튼을 길게 누르거나 짧게 누름으로써 소음의 길이도 제어할 수 있었다. 참가자의 공격성은 각자가 첫 시도에서 조절한 소음의 음량과 길이를 지표로 삼아 측정되었다.

핵심 질문은 사회적으로 배척당한 경험이 자신을 혹평한 다른 사람에 대한 참가자의 공격성을 촉발시키느냐의 여부였다. 그 답은 '그렇다'는 것이었다. 에세이 평가에 앞서서 거부당한 참가자는 수용된 참가자에 비해 훨씬 공격적인 성향을 보였다. 컴퓨터 게임을 할 때 훨씬 큰 음량으로 훨씬 길게 소음을 조절했던 것이다. 다른 사람들로부터 배척당했다는 느낌에 훨씬 더 독기를 품었기 때문이다.

트윈지의 다른 연구에서도 이러한 결과를 다시 강조하는 것으로 나타났다. 이들 연구에서는, 첫 번째 연구에서보다 추상적인 방법으로 사회적 배척을 조작했다. 가짜 인성 프로필을 바탕으로, 참가자들에게 두 가지의 대조적인 미래 중 하나가 놓여 있다고 말해주었다. 배척 조건에서, 참가자들은 앞으로 남은 인생을 외롭게 살 것이라는 이야기를 들었다. 지금은 비록 만족스러운 사회적 관계들을 유지하고 있지만, 시간이 지날수록 그러한 관계는 약해지고 와해될 것이라고 것이었다. 수용 조건의 참가자들은 많은 사람들과 유쾌한 관계를 유지하면서 여생을 보내게 될 것이라는 이야기를 들었다. 이들의 사회적 연대는 공고하고 완전하다고 이야기해주었다.

공격성 역시 다른 방법으로 측정되었다. 참가자들에게, 앞서서 에세이를 혹평했던 사람은 심리학과의 연구 조교가 되기 위해 응시원서를 제출한 사람이었다고 이야기했다. 그러면서 참가자들은 그 사람에 대해 어떻게 생각하는지 심리학과에서 알고 싶어 한다고 이야기했다. 참가자들은 설문지를 통해 그들의 생각을 전달할 수 있었다. 설문지에는 "만약 내가 연구 조교의 당락을 결정지을 수 있다면, 이 응시자를 선발하겠다"와 같은 선택 문항이 들어 있었다. 이 연구와 다른 심층 연구에서도, 사회적 배척을 경험한 참가자들이 훨씬 더 적대적인 태도를 갖는다는 것이 일관적으로 발견되었다.

일부 연구에서는 제3의 조건을 구성했다. 이 조건에서는 참가자들에게 현재는 전혀 그런 징조가 보이지 않지만, 그들이 나중에 사고를 자주 겪게 될 것이라고 말해주었다(불운). 이 조건을 포함시킨 목적은 불쾌하지만 사회적인 이유와는 상관이 없는 우발적인 사건이 가져올 수 있는 영향과 사회적 배척이 가져올 수 있는 영향을 분리하기 위한 것이었다. 예측한대로, 배척 피드백을 받은 참가자만이 보다 공격적인 행동을 나타냈다.

그렇다면, 사회적 배척이 사람들을 더 공격적으로 만드는 이유는 무엇일까? 한 가지 가능성은 사회적 배척이 사람들의 기분을 상하게 만들고, 그렇게 상해버린 기분이 그들로 하여금 공격적인 행동을 하도록 유도한다는 것이다. 그러나 놀랍게도, 연구진은 동료들에 의해 배척당하거

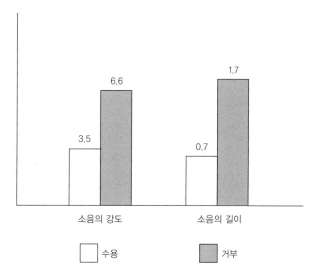

다른 참가자들로부터 수용되거나 거부당한 후, 혹평을 받은 참가자가 조절한 소음의 강도과 길이.

나 마지막에는 혼자가 되는 경우나 참가자들의 감정을 더 상하게 만든다는 증거는 발견하지 못했다. 사회적 배척이 공격성을 유발하는 효과는 자기감정이 긍정적이냐 부정적이냐에 따라 달라지는 것 같지는 않았다. 따라서, 비록 사회적 배척이 공격적 행동을 유발하기는 하지만, 사회적 배척이 사람의 감정을 상하게 함으로써 공격적 행동을 유발하는 것으로 보이지는 않았다.

사회적 유대감을 유지하게 하라

━━━━━━━━━━━━━━━ 트윈지의 연구가 있기 전까지는 사회적 배척이 원칙적으로 공격성을 증가시킬 수 있는가에 대해 명확하게 답할 수 없었다. 이제는 그렇다고 답할 수 있다. 해리스와

클리보드가 주장한 것처럼 문제를 안고 있는 사람에게서 무시무시한 테러 행위를 촉발시키는 원인의 방정식에서 사회적 배척도 하나의 변수임이 분명하다고 말하는 것이 더 정확할 것이다.

그 방정식은 복잡한 형태를 띠고 있을 수도 있다. 예를 들어, 사회적 배척이 상황에 미치는 영향과 문제적 인성에 대한 기질적 영향이 결합되어 서로 상승작용을 일으킬 수도 있다. 유나보머라는 악명 높은 별명으로 더 잘 알려진 테드 카진스키를 예로 들어보자. 20여 년의 세월 동안, 전직 수학 교수였던 카진스키는 대부분이 컴퓨터 전문가였던 피해자들에게 치명적인 폭발물을 보냈다. 본인이 현대 기술의 사악함을 대표한다고 생각했던 것들에 대한 저항의 의미였다. 어린 시절, 카진스키는 부끄러움을 심하게 탔고 다른 사람과의 교류에 서툴렀다. 이런 단점에다가 뛰어난 지능으로 월반을 하면서 자신보다 나이 많은 동급생들에게 따돌림을 받을 수밖에 없게 되었다. 겨우 열여섯 살의 나이에 하버드 대학교에 진학한 것도 그에게는 도움이 되지 않았다. 하버드에서조차 그는 더욱 더 외톨이가 되었다. 자신은 다른 사람들과 교류할 수 없다는 것을 깨달은 카진스키는 점점 더 은둔형 외톨이가 되었고, 급기야 몬태나의 거친 황야에서 혼자 살겠다는 결심을 하기에 이르렀다. 이렇게 되기까지, 그의 대인기피 성향은 다른 사람들과 관계를 맺는 능력을 점점 더 악화시키기만 했다. 친구들의 위로를 거부한 그는 결국 기술적으로 발전한 사회를 대책 없이 부패한 사회로 보게 되었고, 그러한 사회를 파괴함으로써 자신의 불만을 세상에 알리는 도구로 삼게 되었다.

여기서 우리가 주목하고자 하는 핵심은 카진스키에게 이미 내재하고 있던 내성적인 성향으로 인해 그가 일생을 살아가면서 어떤 결정을 할 때마다 사회적 배척의 아픔을 더욱 악화시키는 결과를 몰고 왔다는 점이다. 그러한 아픔이 오랜 세월 동안 그의 공격성을 조금씩 키워서 급기야 그를 수줍은 천재에서 냉혹한 살인자로 변모시켰다는 주장도 전혀 터무니없는 주장은 아닐 것이다.

실험 연구는 사회적 배척이 다양한 반사회적 경향을 촉진한다는 것을 보여주었다. 그래도 아직 의문이 남는다. 거부당한 사람은 마음 속으로 어떤 생각을 하는가? 트윈지가 긍정적인 감정이나 부정적인 감정이 공격성과 연관이 있다는 증거를 거의 발견하지 못했다는 사실을 다시 기억하자. 사회적으로 배척당한 참가자는 아무것도 느끼지 못하는 기분, 즉 일종의 감정적 무감각 상태에 빠졌다고 보고했다. 따라서 그 외의 다른 정신적 과정에서 잃어버린 연결고리를 찾아야 할 것이다.

한 가지 가능성은, 사회적으로 배척당하고 나면 고립감이 점점 더 강해지지 않도록 억누르려고 노력한다는 것이다. 이러한 시도는 대개 성공을 거두고, 그럭저럭 중립적인 정서 상태가 된다. 그러나 이 상태에 도달하기 위해 쏟는 노력이 자아 고갈의 상태를 부르고, 자아 고갈의 상태가 되면 잠시나마 의지력이 약해진다. 그 결과, 사회적으로 배척당한 사람은 그렇지 않았다면 하지 않았을 행동을 충동적으로 저지르기 쉽다.

타인으로부터 거부당하기 일쑤인 사람들은 그때마다 정신적으로 상처를 입고, 결과적으로 장기적이고 건설적인 목표에 관심을 갖기보다는 단기적이고 해로운 대안으로 기울어지곤 한다. 또는, 사회생활의 의무와 책임을 다하는 데 익숙하지 못한 탓에, 반사회적인 경향을 억제하는 능력이 점점 감소하는 것일 수도 있다. 어느 쪽이든, 사회적으로 배척당한 사람은 자기 주변에서 적을 찾아 그 분노를 해소하기 쉽다.

외부에서 공격 대상을 찾는 패턴도 임의적인 경우가 많다. 해리스와 클리보드를 다시 예로 들어보자. 언론에서는 그들이 총기를 난사하기 전에 증오하는 친구들의 명단을 만들어두었다고 크게 보도했다. 그러나 실제로 총격을 당한 피해자들 중에서 그 명단에 들어 있던 사람은 단 한 명뿐이었다. 증인들의 증언처럼, 해리스와 클리보드는 닥치는 대로 아무나 눈에 띄는 사람에게 총격을 가했다. 이들의 복수심은 복수를 당할 만한 사람만이 아니라 무고한 사람에게까지 똑같이 향하고 있었다.

사회적 배척이 부르는 여러 가지 비극 중 하나는 소속에 대한 갈망을 비틀어놓을 뿐만 아니라 다른 욕구까지 왜곡시킨다. 자기결정 이론(self-determination theory)에 따르면, 사람은 관계에 대한 욕구, 유능감에 대한 욕구, 자율성에 대한 욕구 등 내발적인 욕구(intrinsic drive)를 가지고 있으며, 이 욕구들은 정신이 무리 없이 작용할 경우 반드시 만족된다. 사회적으로 배척당한 사람들이 다른 사람과의 관계가 순조롭지 못한 것은 당연하다(즉, 관계에 대한 욕구를 만족시키지 못한다). 또한 다른 사람과 어울려 어떤 일을 하는 데 있어서도 유능하게 처신하지 못하거나(즉, 많은 사람들이 참여하는 행사를 성공적으로 조직하지 못한다), 자신을 창의적으로 표현하는 자율성을 보여주는 데 있어서도 어려움을 겪는다(즉, 전문적인 기술을 연마함으로써 보상적인 커리어를 추구하는 데 있어서 원활하지 못하다). 소외당하는 사람들이 종종 보여주곤 하는 끔찍한 행동은 그들이 충족시키지 못한 욕구를 불행한 방법으로 만족시키고 있는 과정인지도 모른다. 다른 사람들의 눈에 파럼치하게 보이고(관계에 대한 욕구), 무언가 중요한 일을 완수(유능감에 대한 욕구)하거나 자신의 운명에 대한 통제권(자율성)을 과시하는 것이다.

사회적 배척이 이렇게 치명적인 결과를 낳는다면, 우리는 이에 대해 무엇을 할 수 있을까? 트윈지의 마지막 연구에서 한 가지 가능성 있는 해답을 발견할 수 있다. 이 연구에서는, 사회적으로 배척당한 사람이 이전에 자신을 폄하한 사람에게나 전혀 낯선 사람에게나 다름없이 공격적인 성향을 보이기는 하지만, 이전에 자신을 칭찬한 사람(즉, 에세이를 좋게 평가해준 사람)에게는 그런 행동을 보이지 않는다는 것을 발견했다. 친절한 말 한마디가 사회적인 배척으로부터 싹틀 수 있는 반사회적 경향을 무마시킬 수 있다는 것을 보여주었다. 만약 클리보드와 해리스도 이따금씩 친구들로부터 진심어린 칭찬이나 위로의 한마디를 들었더라면, 그렇게 끔찍한 살인자로 생을 마감하지는 않았을지도 모를 일이다.

물론, 사회적 배척으로부터 유발된 상처를 치유하는 가장 빠른 길은 수줍음 많고 외롭고 소외당한 그 사람을 사회가 품어 안는 것이다. 그러나 불행하게도 그런 사람들은 그들보다 사회성이 더 뛰어난 사람들로부터 함께 어울리고 싶지 않은 사람으로 낙인찍히는 경향이 있다. 그런 사람과 함께 시간을 보내봐야 다른 사람들과 시간을 보낼 때보다 보상도 적고, 자칫하면 그들과 어울리는 것이 사회적인 오점이 될 수도 있기 때문일 것이다. 따라서, 여기서 필요한 것은 다양한 사회적 기관 안에서, 나아가서는 사회 전체에서 사회적인 유대감이 확실하게 유지되도록 하는 정책이다. 소외된 학생들을 더 적극적으로 참여시키기 위한 소규모 프로그램도 아주 뛰어난 성과를 거둘 수 있다.

자존감이 만병통치약은 아니다

———————————— 마지막으로 자존감에 대해 생각해보자. 가까운 서점에서 '자존감'과 관련된 책들을 살펴보면, 인간관계의 비극은 대개 낮은 자존감의 결과라고 주장하는 관점들을 반복적으로 만나게 될 것이다. 우리가 우리 자신을 화려하고 멋진 시선으로만 볼 수 있다면, 아마도 새로운 황금의 시대가 도래할 것이라고 그들은 말한다. 사람들은 영적으로 충만하고, 재정적으로는 번영을 누릴 것이고, 집단도 개인도 해묵은 반목을 해소하고 영원히 평화와 조화 속에서 살 것이다.

높은 자존감이 대인관계에서도 중요한 영향을 미친다는 생각은 자주 인용되곤 하는 명제에도 나타나 있다. 즉, 자신을 사랑하지 못하는 사람은 남도 사랑하지 못한다는 것이다. 이 명제(심리학자가 아닌 사람들로부터 자명한 이치로 간주되는)의 장점 중 하나는 그 진위를 실험으로 알아볼 수 있다는 것이다. 간단하게, 사람들을 자존감이 높은 집단과 낮은 집단으로 나누어서 반사회적 행동에 참여하는 경향을 진단하는 것이다. 이 명제가 주장하는 바가 옳다면, 자존감이 높은 사람은 보다 평화롭고 행실이 반듯할 것이고, 반면에 자존감이 낮은 사람은 더 호전적이고 행실이 나쁠 것이다.

두 편의 연구에서, 참가자들은 본 연구의 과정과 비슷한 실험 과정을 거쳤다. 모두 낙태에 대한 자신의 주장을 밝히는 에세이를 썼고, 그 에세이는 다른 참가자에 의해 잘 썼는지 잘 못 썼는지 평가를 받았다. 그다음에는 자신의 에세이를 평가한 참가자에게 (시끄러운 소음을 내는 것으로) 복수할 기회도 있었다. 실험 결과, 자존감은 참가자가 얼마나 공격적인 행동을 보이는가와 상관이 없는 것으로 나타났다. 자존감이 낮은 참가자도 자존감이 높은 참가자보다 더 심하게 보복행위를 하는 경향을 보이지는 않았다.

그러나 이 연구는 긍정적인 결과를 얻어냈다. 자기애(과도하게 부풀려진 자아상을 가지는 경향)가 강한 참가자가 그렇지 않은 참가자보다 더 심한 보복행위를 하는 경향이 있는 것으로 나타났다. 이러한 결과는 열등감 콤플렉스가 공격성의 전제가 아니라 우월감 콤플렉스가 공격성의 전제임을 나타낸다.

일상생활에서의 데이터도 이들 실험의 결과를 뒷받침해준다. 살인, 가정폭력, 무장강도, 협박과 같은 심각한 범죄들은 자신을 향해 맹목적인 애정을 가지고 있는 경향이 있다. 이들은 자신에 대해 확신이 없거나 자신은 쓸모없는 인간이라고 좌절하는 그런 사람들이 아니다. 누군가가 자신을 경멸하거나 비하하면 보복해야 한다는 자기 확신을 가지고 있다. 만약 자존감이 낮은 사람이라면 이런 식의 반응을 보이지 않을 것이다. 오히려 방어적인 태도로 고통을 감내하며 회피하려 했을 것이다.

그러나 어떤 연구에서는 자존감이 높은 사람들을 한 가지 방향에서만 평가하지 않는다. 예를 들어, 어떤 연구에서는 자존감이 높은 사람과 낮은 사람, 그리고 자존감이 안정적인 사람과 불안정한 사람으로 나눈다(즉, 자존감이 일정하게 유지되는 사람과 오르락내리락 하는 사람). 연구 결과는 자존감이 높으면서 동시에 안정적인 사람이 적대적 행위를 가장 적게 보이고, 자존감이 낮으면서 동시에 불안정한 사람이 적대적 행위를 가장 많이 보이는 것으로 나타났다. 이는 자존감이 높은 사람들 중에서도 어떤 사람은 조용하고 자신감에 차 있으며 사회적인 자극에도 영향을 받지 않는 반면, 어떤 사람은 쉽게 동요되고 자신을 향한 비판에 예민한 반응을 보인다는 의미이다.

이 두 집단의 사람들은 심리학적으로 어떻게 다를까? 한 가지 주장은, 어떤 사람의 자존감은 다른 사람들의 그것에 비해 우발적으로 들쭉날쭉 하다는 것이다. 즉, 어떤 조건(인기를 얻는다, 모두가 탐내는 목표를 달성하다, 주어진 의무를 완수한다)과 맞물리느냐에 따라 달라지는 것이다. 반면에 자존감이 한결같이 높은 사람들은 자신을 언제나 긍정적으로 바라본다. 누가 자신을 비난하거나 하던 일이 실패했을 때에도 과도하게 혼란스러워하지 않는다. 이 사람들은 자기 자신을 있는 그대로, 결점도 숨기지 않고 모두 받아들인다. 연구 결과들은 한결같은 자존감을 가지는 것이 자신의 자존감이 위협받는 상황에서도 평정심을 잃지 않는 것과 관계가 있음을 보여준다.

콜럼바인의 비극을 돌이켜보면, 해리스와 클리보드를 전반적으로 자존감이 높은 사람들이었다고 말할 수 있다. 또래들로부터 거부당했지만 절망과 자기 연민에만 빠져 있지 않았다. 오히려 무자비함과 오만함으로 맞섰다. 그러나 그들의 자존감은 불안정했으며, 또래들의 존중이나 칭찬에 따라 크게 출렁였던 것으로 보인다. 또래들이 자신들을 스스로가 보는 것처럼 높이 존중해주지 않는다는 사실을 받아들이지 못하고, 끔찍한 복수극을 펼쳤던 것이다. 자존감을 높이는 것이 모든 사회적인 문제들의 만병통치약인 것처럼 떠벌이는 사람들이 깊이 새겨둘 일이다.